2018年第4辑　总第301辑

上海审判实践

茆荣华　主编／顾全　陈树森　副主编

上海市高级人民法院　主办

上海人民出版社

《上海审判实践》责任编辑团队

（按姓氏笔画排序）

目 录

改革前沿

司法大数据分析

案例精解

学术争鸣

审判业务文件

法官助理制度的实践状况与改革进路

郭伟清[*]

人员分类改革是本轮司法改革的重要内容，而人员分类改革主要围绕法官员额制展开。法官助理制度作为法官员额制的配套制度，顶层设计仅就法官助理的定位、职责等问题进行了指引性说明，具体方案的设计和落实则基本交由各地法院自主探索。《最高人民法院关于全面深化人民法院改革的意见——人民法院第四个五年改革纲要（2014—2018）》等改革文件指出，"法官助理是审判辅助人员，也是法官的重要来源"。由此可见，在人员分类管理改革的背景下，法官助理制度被赋予了双重目标：一是减轻法官办案压力，提高法官办案效率，解决员额减少和案件量增加之间的矛盾；二是培养高素质的法官预备队，与法官员额制衔接，辅助法官队伍职业化、专业化、规范化目标的实现。然而，法官助理制度的运行状况是否符合顶层设计的"双目标"初衷，达到了法官助理制度的预期效果，值得我们思考并加以研究。

一、现状分析：法官助理在人员配置和实际运行层面均存在改进空间

通过对上海、广东等地的实证调研，我们发现法官助理现实状况与制度目标之间存在一定程度的偏差，部分改革设想尚未完全实践到位，改革潜力尚需进一步释放。概括起来，主要存在以下两个层面的问题。

* 郭伟清，上海市第二中级人民法院党组书记、院长。

（一）人员配置层面存在"目标未达""地方依赖"和"职责不清"等现象

1. **目标未达：法官助理同比配置和一线配置尚未实现**

在设计配置方案时，绝大多数法院将最高人民法院《关于深入做好司法改革政策解读工作的通知》中的"审判辅助人员数量与法官数量相匹配"理解为1：1配比，以此为配置目标。调研发现，不同地域审判辅助人员的配比差异较大，部分地区法官助理人数受编制所限，有一半以上的法官并未配备法官助理，多名法官配一名法官助理的情况较为普遍。此外，还有相当数量的法官助理暂时配置在办公室、政治部等综合行政部门，或者虽有法官助理之名，但实际从事司法行政工作。

2. **地方依赖：法官助理来源复杂，地方因素影响明显**

司法改革之前并无法官助理的岗位设置，改革之后，仅依靠将符合条件的助理审判员（未入额）、书记员及行政人员转为法官助理显然无法满足一名法官配备一名法官助理的配置目标。因此，各地法院尝试了不同途径增加法官助理人员数量，扩大法官助理队伍。实践中存在三种来源：中央政法编制内的公务员招录、在编书记员转任及合同制聘用，但具体选择上带有明显的地方化色彩，与地方经济水平、财政支持力度直接相关。广东等地法院，在地方政府的支持下，探索以合同制法官助理来弥补在编法官助理的不足，编制外的法官助理队伍规模较大，甚至超过编制内的法官助理人数，但面临编制外队伍不稳定的问题；上海等地则完全依赖编制内的"新招录人员"来补充法官助理队伍，但法官助理人数有限，难以完全满足办案需求和配比目标。

3. **职责不清：法官助理工作职责随机性强，行政指挥色彩浓**

最高人民法院在《关于完善人民法院司法责任制的若干意见》中列举了7项法官助理的工作职责。各地法院在设计法官助理的岗位职责时也基本直接采用该意见中的表述。但实际操作中，法官助理的工作内容大多由庭长或审判长根据工作需要进行调配，业务性和事务性工作界限不明，工作随意性较大。我们调研发现，部分地区法官助理所承担的工作并未随着年限增长从事务性工作逐步转变为业务性工作。单纯从事业务性辅助工作的不足五分之一，过半数的法官助理直至遴选为入额法官才不再承担书记员工作。

（二）实践运行层面存在"角色满意度不高""越位错位并存""职业发展不明"三大突出问题

1．辅助作用有限，法官助理角色满意度不高

调研发现，约五分之一的法官认为法官助理对办案没有帮助甚至会因带教工作影响办案，过半数的法官认为法官助理对审判工作的帮助有限。在帮助法官分担审判辅助性事务、辅助提高办案效率等方面，法官助理仍有较大的努力空间。同时，约四成的初任法官对曾经从事的法官助理工作不满意或认为一般，法官助理自身的职业满意度也存在较大提升空间。

2．受制于人案矛盾，法官助理"越位"与"错位"并存

一方面，法院办案力量不足，人案矛盾突出，存在法官助理在审判权上的"越位"现象。由于法院案件数量一直在持续增长，而司法改革之后法官数量减少，单靠员额法官提速增效，难以应对"收结平衡"的办案要求。迫不得已，一些法院为了完成办案任务，存在由资深法官助理办案、由带教法官把关署名的做法。另一方面，由于书记员力量不足，导致法官助理在事务性工作上的"错位"。司法改革过程中，由于书记员数量并未因改革而有所增加，这就导致从审判工作中剥离出来的辅助性工作——无论是事务性的还是业务性的——都直接交由新增加的法官助理来承担。加上案件量的不断增长，导致无论任职年限长短、能力强弱，法官助理必须根据庭长或审判长的安排，分担大量本身应由书记员承担的事务性工作，由此导致法官助理和书记员的"错位"。

3．入额难度日增，法官助理职业发展瓶颈问题突出

对于法官助理而言，成为法官不仅是他们选择法院工作最重要的理由，也是目前他们职业发展的最终方向。面对有限的法官员额和不断扩容的法官助理队伍，法官助理成为法官的难度越来越大。据测算，在部分地区，法官助理实际入额年限可能要拉长到8年左右。这难免引发法官助理群体的职业迷茫和恐慌，也不利于法院吸引并留住优秀法律人才。

二、问题思考：深化法官助理改革需坚持"双目标兼顾"价值取向

从本轮司法改革的顶层设计来看，我国法官助理制度具有两个制度目标，

但是从实际运行状况来看，部分法院在推进法官助理制度改革时过于偏重其中的"辅助办案"目标，专注于提高办案效率，完成办案任务，忽视"法官后备军"目标的实现。在这一取向下，简单借鉴国外做法，尽可能增加法官助理配比人数，提高法官的办案效率，却忽视了由此对法官助理的培养和发展产生的负面影响。

（一）法官助理制度运行偏差的主要原因：单目标推进，顾此失彼

提高入额法官办案效率是法官助理制度追求的目标之一，但如何利用法官助理提高办案效率，顶层设计并未给出具体答案。有的法院在设计落实方案时不自觉地将目光投向了法官助理制度运行较为成熟的域外司法系统，借鉴域外做法，大量增加法官助理人数。但是，这种借鉴思路忽视了一个重要问题，这些国家和地区司法系统中的"法官助理"与我国法官助理在性质上存在根本区别，他们属于"单目标取向"。美国的法官助理确实从事业务性辅助事务，工作内容上与我国法官助理相似，但其系由法官自行挑选聘请，并不与法院产生关联，也不会成为未来的法官；英国法院系统内的法官助理通常则由资深律师担任；① 德国法院中的司法公务员承担着法官助理的职责，从性质上看，他们是德国国家公务员体系中单独的部分。② 而我国台湾地区的法官助理由法院统一遴聘，不需要经过公务员考试，一年为一期，属于专职助理。③

表1

国家/地区	法官助理来源	法官助理是否享有司法权	是否有机会晋升为法官
美国	法学毕业生（聘任制）	否	否
英国	资深律师（聘任制）	否	否
德国	公务员	否	否
我国台湾地区	法学毕业生（聘任制）	否	否
我国澳门地区	聘任制	否	否

（部分地区法官助理与法官职业关联）

① 乔宪志主编：《中国法官助理制度研究》，法律出版社2002年12月版，第262页。
② 周道鸾主编：《外国法院组织与法官制度》，人民法院出版社2000年9月版，第81—83页。
③ 薛永慧：《从台湾法官与司法辅助人员的关系看大陆法官员额制改革》，载《台湾研究集刊》2015年12月。

　　这些域外司法系统中的"法官助理"与有资格成为法官的人员是两个各自独立发展的体系。设置这些法官助理的核心目标只有一个——辅助法官办案。因此，在这些法官助理的招录、配置、分工上，既不需要考虑与法官队伍的衔接问题，也不需要由法院对其发展与培养进行长远规划。

　　在我国法官助理制度"双目标取向"的语境下，扩大法官助理配额的方式虽然对提高办案效率有积极作用，但背离了法官助理培养发展目标的需求。一味增加法官助理配比，法官后备队不断增大，在员额有限的情况下，入额难度将超出合理的范围，不利于法官助理队伍的稳定和高素质法官的培养。

（二）法官助理制度的改进方向：双目标兼顾，协调推进

　　用扩大法官助理队伍和法官助理职责的方式来同时满足提高入额法官办案效率、实现法官助理未来发展的两个目标，势必会引发目标失衡。因此，完善法官助理制度首先应当树立"双目标兼顾"的价值取向，即在具体制度设计和落实时，对两种目标效果分别进行预判，充分考虑两个目标的实施效果，并针对不同情况作出选择。在两者效果冲突时，必须以能够消除对另一目标的负面作用为前提对方案进行调整。若不进行调整而盲目推进，则对其中一个目标的正面作用必然会因另一个目标的负面影响而削弱，轻则导致运行效果不尽如人意，重则可能直接导致制度目标的落空。

表 2

设计方案与举措对办案效率的作用	设计方案与举措对发展培养的作用	设计方案与举措采用情况
正向作用	正向作用	采用
正向作用	不影响	采用
不影响	正向作用	采用
正向作用	负向作用	以办案效率为主目标，剥离影响发展培养目标的因素后落实推进，若无法剥离，不可采用。
负向作用	正向作用	以发展培养为主目标，剥离影响办案效率目标的因素后落实推进，若无法剥离，不可采用。
负向作用	负向作用	不可采用

由此可见，要解决法官助理制度运行中的问题，必须剥离影响法官助理发展培养的负面因素，让法官助理从事务性工作中解脱出来，真正起到辅助法官提高办案效率的作用，同时，完善法官助理的培养发展路径和职业规划，达到双重目标的内在平衡，最大程度地实现法官助理制度的整体效益。

三、改进路径：法官助理改革的三个思考维度和三个重要环节

要解决法官助理制度运行现状中的问题，应当努力实现双目标（辅助法官办案与成为法官后备军）兼顾，促进两者协调推进。对于法官助理制度的改进路径，可以从三个思考维度和三个重要环节加以研究和探索。

（一）法官助理改革的三个思考维度

第一，**在审判团队框架下讨论法官助理问题**。新型审判团队建设是法院执法办案工作模式和组织形式的重要创新，对于落实司法责任制、优化人员配置、提升办案效率等具有重要意义。法官助理制度作为审判团队建设的重要组成部分，其制度效果也受制于团队本身运行状况。在一个审判团队中，法官应当指导法官助理、书记员做好审判辅助工作。同时还应当把使用管理与培养锻炼相结合，为法官人才储备打下良好基础。审判团队中的法官助理和书记员均为审判辅助人员序列，共同分担法官的审判辅助性事务，两者应分工配合，发挥各自优势，实现审判辅助力量的最优配置。充分发挥法官助理作用，既需要团队中的法官做好指导和带教工作，又需要书记员的有力支持和配合。总之，要通过审判团队内部的优化组合，剥离影响法官助理发展培养的负面因素，让法官助理从事务性工作中解脱出来，专心从事业务性辅助工作，真正做到辅助法官提高办案效率的同时，逐步成长为合格的"未来法官"。

第二，**在信息化进程中讨论法官助理问题**。推动信息化建设既是法院深化司法改革的重要内容之一，也是全面深化司法改革的重要引擎和强大动力。要向信息化要审判生产力，坚持运用信息化手段破解法院工作面临的现实问题和发展难题，将各项司法改革任务落实到位。"案多人少"，包括法官助理、书记员在内的审判资源整体不足，是制约司法改革成效的基础性难题。化解这一难题不仅需要审判人力资源的优化配置，更需要借助信息化手段，促进

现代科技在司法实践中的深度融合与全面应用，用科技补强审判资源不足的短板。推进电子卷宗随案同步生成、庭审记录音字转化、无纸化办案等措施，实现对庭审过程全面、客观的记录，为法官助理、书记员的审判辅助工作减负增效，减少因人力不足导致的职能交叉、职责不清等诸多问题。

第三，在精细管理基础上讨论法官助理问题。要着眼于法院工作的长远发展，立足于培养源源不断的员额法官，推动法官助理管理培养的科学化和精细化。健全完善遵循司法规律、体现法官助理职业特点、符合法院工作实际的法官助理考核制度，有效细化考核内容，实现对法官助理队伍全面、公正、公开的有效激励。健全完善法官助理业绩档案，为未来遴选员额法官提供科学、可靠的参考依据。探索法官助理导师制度和法官助理大会制度，针对法官助理队伍普遍年轻化、高学历的特点，帮助法官助理成长成才，调动法官助理的积极性、责任感和事业心。

（二）完善法官助理制度的三个重要环节

首先，借助审判辅助事务集约化管理，为法官助理等审判辅助人员明确分工，各司其职创造条件。探索事务性审判辅助工作集约化处理，通过科技手段实现法庭记录、合议庭评议记录等事务无纸化、智能化处理，通过服务外包实现文书归档等事务从法院"剥离"，缓解法院书记员力量不足的问题。将分散在各部门的书记员集中管理，由"书记员管理办公室"统一派驻法庭工作，缓解书记员忙闲不均、效率不高的问题。通过上述措施，最大限度剥离法官助理"事务性工作"，避免法官助理和书记员"角色和职责混同"，保障法官助理全力辅助员额法官提高办案效率。

其次，构建法官助理分类分级培养体系，对接法官员额制，完善不同类别法官助理职业发展机制。法官助理配置过程中，适当增加非在编的法官助理（合同制法官助理、实习法官助理）比例，避免在编法官助理队伍过于庞大，与法官员额余量不成比例，影响法官助理乃至法院队伍稳定与素质提升。针对在编法官助理与合同制法官助理不同的职业发展路径，建立健全分类培养机制，在绩效考核、晋升晋级等方面进行差异化管理，完善两者的职业发展机制。重点细化编制内法官助理分级培养机制，拓展其在法院内部的职业发展空间，既要培养未来员额法官，又要培养职业化的法官助理。

第三，健全法官助理制度配套机制，完善法官助理依法履职的制度保障。综合考虑案件数量、案件类型、审级特点、诉讼阶段等因素对法官助理配置的影响，完善法官助理配置的动态化、常态化、精确化调整机制，确保法官助理配置与审判辅助事务工作量相匹配、与法官员额相匹配，保障法官助理依法履职。重点完善法官助理在诉讼程序中的法律地位和参与机制，充分调动法官助理辅助办案积极性，努力实现法官助理改革成果法制化。

（责任编辑：顾全）

裁判者视角下民法典（合同编）编纂的三个维度

陈　克*

一、引言

学者对民法典编纂的探讨关注于某项制度在法典中的妥当安放，此实质多为立法技术问题。像债编总则是单独规定，还是采取合同法总则引致的立法模式；保理合同是独立设节规定，还是依债权转让内容予以规制；合同解除与合同终止是否应予明确区分；是否应赋予违约方合同解除权；不当得利、无因管理是单独成编还是作为有名合同的类型之一，等等。[①] 而从裁判者视角来看，更重视民法典出台后能不能用，好不好用，用得对不对？具体而言，能不能用是指社会生活中可能出现的争议，民法典中是否已经规定，这可归结为"内容有没有"的问题。好不好用是指对裁判者来说民法典更多的是一个裁判规范，民法典采取的相关体例安置、内容编排是否更利于为法官储备足够的法律工具，是否更便于法官进行找法、用法。在解决能用、好用之后，裁判者案件处理中面对的是具体问题，是要解决当事人之间的利益冲突，其背后是利益衡量。那么就冲突利益，民法典是否采取了正确的协调策略，这就是价值取向对不对的问题。如果体现立法者价值取向的协调策略不能反映社会共识，裁判者就会陷入两难，若要贯彻社会共识来处理争议就可能违反现有法律规定，如果要落实法律规定就可能突破社会的价值共识。

由此，可将裁判者视角所关心的民法典编纂归结为内容有没有、规定好

---

* 　陈克，法律硕士，上海市高级人民法院法官。

[①] 　王利明：《民法典合同编（草案）中十个重大疑难问题》，载于公众号燕大元照，最后阅读时间：2019 年 1 月 20 日；谢鸿飞：《民法典合同编总则的立法技术与制度安排》，载公众号中国法学网，最后阅读时间：2019 年 1 月 20 日。

不好、取向对不对三个问题，本文将结合民法典合同编二审稿的具体内容展开论述。

二、"内容有没有"的问题

此属于事实判断，指向的是哪些问题应不应该纳入合同编的调整范围。它有正向的该纳入没有纳入，反向的不该纳入却纳入两个方面。

（一）保理合同的单列

反向上最直接就体现在有名合同的选取必要性上，合同编的二审稿把保理合同作为第十六章，立法机关的理由是有利于促进保理业务的健康发展，缓解中小企业融资难、融资贵的问题。② 但民法典是国家的百年大计，设定有名合同类型作用在于为实际缔结不明了、不完全的合同内容提供一个解释的依据，③ 选取应遵循一定标准。一是选取的合同类型具有典型性与常见性；二是调整规则具有特殊性，合同总则和其他有名合同已规定的规则不能涵盖；这又多是需要通过事实判断来解决的。

二审稿新纳入的保理合同是指应收账款债权人将应收账款转让给保理人，保理人提供资金融通、应收账款管理或者催收、应收账款债务人付款保证等合同。④ 就典型性与常见性而言，虽然此类合同数量近年来增长迅速，但相对于和解合同、交付计算等合同而言，后几类合同在实际生活中更为常见，争议也更为突出。特别是当事人约定互相让步，以终止争执或者排除法律关系不明确之状态的和解合同，凡是法律关系都是和解之客体，且在现实交易、诉讼、执行阶段皆有适用之余地。⑤ 还有交互计算，常见于就计算商事交易中产生的双方请求权和连同利息的支付，定期以结算和确认方式对一方或另

---

② 《民法典两分编草案二次审议完善合同和侵权责任制度》，载《人民日报》2018年12月27日。
③ 参见[日]我妻荣：《债权各论（中卷一）》，徐进等译，中国法制出版社2008年1月版，第2—3页。
④ 民法典合同编（二审稿）第五百五十二条之一。
⑤ 参见黄立主编：《民法债编各论（下）》，中国政法大学出版社2003年6月版，第830、831页。

一方的盈余进行结清，商事纠纷中非常多见，实际意义巨大。⑥ 后几类合同不列为有名合同，反而加入保理合同，事实判断上失查，并不具有妥当性。

再就调整规则的特殊性来说，保理合同涉及应收账款转让的效力、通知效力、应收账款的保证责任、风险承担、权属等问题，通过合同总则中的"债权转让规则"已经完全可以解决。一般而言，无论有名合同还是其他合同都应适用合同总则的一般规则，对特定合同的特殊规则，才能单列有名合同特别规则予以调整。反观二审稿规制保理合同的六个条款，分别是保理的定义、虚构应收账款、保理人对债务人的通知、有追索权的保理、无追索权的保理以及应收账款的重复转让问题。除保理合同定义外，应收账款的重复转让本来就是调整债权转让的原一审稿第三百三十六条"债权重复转让规则"位置调整而来（现第五百五十二条之六），其他四个条文合同编总则的第三百三十四条至第三百三十八条都能涵盖。那么再另立保理合同一节，在相关总则条款能够调整的情况下，运用并不具特殊性的规则进行调整，是否妥当，有进一步探讨的余地。

（二）保证方式约定不明时的推定

我们还应注意到二审稿第四百七十六条将一审稿中保证方式约定不明时推定为连带担保修改为一般担保，是不是参照了《法国民法典》第二千二百九十八条的规定？⑦ 而作为法律拟制，程度上更强于约定不明时的法律推定规制，但还是在不能查明的情况下按拟制规则作出裁判，实质上还是证明责任规制的变体而已，⑧ 而作为对社会实践中约定不明情况下应采取常见、多数情况拟制为真实意思，是立法者对该类情况梳理后的归纳判断。⑨但是自 1995 年《担保法》颁布实施之后，第十九条就明确了担保方式约定不明时按照连带责任保证承担保证责任，至今 24 年，已经形成了担保问题约定

---

⑥ ［德］卡纳里斯：《德国商法》，杨继译，法律出版社 2006 年 9 月版，第 603 页。

⑦ 《法国民法典》第二千二百九十八条规定，保证人仅在债务人不履行债务时，才对债权人负清偿义务；债权人应当先就债务人的财产请求清偿，除非保证人放弃先诉抗辩权，或者保证人与债务人承担连带义务。

⑧ 参见［德］罗森贝克：《证明责任论》，庄敬华译，中国法制出版社 2018 年 8 月版，第 268—270 页。

⑨ 参见前引⑧，罗森贝克书，第 247、251 页。

俗成的惯例，仓促进行颠覆性的改动，或许从体系上具有合理性，但制度成本、社会实际情况是必须考虑的更重要的因素。我们是不是有充分且正当之论证来证明我国交易实践中，就担保方式约定不明的真实意思就是连带保证呢？民法典的编纂是为了解决中国的真问题，而不是照搬外国立法例来制造新问题。

三、"规定好不好"的问题

它承接于第一个问题得出对某一问题需要由民法典调整必要后，应考虑民法典应当采取什么调整策略更为适当，这实质是立法技术问题。我们可以看到，一条规定不会因为在篇章结构上放在这里或放在那里就不能实现其调整功能了。在民法体系中，立法技术也不是对错问题，它要落实到民法典的功能定位上，它是个裁判规范，要思考立法上如此安排是不是更有利于裁判者进行找法、运法，是不是更符合现有的立法传统，是不是现阶段接受度最高的立法技术。

（一）准合同的分编安排

民法典编纂争议颇多的人格权编是否要入典，是否需要设立债编总则等，多属于立法技术问题。以后一个问题为例，无非是总分结构下，以上驭下的统领式演绎适用，还是将合同总则实质作为债编总则，依托合同编与其他债编的平行参引。有观点提出采取后一种方式，无因管理、不当得利就无处安放了，真的是这样吗？按合同编的二审稿中共分三个分编，引入法国法上的准合同概念，[10] 将无因管理与不当得利归入第三分编准合同中的第二十八章、第二十九章，与前两个分编中的通则、典型合同并列。在凸显与合同的内在联系的同时，明确纳入合同编的正当性基础；也强调了其性质上的独特性，并不应然受合同总则的规制，从而形成了"合同—准合同—侵权"的体系安排，隐含了债从约定到法定的递进式内在逻辑。

与合同通则、典型合同的联系方面。有第七百七十六条规定，考虑到无

---

[10] 法国法上有无因管理、非债清偿与狭义不当得利三种准合同类型，非债清偿类似于我国民法上的给付型不当得利。

因管理与委托关系相互临近，⑪在该条设置了转致适用的条款，无因管理只是管理人管理事务经受益人事后追认的，从管理事务开始时起，适用委托合同的相关规定，当然还有受益人明确真实意思的排除适用。⑫至于不当得利本身就因具有侵权行为的部分属性，不接受以合意为核心的合同法总则规制也是理所当然的。因无因管理和不当得利都旨在恢复没有法律上原因的利益变动，两者放在一起独立成为一个分编有其正当性。条例安排上既强调不当得利、无因管理的特殊性，同时也关注其与合同的相关性，且通过法条上引致与内容上区别明确各自的适用边界，值得肯定。

如果在准合同这一分编中进一步明确"准合同是完全自愿之行为，由此给无权利获得利益却获得利益之人产生义务，有所行为人也对他人负有义务"，⑬对该项制度加个大屋顶，进行概括性表述可能更具有体系性。若再就学界与实务界将达成共识的"给付型不当得利"与"非给付型不当得利"在立法层面上予以区分，以及学习日本民法，对《民法总则》第四十二条、第四十三条后续的"失踪者财产管理"问题，⑭明确法定财产管理的具体情形，在无因管理中另设一节予以规定。由此可以一方面明确整个准合同制度其独立于一般合同制度的地位，另一方面也能填充过于薄弱之规定内容。既做到体系完备，体现民法典的逻辑和形式之美，又能为裁判者提供充分、明确之法律适用工具。

当然不当得利制度是否建立在债权物权两分及物权行为无因性之上是值得深入讨论之问题，合同解除效果在解释论上采取保持债之同一性的债权债务内容转换，⑮部分回避了物权行为无因性的争论，但物权债权两分问题在无权处分问题上确是必须面对的。

（二）无权处分的偏安一隅

二审稿中关于无权处分的规定更值得关注。二审稿第三百八十七条第一

---

⑪ 参见李世刚：《法国新债法：债之渊源（准合同）》，人民日报出版社 2017 年 4 月版，第 124—125 页。

⑫ 二审稿第七百六十三条第二款。

⑬ 《法国民法典》第一千三百条规定。

⑭ 参见［日］加藤雅信等：《日本民法典修正案 I》，朱晔等译，北京大学出版社 2017 年 5 月版，第 492—493 页。

⑮ 参见韩世远：《合同法总论》，法律出版社 2018 年 6 月版，第 681—682 页。

款规定出卖人未取得处分权不能移转标的物所有权的，买受人可以解除合同并要求出卖人承担违约责任。⑯ 对于实践中亟待解决的处分行为与负担行为的关系，第一次在立法层面上予以了规定。虽然处于第九章买卖合同中，但通过第四百三十六条、第四百三十七条明确的对其他有偿合同的参照适用，一定程度上明确了负担行为不会因负有处分义务一方订立时没有处分权而受影响。但现在立法技术上采取颇为隐晦的方式，未正面回应，实践中亦会带来其他问题。该项规则是在删除原放置于合同总则部分第五十一条无权处分效力待定规定基础上，对《合同法》第一百三十二条改造而来，并安放在合同编买卖合同章。虽然通过参照适用能够解决交易中财产权利转让的负担与处分行为的关系，但与物权编中物权变动规定、公司法中出资义务履行⑰ 等方面的协调还有诸多情况需要考虑。

法律是裁判案件的依据，是要解决实践问题的，对此问题仅在买卖合同章予以了明确，而没有在《民法总则》中进行规定，没有直面作为法律行为类型之一的处分行为的特殊性，在制度安排上是值得探讨的。又改变原合同法总则中就该问题处理原则之安排，仅仅偏安一隅在合同编买卖合同中，即便通过参照适用其覆盖力也与实践需求存在落差，此系制度供给严重不足。像买卖合同中的此规定对权利放弃等单方处分行为如何适用，⑱ 针对标的的处分授权与意定代理授权如何区分，⑲ 处分行为相对对于负担行为的"有处分权"特别生效要件，⑳ 多重处分行为之效力认定，以及《民法总则》规定的民事法律行为是否普遍适用于处分行为等问题都会在司法实践中暴露出来。现行文本也已见端倪，《物权法》第一百九十一条抵押权人不同意抵押人不得转让抵押物的规定，在一审稿第一百九十七条中通过对追及力的强调明确抵押

---

⑯ 主要内容来自最高人民法院《关于审理买卖合同纠纷案件适用法律问题的解释》第三条的内容。

⑰ 最高人民法院《关于审理买卖合同纠纷案件适用法律问题的解释》第四十五条只是明确股权转让合同适用买卖合同的规定，对股东出资涉及的负担、处分问题没有涉及。

⑱ 所有权抛弃以及一般对权利放弃，原则上基于单方法律行为进行处分，合同编主要规制债权合同，对单方处分行为没有规制余地。

⑲ 参见［德］弗卢梅：《法律行为论》，迟颖译，法律出版社2013年4月版，第168页。

⑳ 王泽鉴：《总则编关于法律行为之规定对物权行为适用之基本问题》，载《民法学说与判例研究（重排合订本）》，北京大学出版社2015年10月版。

物通常可以转让，值得赞同。但其又规定损害抵押权的，可要求抵押人涤除，此处法定的处分权限制还是源于没有明确无权处分的内涵。抵押权人对抵押物交换价值的支配并非"现实"的支配，抵押人对抵押物的处分对抵押权人没有产生现实影响，自可就抵押物追及，"涤除抵押权"也就不应是处分该法律行为的生效要件。[21]

无权处分之内容系确立处分行为之核心要素，以此明确处分人享有处分权是处分行为生效的前提条件，[22] 处分权的法律状态又因处分生效而发生变化，就此又产生了处分行为中的优先原则，[23] 此等不同于普通民事法律行为的特殊规则，本来应于《民法总则》法律行为中予以规定。同时无权处分又系处分行为与负担行为转换之轴心，体现处分、负担行为分立原则之具体内容，更应安放于《民法总则》中。但鉴于现《民法总则》已经完成，至少也应按照合同法体例在合同编通则中予以明确，若按现稿偏安于第九章买卖合同中，今后再打补丁可能在所难免。

四、"取向对不对"的问题

这属于价值判断问题，它直接指向对调整特定利益冲突的法律以及依据法律所作出裁判的社会评价，系法律调整取向好不好的问题。这涉及权利保护与利益衡平问题，民法本身就是要调整不同民事主体的利益冲突，要实现利益衡平才能符合整个社会的价值取向，才能获得法律在社会中的正当性，依据此法律得出裁判结论也应体现社会共识，成就法院的司法权威。

(一) 代位权坚持入库原则妥当否

"取向对不对"中表现得较突出的有违约方的合同解除权、继续性合同的解除权、格式合同的订立、合同代位权入库原则等诸问题。以最后一问题为例，二审稿第三百二十四条、第三百二十五条、第三百二十六条是沿袭了《合同法》第七十三条、《最高人民法院关于适用〈中华人民共和国合同法〉若干问题的解释（一）》第十一条至第二十二条的主要内容，特别是采取了

---

[21] 可参照《日本民法典》第三百零四条、第三百七十二条之规定。
[22] 前引 [19]，弗卢梅书，第167页。
[23] 处分人数个相互矛盾的处分时，先行生效的处分消灭其后进行的处分行为的处分权。

"债权人从次债务人处直接受偿"规则，㉔与其他立法例实行的入库原则㉕相悖。此处涉及了债权人行使代位权所得归于何人的争议，有两个观点：一是其他立法例认为应归于债务人，理由债务人的债权平等原则，代位权行使所得利益应为债务人总债权的共同担保。㉖具言之，债权人只享有"行使"债务人对次债务人的债权权利，无取得该债权的权利，否则一旦行使后果被债权人获得，对债务人的其他债权人不公平。㉗二是二审稿及合同法采纳的观点，认为应归债权人。理由是如果代位债权人与债务人的其他债权人处于同等地位，代位权结果可能被其他债权人享有，㉘对该债权人也极为不公平。可见涉代位权法律关系中民法典是对行使代位权的债权人进行倾斜保护，还是对所有债务人实现平等保护，是应采取何种调整策略才更公平的问题，这属于价值判断，也即调整得对不对的问题。可能产生的问题是谁行使代位权在先谁的权利实现在先，不仅使得债权平等原则被根本破坏，而且导致债权人之间的底线竞争，在此背景下代位权不再是债权保全制度，而变成了一种让普通债权得以优先受偿的特权，㉙是为所谓的单个主体的实现债权效率来破坏债权人之间的平等，是民法商法化的典型反例，其妥当性存疑。

不入库原则强调先来先得，其背后是效率，效率在某些方面卓有成效，然而其会导致不确定性，若把影响范围扩大至更大群体，整个社会生产动态复杂系统中将无法预知未来形势的发展，分配的平等性、稳定性不仅是构成交易公平的模式，更可能是社会财富更大化的重要因素。㉚而债权平等性恰恰能够促进所有债权人得到公平对待，使得社会资源实现分配的平等。若是必须坚持入库原则，次优的安排上也应规定法院受理债权人的代位权诉讼后，

㉔ 《最高人民法院关于适用〈中华人民共和国合同法〉若干问题的解释（一）》第二十条"由次债务人向债权人履行清偿义务，债权人与债务人、债务人与次债务人之间相应的债权债务关系即予消灭"的规定。

㉕ 《法国民法典》第一千三百四十一条、《日本民法典》第四百二十三条。

㉖ 参见朱广新：《合同法总则研究（下册）》，中国人民大学出版社2018年6月版，第445页。

㉗ 史尚宽：《债法总论》，中国政法大学出版社2000年1月版，第471页。

㉘ 例如其他债权人保全在先。

㉙ 参见黄立：《民法债编总论》，中国政法大学出版社2002年4月版，第480页。

㉚ 参见［美］马洛伊：《法律与市场经济》，钱弘道等译，法律出版社2006年1月版，第147、162页。

应通知次债务人的其他债权人为第三人参与诉讼，使得代位诉讼胜诉所获利益由全体债权人所有。[31]

（二）违约方解除权的正当性

该问题也颇具趣味性，一审稿第三百五十三条第三款规定，合同不能履行致使不能实现合同目的，解除权人不解除合同对对方明显不公平的，对方可以向人民法院或者仲裁机构请求解除合同。二审稿改为"合同不能履行致使不能实现合同目的的，有解除权的当事人不行使解除权，构成滥用权利对对方显失公平的，人民法院可以根据对方的请求解除合同"。是以"滥用权利对对方显失公平"来替代"对对方明显不公平的"，作为违约方解除合同的构成要件，通过对《民法总则》第一百三十二条、第一百五十一条的引致，主要是在诚实信用原则背景下，将"显失公平"[32] 作为守约方滥用权利的判断标准，对《民法总则》"不得滥用权利"的抽象标准进行具体化，[33] 实现赋予违约方解除权的正当性。

有观点提出违约方既然违约了就不应该再有解除权，但是合同目的不能实现源于超出当事人意志或意思的范围，将合同解除权分配给违约方也不会产生纵容违约行为的隐患，又能通过损害赔偿填平守约方的损失的情况下，立法者在第三百五十三条中赋予违约方合同解除权，是符合全社会的价值共识的，司法实践中最高人民法院在公报案例中也持此观点。[34] 而且从表述来看，违约方仅可以申请法院或仲裁机构解除合同，旨在打破合同僵局，至于是否能解除，还要取决于法院或者仲裁机构的审查。继续履行合同已经不可能的情况下，守约方在无利可图的情况下要求继续履行，无非是为了获得更多超预期利益的赔偿，法院不予以支持。守约方行为本身有违诚信原则，也符合《合同法》第一百一十条不具履行性不应继续履行的规定，通过用赔偿损失来代替继续履行也具有正当性与合理性。

循此思路，二审稿明确守约方有权利滥用的举证证明责任由违约方承担，

---

[31]　前引⑳，朱广新书，第446—447页。

[32]　应理解为客观上利益明显不平衡，可参见（2010）沪一中民六（商）终字第36号判决书。

[33]　参见陈甦主编：《民法总则评注（下册）》，法律出版社2017年5月版，第910—911页。

[34]　新宇共识诉冯某商铺买卖合同纠纷案，载《最高人民法院公报》2006年第6期。

而且"显失公平"导致双方的利益存在明显失衡格局，也应由违约方证明。[35]
二审稿相较于一审稿通过提高违约方举证的负担，防止其随意申请解约，也
是社会赋予违约方更多成本负担共识的一种体现，系对双方利益在诉讼负担
方面的再次协调，也值得肯定。

五、结语

合同编是民法典分则各编中最重要的组成部分，无论如何强调都不为过，
其"债务关系的一般规则—合同关系的共同规则—双务合同的普通规则—有
名合同的特别规定"四个层次共同构成了债编的主要内容，在不单独设置债
编总论的形势下，次优的选择是前三个层次只能放在合同总则中，又因采取
"民商合一"的体例，更增加了民法典合同编的难度，选择何种体例、内容安
排实现合同法编纂要求进而实现制度目的，值得思考。

作为裁判者而言，不愿意看到社会实务中的合同规范与实定法的合同规
范两层皮的情况，[36] 故本文从该合同编本身建构出发，针对立法及今后司法
实践，立足于事实判断，分析相关内容价值判断的妥当性，阐明立法技术的
工具性，以求合同编的制定能将作为"活法"的实践合同法与作为实定法的
合同法合二为一，以利千秋。

（责任编辑：洪波）

---

[35] 证明标准上应达到"继续履行合同的成本—收益关系在违约方与守约方之间明显不成比
例"的程度。

[36] ［日］内田贵：《现代契约法的新发展与一般条款》，胡宝海译，载于《民商法论丛》第6
卷，法律出版社1997年4月版。

用人者责任制度的体系构建

——评《侵权责任编（草案）》第九百六十七条至第九百六十八条

沈肖伟　孟高飞[*]

作为未来民法典总则编的《中华人民共和国民法总则》于 2017 年通过后，立法机关正在抓紧制订民法典各分编，并于 2018 年 12 月审议各分编草案的二审稿。编纂民法典，不是另立新法或作简单的旧法汇编，而是对现行分散的民事法律规范进行系统整合，消弭矛盾冲突、重复繁琐之处，修正已经过时的内容，增添对社会生活中新情况、新问题的规定。[①] 侵权责任编草案二审稿第九百六十七条至第九百六十八条规定用人者责任，是在《中华人民共和国侵权责任法》(以下简称《侵权责任法》)、《最高人民法院关于审理人身损害赔偿案件适用法律若干问题的解释》(以下简称《人身损害赔偿司法解释》) 等基础上编纂而成，有承继也有超越（详见下表），但还不完全符合上述编纂民法典的要求和原则，对理论和实践中的一些重要争议未予决断。本文拟结合相关法理和经验，对上述用人者责任条款提出一些修改建议。

---

[*]　沈肖伟，法学硕士，上海市浦东新区人民法院民事审判庭庭长。孟高飞，法学博士，上海市浦东新区人民法院法官。

[①]　参见李建国：《关于〈中华人民共和国民法总则〉的说明——2017 年 3 月 8 日在第十二届全国人民代表大会第五次会议上》，载《人民日报》2017 年 3 月 9 日第 005 版。

用人者责任演进简表

		《人身损害赔偿司法解释》	《侵权责任法》	《侵权责任编一审稿》	《侵权责任编二审稿》
对外责任	公有制下	无过错责任、适用《国家赔偿法》的除外（第八条）	劳动关系和个人劳务关系下均为无过错责任（第三十四条至第三十五条）	劳动关系和个人劳务关系下均为无过错责任（第九百六十七条至第九百六十八条）	劳动关系和个人劳务关系下均为无过错责任、可追偿（第九百六十七条至第九百六十八条）
	私有制下	无过错责任、重大过错时连带、可追偿（第九条）			
	帮工关系下	无过错责任、重大过错时连带（第十三条）			
对内责任	劳动关系下	适用《工伤保险条例》、第三人侵权时"双赔"（第十二条）	个人劳务关系下过错责任，其余内容未规定（第三十五条）	个人劳务关系下过错责任、第三人侵权时"单赔"，其余内容未规定（第九百六十八条）	个人劳务关系下无过错责任、过失相抵、第三人侵权时"单赔"，其余内容未规定（第九百六十八条）
	雇佣关系下	无过错责任、第三人侵权时"单赔"（第十一条）			
	帮工关系下	无过错责任、第三人侵权时"单赔"＋适当补偿（第十四条）			

一、用人者的范围

（一）用人者范围的制度演进

用人者责任又称雇主责任或使用人责任，狭义的是指被使用者因执行使用任务造成他人损害而由用人者依法承担的侵权责任（即对外责任），[2] 广义的是指除包括对外责任外，还包括被使用者因执行使用任务导致自身遭受损害而由用人者承担的侵权责任（即对内责任）。[3] 我国立法、司法解释对用人者范围的确立，经历了一个逐步扩充[4] 又不断修正的演进过程，并且规范的是广

----

[2] 许多国家或地区的民法仅规定狭义用人者责任，如《法国民法典》第一千三百八十四条、《德国民法典》第八百三十一条、《瑞士债务法》第五十五条、我国台湾地区"民法"第一百八十八条等。

[3] 参见程啸：《未来民法典侵权责任编中用人者责任制度的完善》，载《四川大学学报（哲学社会科学版）》2018年第5期。

[4] 1986年《中华人民共和国民法通则》第一百二十一条规定机关法人的对外责任，1988年《最高人民法院关于贯彻执行〈中华人民共和国民法通则〉若干问题的意见（试行）》第五十八条确立企业法人的对外责任，1992年《最高人民法院关于适用〈中华人民共和国民事诉讼法〉若干问题的意见》第四十二条从程序法角度明确法人和其他组织的对外责任。

义用人者责任。第一次全面规定用人者责任的是 2003 年《人身损害赔偿司法解释》。该解释第八条至第九条、第十一条至第十四条，根据法律关系性质与所有制形态⑤的不同，对用人者责任作分散规定并适用不同责任规则（参见上表）。2009 年《侵权责任法》第三十四条至第三十五条在承继《人身损害赔偿司法解释》部分内容的同时，将个人作为用人者的对内责任由无过错责任调整为过错责任。侵权责任编草案二审稿第九百六十七条至第九百六十八条沿袭《侵权责任法》第三十四条至第三十五条及一审稿主要内容，同时向《人身损害赔偿司法解释》作了一定的回归，⑥对用人者责任的其他重要事项未作涉及。⑦

（二）草案中用人者范围的缺陷

1. 用人者的范围过窄

草案第九百六十七条至第九百六十八条延续《侵权责任法》第三十四条至第三十五条的分类，将用人者区分为用人单位和个人两类，限定的用人者范围过窄。对第三十四条第一款"用人单位的工作人员因执行工作任务造成他人损害的，由用人单位承担侵权责任"中用人单位的内涵及外延，有意见认为，系除个人劳务关系以外的所有用人单位，包括企业、国家机关、事业单位等，也包括个体经济组织等。⑧也有意见认为，在编的公务员、参照《中华人民共和国公务员法》管理的人员及事业编制人员等不属于劳动法律的调整

---

⑤ 起草者认为，当时仍实行公有制为主体的劳动制度，第八条适用于国家机关、事业单位、社会团体等公有制的组织，而私营企业、三资企业等私有制组织或个人则适用第九条。参见《最高人民法院人身损害赔偿司法解释的理解与适用》，人民法院出版社 2004 年 1 月版，第 143 页、第 150 页以下。

⑥ 体现在第九百六十八条将《侵权责任法》第三十五条个人作为用人者的对内责任由过错责任调整为《人身损害赔偿司法解释》第十一条规定的无过错责任，增设与《人身损害赔偿司法解释》第十一条相同的第三人侵权时用人者责任，增设与《人身损害赔偿司法解释》第九条类似的追偿权。

⑦ 对上述《民法通则》到司法解释、再到《侵权责任法》的用人者责任演变，有学者归纳为从"单一式"到"分拆式"再到"统一式"。参见翁国民、马俊彦：《论用人单位侵权责任的统一与分立——基于法人侵权责任与雇佣人侵权责任的关系视角》，载《浙江大学学报（人文社会科学版）》2014 年第 2 期。

⑧ 王胜明主编：《中华人民共和国侵权责任法释义》，法律出版社 2010 年 1 月版，第 169 页以下。

范围，他们所在的国家机关、事业单位等不能称为用人单位。⑨我们赞成后者，其一，用人单位系劳动法律中的专门术语，源于《中华人民共和国劳动法》第二条及《中华人民共和国劳动合同法》（以下简称《劳动合同法》）第二条，是指与劳动者建立劳动关系的企业、个体经济组织等组织，以及与劳动者建立劳动关系的国家机关、事业单位等；系我国法律中的特有概念，源自公法私法化的赋权过程中，划定取得用工自主权的主体范围，进而从界定"用人单位"出发，明确劳动法律的调整对象。⑩侵权法与劳动法在使用相同术语时，一般应推定该术语具有相同含义。其二，第三十四条第二款"劳务派遣期间，被派遣的工作人员因执行工作任务造成他人损害的，由接受劳务派遣的用工单位承担侵权责任"中的"用工单位""劳务派遣单位"等语词，取自《劳动合同法》第五十七条至第六十七条，应当认为与在劳动法中具有相同内涵。居于同条第一款的"用人单位"也应认为系劳动法术语。其三，将第三十四条中"用人单位"界定为劳动法语境下用人单位后，该条即为劳动关系下的用人者责任，正好与第三十五条规范的劳务关系下的用人者责任对应；第三十四条第二款调整劳动关系下特殊情形即劳务派遣关系下的用人者责任，符合第一款讲一般情形、第二款讲特殊情形的立法惯例。故上述第三十四条中用人单位应限于与其工作人员建立劳动关系的单位。草案第九百六十七条照搬上述第三十四条，其中的"用人单位"应作相同解释。

在将用人单位限定为与其工作人员建立劳动关系的单位之后，除劳动关系下的劳动者、劳务关系下的提供劳动一方之外，行政编制、事业编制等人员执行使用任务造成他人损害的，则不在第九百六十七条至第九百六十八条调整范围之内。草案中用人者范围过于狭窄，遗漏诸多也应适用用人者责任的主体。

2. 分类的标准不科学

《人身损害赔偿司法解释》第八条至第十四条（除第十条外）按公有、私

---

⑨ 最高人民法院侵权责任法研究小组编著：《〈中华人民共和国侵权责任法〉条文理解与适用》，人民法院出版社2010年1月版，第245页。

⑩ 不同于其他国家通过从属性界定"劳动者"的身份，进而确定劳动法律的调整范围。参见董保华：《劳动合同立法的争鸣与思考》，上海人民出版社2011年4月版，第47、52页。

有的所有制形态进行分类，不符合民法的平等保护原则，造成一系列适用上的困难和混乱；⑪按劳动、雇佣、帮工等法律关系的性质进行分类，但并不彻底，⑫且有遗漏。草案第九百六十七条至第九百六十八条沿用《侵权责任法》相关规定，结合主体标准（系组织还是个人）和法律关系性质标准（系劳动关系还是劳务关系），将用人者责任区分为用人单位作为用人者的责任和个人作为用人者的责任，⑬这种分类标准也不科学。其一，用人者责任中，除劳动关系与劳务关系外，还有其他关系需要涵盖在内，如人事关系等。其二，劳务关系除存在于个人与个人之间外，还可存在于个人与组织之间，如已领取养老金人员再就业、已达到法定退休年龄但未领取养老金人员再就业，一般按劳务关系处理。⑭该种劳务关系在性质上与个人之间劳务关系相同，却不为第九百六十七条至第九百六十八条所涵盖。

（三）用人者范围的合理确定

无论是《人身损害赔偿司法解释》中"法人""雇主"等词语，还是《侵权责任法》中"用人单位"等词语，均因背后蕴含的所有制因素、劳动法律因素等，导致的语义模糊，引发一些无谓的争论。在侵权责任编中如何确定用人者范围，需要考虑两个因素：一是管全部。梳理之前三十年的用人者范围立法，一个重要缺陷就是只列举部分用人者，导致外延不周延。未来民法典中，需要将适用用人者责任的所有情形概括出来，用提取公因式方式，归纳出一个总括性的、总则性的一般条款，取消列举式分类，构建统一的用人者责任制度。⑮民法典需要涵盖平等主体的自然人、法人和非法人组织之间的所有人身与财产关系，内容相当繁多、庞杂，要求具有高度概括性。目前来

---

⑪ 尹飞：《用人者责任研究》，载《法学杂志》2005 年第 2 期。

⑫ 参见唐德华主编：《人身损害赔偿司法解释及相关法律疑难释解》，人民法院出版社 2004 年 4 月版，第 258 页。

⑬ 潘杰：《〈侵权责任法〉上用人者责任制度的司法适用——立法与司法解释的比较与适用衔接》，载《法律适用》2012 年第 2 期。

⑭ 2010 年《最高人民法院关于审理劳动争议案件适用法律若干问题的解释（三）》第七条、2016 年《人力资源社会保障部关于执行〈工伤保险条例〉若干问题的意见（二）》第二条等。

⑮ 张新宝：《民法分则侵权责任编立法研究》，载《中国法学》2017 年第 3 期。

看，至少应当将存在管理、监督、控制之力的公务员关系、人事关系、劳动关系、劳务关系等使用关系均涵摄在内。⑯ 二是管长远。民法典通过之后短时期内不会再作调整和修改，而民法典主要汇集的是私法规范，是社会主义市场经济体制下市场主体的一般活动规范与行为准则，本身的政治属性较弱。故应淡去过于鲜明的时代色彩，使用一些更为中性、更具学术品格或规范意义的语词来表述用人者责任，从而避免时过境迁后的不合时宜。

二、用人者责任的机理

（一）用人者责任的法理基础

用人者责任是用人者就他人实施的侵权行为承担侵权责任，属间接责任。⑰ 对其归责基础，学理上存在危险说、报偿说、控制说、深口袋说等不同解释，并均有一定解释力。危险说与报偿说存在交叉，认为"由开辟了某个危险源或维持危险源并从中获得利益的人来全部或部分地承担损害"。⑱ 危险说在解释某些特殊侵权行为如高度危险行为时，具有较强说服力，但在典型用人者责任如劳动关系导致的用人者责任中，被使用者被认为系用人者"手臂的延长"，但不能认为使用被使用者是开启一项危险源，使用被使用者本身也难说具有危险性，被使用者及其行为不能被认为是一种危险。⑲ 收益与风险相伴，"他不仅应当享有由此带来的利益，而且也应当承担由此危险对他人造成任何损害的赔偿责任：获得利益者承担损失"，⑳ 但是，"受其利者，需任其害"的报偿理论，是各种民事活动普遍奉行的原则，以该上位概念解释作为下位概念的用人者责任归责基础，未尽妥当。㉑ 报偿说也无法解释诸如委托合同、承揽合同中，委托人、定作人也系相关活动的受益

⑯ 程啸：《侵权责任法》（第二版），法律出版社2015年9月版，第410页。

⑰ 张民安：《雇主替代责任在我国未来侵权法中的地位》，载《中国法学》2009年第3期。

⑱ ［德］卡尔·拉伦茨：《德国民法通论》（上册），王晓晔等译，法律出版社2003年1月版，第82页。

⑲ 尹飞：《为他人行为侵权责任之归责基础》，载《法学研究》2009年第5期。

⑳ ［德］克里斯蒂安·冯·巴尔：《欧洲比较侵权行为法》（上卷），张新宝译，法律出版社2004年5月版，第10页。

㉑ 参见前引⑲，尹飞文，第42页。

人，却不必对该些活动所生损害承担侵权责任。其实，只不过是用人者责任的承担恰好与"损益同归"彰显的公平法则相契合而已。[22] 深口袋说是英美法上雇主责任的重要理论基础，[23] 认为相对于个人雇员而言，用人者近似于一个"深口袋"（Deeper Pocket），具有更强赔偿能力，并且也能将由此产生的成本通过提高产品与服务的定价、投保责任保险等措施分散出去。[24] 这种由富者赔的理论可以作为一个辅助理由或作为阐释责任范围的理由，但不能作为用人者责任的归责基础，并且用人者与被使用者之间何者更富也不能一概而论。

在两大法系中，用人者责任与古老的"责归于上"伦理与"发号施令"理论相关。在父母对未成年子女、主人对佣人、雇主对受雇人、手艺人对学徒等所造成损害的责任承担中，双方之间存在着不平等的关系，让前者承担责任符合"责归于上"的伦理。[25] 主人要对其明确命令实施的侵权行为对他人承担侵权责任，也要对其默示命令实施的侵权行为承担侵权责任，这种默示命令源于他们对其仆人、佣人或者雇员的一般授权。[26] 在此基础上，控制说提出用人者责任在于用人者能够支配或对他人的行为施加重大影响，他人在用人者的支配或重大影响之下采取行为，行为的后果当然应当由用人者承担。这种控制之力可以源自双方之间存在的隶属关系、客观上的人格不平等以及个人自由意志的被削弱等。[27] 用人者承担责任，主要不在于开启了危险活动、从中获得了报偿或者自身拥有更强的经济实力，而在于对被使用者行为的支配力，使被使用者处于被"使用"地位。

根据控制说，其一，能够确定前文论及的用人者的具体范围。在公务员管理、人事、劳动、劳务等特定关系中，一方对另一方均存在较强的管理、监督和控制，故可归入用人者范围。而委托、承揽等关系中，另一方一般独

---

[22] 安建颀：《〈侵权责任法〉上自然人雇主替代责任前提条件探讨》，载《法律适用》2010年第11期。

[23] ［美］文森特·R.约翰逊：《美国侵权法》，赵秀文等译，中国人民大学出版社2004年5月版，第3页。

[24] 前引⑯，程啸书，第403页。

[25] 史尚宽：《债法总论》，中国政法大学出版社2000年1月版，第187页。

[26] 前引⑰，张民安文。

[27] 前引⑲，尹飞文。

立完成相应事项或任务，受到的支配或影响较弱，故不能归入用人者范围。其二，能够细分用人者责任的不同类型。不同法律关系中，用人者对被使用者的支配力也不相同，而支配力大小应当影响到用人者承担责任的严格程度或责任范围。当这种大小差异达到一定程度，就应当对责任分担进行不同的制度设计。如《侵权责任法》第三十四条与第三十五条中，劳动关系与个人劳务关系下用人者对内责任分别适用无过错责任与过错责任，从企业雇主对雇员的支配力远远强于自然人雇主因而应承担更为严格责任的角度，似可获得解释。㉘ 其三，在某些特殊情形下，可以确定用人者责任的进一步归属。劳务派遣法律关系中，与劳动者存在劳动关系的是劳务派遣单位，但实际掌握劳动者行为控制权的是用工单位，故《侵权责任法》第三十四条第二款规定由用工单位承担用人者责任。

（二）用人者责任的归责原则

1. 应采用无过错责任模式

用人者承担侵权责任的可非难性在于其对被使用者拥有的控制或支配之力，相应的归责原则，存在过错推定责任、无过错责任、过错责任三种不同学说与立法例。㉙ 在我国，从《人身损害赔偿司法解释》第九条到《侵权责任法》第三十四条等，均采用无过错责任，这种选择应为侵权责任编承继。

首先，过错推定模式与过错责任模式均在追求与无过错责任相似的法律效果。《德国民法典》第八百三十一条规定雇主过错推定责任，但通说认为，雇主不仅要证明选任事务辅助人时已尽到注意义务，而且要证明其后继续对该事务辅助人进行考察，以便确定在发生损害行为时，其是否仍有能力执行事务。㉚ 表面上仍维持在过错责任的框架之内，但雇主欲通过证明不存在过

㉘ 当然，笔者并不认为该两种关系下用人者的支配力已经差异到可以适用不同归责原则的程度。

㉙ 前者参见《德国民法典》第八百三十一条第一款、《日本民法典》第七十五条等；中者参见《法国民法典》第一千三百八十四条、《意大利民法典》第二千零九十四条等；后者参见郑晓剑：《揭开雇主"替代责任"的面纱——兼论〈侵权责任法〉第34条之解释论基础》，载《比较法研究》2014年第2期。

㉚ ［德］马克西米利安·福克斯：《侵权行为法》，齐晓琨译，法律出版社2006年10月版，第176页。

错而免责已相当困难，法律条文中的过错推定责任实践中正演变为无过错责任。③ 组织过错理论中，对组织过错的判断采取绝对的客观注意标准，"只要企业经营者对企业运行的组织、监管，没有达到正常的社会交往中他人对该企业所享有的正当、合理信赖的程度，就可以认为企业具有组织过错，从而应对由此所产生的损害承担组织过错责任"。③ 如此宽泛地解释过错，在实际效果上与无过错责任已无特别明显的差异。

其次，无过错责任模式符合保护弱者、补偿损害的侵权法目标。在工业社会早期，受经济自由主义影响，维护自由受到更多重视，但在现代风险社会，在人类制造的各种"怪物"面前，"生活在文明的山火上"的个体力量十分微弱，加强对权益的保护，补偿受害人的损失，具有充分的社会伦理基础。③ 侵权法要避免对人们行为自由的不正当限制，但也要保护民事主体的合法权益，任务就是协调行为自由与权益保护之间的紧张关系。③ 侵权法注重对损害的填补，而降低了对加害人主观可非难程度的关注，加害人对损害的发生是故意还是过失，对损害赔偿的责任与范围原则上不发生影响。采用无过错责任模式，符合上述侵权法目标。

再次，无过错责任下的用人者能够转移或分散由此产生的经济负担。对损害的补偿，可以通过在加害人与受害人之间进行损失的转移来实现，但进入现代社会之后，用人者可以通过责任保险、社会保险以及产品、服务的定价等将由此增加的成本进行社会化分散，民事侵权法的补偿功能就不再是单纯的损失转移，更多的是损失的分散。③ 同时，用人者也被激励提升生产技能和管理水平，进而提升生产和管理效率，让更多的社会成员受益。以至于从实用主义视角来看，实行无过错的替代责任，其基础并不是过错，而是社会政策的考量。③

③ ［日］圆谷峻：《判例形成的日本新侵权行为法》，赵莉译，法律出版社2008年12月版，第303页。
③ 郑晓剑：《组织过错理论与受害人保护》，载《法制与社会发展》2013年第6期。
③ 参见前引㉙，郑晓剑文。
③ 参见前引⑯，程啸书，第20页以下。
③ 程啸：《试论侵权行为法之补偿功能与威慑功能》，载《法学评论》2009年第3期。
③ 参见前引㉙，郑晓剑文，第150页。

2. 草案第九百六十八条的评析

草案一审稿第九百六十八条第一款第二句"提供劳务一方因劳务自己受到损害的，根据双方各自的过错承担相应的责任"，照搬自《侵权责任法》第三十五条，在二审稿中调整为同款第三句"提供劳务一方因劳务自己受到损害的，由接受劳务一方承担侵权责任；提供劳务一方有过错的，可以减轻或者免除接受劳务一方的责任"，将个人作为用人者的对内责任由过错原则调整为无过错原则。该调整有着充分的学理依据，是对《侵权责任法》第三十五条错误的更正和对《人身损害赔偿司法解释》第十一条等的回归。其一，劳动关系下、个人与单位劳务关系下，被使用者对外致人损害或对内遭受损害，用人者均承担无过错责任。但依草案一审稿和《侵权责任法》，个人劳务关系下，被使用者对外致人损害，用人者亦承担无过错责任，但对内遭受损害却要承担过错责任，逻辑上前后不一致。其二，《侵权责任法》的起草者认为，个人劳务关系不属于依法应当参加社会保险统筹的情形，故不宜采用无过错责任，而应采用过错责任。[37] 该思路倒因为果，系因劳动关系与劳务关系性质的不同，才导致法律明确是否应当参加社会保险统筹，而非因法律规定了是否参加社保统筹，才进而决定法律关系性质的差异。其三，草案一审稿第九百六十八条第二款规定"因第三人的行为造成提供劳务一方损害的，提供劳务的一方有权请求第三人承担侵权责任，也有权请求接受劳务的一方承担侵权责任"，个人劳务关系下被使用者遭受第三人侵权，用人者承担无过错责任。在同一条文的前后两款中，用人者责任不应采取相异的归责原则。其四，从合意与从属性上，劳动关系与劳务关系确实存在差异，[38] 但从支配力角度看，二者的差异可以在适用过失相抵时或确定对外连带责任时或事后行使追偿权时体现，但尚未大到应当适用不同归责原则的程度。

三、用人者的内外责任

（一）用人者的对外责任

用人者的对外责任中，有两个问题需予澄清。其一，用人者责任成立以

㊲ 前引 ⑧，王胜明书，第 177 页。

㊳ 孟高飞：《确认劳动关系纠纷案件的审理情况及思考》，载《人民司法》2013 年第 23 期。

被使用者行为构成侵权为前提。有观点认为，不应当以（相关立法实际上也未以）雇员行为构成侵权作为雇主责任的成立条件。[39] 讨论用人者责任本身隐含着被使用者致人损害行为构成侵权这一前提，若致人损害行为不构成侵权，被使用者本人都无需承担责任，遑论用人者替代其承担责任。致人损害行为是否构成侵权，依一般侵权与特殊侵权的相关规定进行认定。其二，执行使用任务的判断宜交由法官裁量。从《人身损害赔偿司法解释》"执行职务""从事雇佣活动""提供劳务"到《侵权责任法》"执行工作任务""因劳务"，虽采用不同措词，但内涵差异不大，均指根据用人者授权或指示从事相应的活动，或虽超出授权范围，但表现形式与授权范围内的活动内在相关，可统一称为执行使用任务。对执行使用任务的认定，[40] 学理上已作深入的探讨，实践中也发展出相对成熟的做法，[41] 且表现形式千差万别、千变万化，不宜在民法典中规定，而应交由法官在个案中认定。

（二）用人者的对内责任

用人者的对内责任分两种情形。一种情形为损害由用人者或受其支配者所致，常见的疑问为工伤保险补偿是否取代用人者的侵权损害赔偿？对此，学理上总结出替代、选择、兼得与补充四种"理想型"模式，均存在相应立法例和主张者，[42] 尤其是《人身损害赔偿司法解释》第十二条与《安全生产法》第五十三条、《职业病防治法》第五十九条相抵牾，导致实践做法极不统一。[43] 我们认为，其一，工伤风险是由工业不断发展所致的社会性风险，风

---

[39] 参见前引㉜，郑晓剑文。

[40] 有观点认为应在立法中列明裁判基准。参见李昊：《对民法典侵权责任编的审视与建言》，载《法治研究》2018 年第 5 期。

[41] 姚辉、梁展欣：《使用人责任相关问题探讨》，载《政法论丛》2010 年第 5 期。

[42] 参见王泽鉴：《民法学说与判例研究》（第三册），中国政法大学出版社 2005 年 1 月版，第 252 页以下。

[43] 如广东省高级人民法院 2017 年《关于审理劳动争议案件疑难问题的解答》第十四条、第十五条对安全生产事故和职业病工伤采用相同项目补差、不同项目兼得的模式，上海市高级人民法院 2015 年《工伤与侵权交叉案件、劳务纠纷案件适法统一研讨会综述》第五条对安全生产事故和职业病工伤采用精神损害抚慰金项目兼得、其余项目替代的模式，而另有部分法院按《人身损害赔偿司法解释》第十二条采完全替代模式，可参见（2012）苏民再提字第 0111 号民事判决书、（2015）津高民提字第 0006 号民事判决书等。

险后果应以集体性的方式，由从工业发展中获益的社会成员共同承担。故国家以制定法形式创设工伤保险制度，工伤事故的处理便从传统的侵权法分离出来。这种分离由多重因素促成，但"最主要原因是为了弥补传统侵权责任在工伤事故损害救济方面的缺陷和不足，其创立的初衷就是为了在工伤事故救济领域替代侵权责任的救济"。[44] 若不能通过工伤保险来化解、转移雇主的风险，则有悖工伤保险制度的目的，亦阻碍经济社会发展。[45] 其二，被使用者工伤补偿请求权与侵权赔偿请求权的竞合，符合请求权竞合的基本特征，在本质上亦属违约责任与侵权责任的竞合。《人身损害赔偿司法解释》第十二条规定由雇员行使工伤补偿请求权，可理解成为维护社会整体利益，发挥工伤保险制度的功用，由国家替代雇员作出了选择。[46] 故用人者的工伤补偿责任与侵权赔偿责任的竞合，原则上应采用替代模式，即以前者取代后者。但是，完全的替代模式存在"惩戒不足"与"赔偿不足"的弊端，故在用人者对工伤侵权的发生存在故意[47] 或有法律明文规定的重大过失[48] 时，雇员仍可另行主张侵权损害赔偿，该损害赔偿应仅限于精神方面的损失。[49]

另一种情形为损害由第三人侵权所致，多发的争议为第三人侵权赔偿与工伤保险补偿之间是何关系？对此学界和实务部门作了持续的探讨[50] 和探索，[51] 但争论仍在持续。该方面的研究较多，本文不作展开，但从禁止获利

---

[44] 张新宝：《工伤保险请求权与普通人身损害赔偿请求权的关系》，载《中国法学》2007年第2期。

[45] 陈红梅：《工伤赔偿与侵权赔偿竞合的法律分析及对策》，载《海南大学学报人文社会科学版》2008年第5期。

[46] 张照东：《工伤案件赔偿请求权竞合问题研究》，载《河北法学》2007年第3期。

[47] 参见前引[42]，王泽鉴书，第261页。

[48] 如《安全生产法》第五十三条和《职业病防治法》第五十九条规定的职业病工伤和生产安全事故所致工伤。

[49] 王显勇：《工伤保险与侵权法竞合的理论与立法构想》，载《社会科学》2009年第5期。

[50] 于欣华：《热烈与冷静——2000至2009十年工伤保险补偿与民事侵权赔偿竞合研究综述》，载《河北法学》2011年第3期。

[51] 如1991年国务院《道路交通事故处理办法》第四十三条、1996年劳动部《企业职工工作保险试行办法》第二十八条、最高人民法院2003年《人身损害赔偿司法解释》第十二条第二款及2006年《关于因第三人造成工伤的职工或其亲属在获得民事赔偿后是否还可以获得工伤保险补偿问题的答复》、2010年《社会保险法》第42条、最高人民法院2014年《关于审理工伤保险行政案件若干问题的规定》第八条以及各地政府或高级法院制定的相关实施办法或审判业务文件等。

与避免工伤保险基金浪费的角度，民法典至少需要明确上述两种不同请求权基础的赔（补）偿不能完全兼得。草案二审稿第九百六十八条第二款借鉴《人身损害赔偿司法解释》第十一条内容，已明确个人劳务关系下的第三人侵权赔偿与用人者的赔偿不可兼得（即"单赔"），其他法律关系下的第三人侵权与用人者责任的竞合亦应采用类似的思路。

四、被使用者的责任

（一）承担连带责任的限定

权益受到侵害之人向用人者主张侵权责任，可否请求被使用者承担连带责任，存在不同立法例。[52]《人身损害赔偿司法解释》第九条规定"雇员因故意或者重大过失致人损害的，应当与雇主承担连带赔偿责任"，《侵权责任法》及侵权责任编草案在规定用人者单独承担侵权责任后，未涉及连带责任问题。我们认为，侵权责任编可吸纳上述司法解释的内容，并略作调整。基于前文述及的报偿说、危险说、控制说、深口袋说，虽然少于或弱于用人者，但被使用者也获得了使用的对价，对危险拥有一定控制力；由被使用者对重大过错所生损害负责，是在贯彻侵权责任法的自己责任原则，并能发挥预防损害、填补损害的功能。[53]其一，被使用者对损害发生具有故意时，应与用人者承担连带责任，这自无疑义。其二，在存在强控制力的使用关系如劳动关系、人事关系下，被使用者具有重大过失时不承担连带责任。对其过错的惩戒可以在追偿环节中考虑。在存在弱控制力的使用关系如劳务关系、帮工关系下，被使用者应对重大过失的致人损害承担连带责任。这是因为弱控制力使用关系下，被使用者与用人者的地位接近平等，被使用者对行为控制的自主度更高，让其承担连带责任更能督促其谨慎行事。

（二）行使追偿权的条件

《人身损害赔偿司法解释》第九条规定"雇主承担连带赔偿责任的，可

---

[52] 参见前引⑬，潘杰文。

[53] 刘雨桦：《特定情况下用人者与被使用人的连带责任》，载《山西省政法管理干部学院学报》2017 年第 1 期。

以向雇员追偿"，《侵权责任法》未作规定。[54] 虽然该法起草者认为，"本法未作规定，不影响用人单位依照法律规定，或者根据双方的约定来行使追偿权"，[55] 但侵权责任编作为侵权法律体系的基本法，对此不能回避，学界多数意见也认为法律中应作明确。[56] 用人者责任制度的目的在于"保护受害人的利益，而非使过错的雇员免于承担其个人责任"，[57] 侵权责任编中应规定用人者的追偿权，并将条件限定于被使用者存在故意或重大过失。至于追偿的范围与幅度，可交由法院综合考量用人者过错、控制力、被使用者过错、经济能力等因素进行裁量。草案二审稿弥补《侵权责任法》和一审稿的缺憾，对用人者追偿权作了规定，但在第九百六十七条和第九百六十八条分别作相同内容的规定，则显得繁赘，宜统一在同一条款中。

附：用人者责任条款建议稿

第一条　被使用者因执行使用任务造成他人损害的，由用人者承担侵权责任。用人者承担侵权责任后，可以向有故意或重大过失的被使用者追偿。

被派遣的劳动者因执行派遣任务造成他人损害的，由接受劳务派遣的用工单位承担侵权责任；劳务派遣单位有过错的，承担相应的补充责任。

被使用者因故意造成他人损害的，与用人者承担连带责任。劳务、帮工等弱使用关系中的被使用者因重大过失造成他人损害的，与用人者承担连带责任。

第二条　被使用者因执行使用任务自己受到损害的，由用人者承担侵权责任。

因第三人行为造成被使用者损害的，被使用者有权请求第三人承担侵权

---

[54] 其他法律对某些特殊身份人员的追偿作有规定，如《物权法》第二十一条、《律师法》第五十四条、《公证员法》第四十三条等。

[55] 前引⑧，王胜明书，第172页以下。

[56] 参见前引⑮，张新宝文。

[57] ［荷］J.施皮尔主编：《侵权法的统一：对他人造成的损害的责任》，梅夏英、高圣平译，法律出版社2009年10月版，第403页。

责任，也有权请求用人者承担侵权责任。用人者承担侵权责任或法律规定的相关机构承担支付义务后，可以向第三人追偿。

（责任编辑：陈克）

《民法典分编（草案）》的立法再思考

——以请求权基础与裁判功能为视角

李　兴*

我国《民法典》的立法进程展现了前所未有的公开透明，2018 年 9 月 5 日，立法机关公布了《中华人民共和国民法典分编（草案）》（以下简称《民法典各分编（草案）》），向全社会征求意见。① 民法典分编涵括了民事法律关系调整的各领域，其法律规则对于司法实务有着最为现实的指向意义。从另一个角度而言，成文法的生命根植于民意与实践，新时期的法典编纂面向社会经济发展的新形势，是对既往法律观念的梳理，也是对未来裁判规则的形塑，更加需要对司法实践的经验与成果进行必要的考量与吸收。通过对民法典草案的学习，法官可以从繁杂的卷宗中抬起头来，重温民事法律体系，更新前沿理论知识，也会以自身的审判经验去审视规则构建的合理性、可行性。

一、请求权基础与裁判功能是法官理解法条的基本视角

近代以来，以《德国民法典》为代表民事立法体系基本上是以权利与法律行为作为核心，民事主体若通过司法诉讼维护自身的各类权利，应请求他人为一定的行为（作为或不作为），② 即民事诉讼中的诉讼请求。请求权系要求特定人为特定行为的权利。因此，请求权在民事权利体系中处于枢纽地位，

---

* 李兴，法学硕士，上海市第一中级人民法院法官。

① 以下引用的民法典分编草案条文均系 2018 年 9 月 7 日通过网址 http://www.npc.gov.cn/ COBRS_LFYJNEW/user/UserIndex1.jsp?ID=10051883 下载阅览。2018 年 12 月 23 日，民法典合同编草案进行了二次审议，本文中涉及的相关草案条文并无变化。

② 参见王泽鉴：《民法总则》，中国政法大学出版社 2001 年版，第 92 页。

任何权利，无论是相对权或绝对权，为发挥其功能，或恢复不受侵害的圆满状态，均需借助于请求权的行使。③ 法官审查案件作出裁判的过程，一方面须依案件事实去探寻法律规范，另一方面须将法律规范适用于案件事实，即所谓在"上位规范与生活事实间来回穿梭观察"，④ 根据案件事实寻找法律规范也就是辨明"请求权基础"的过程。

法条表述有自身的逻辑结构，根据法条在请求权基础观点下是否能够单独作为权利发生的依据，法学方法论将法条分为完全法条与不完全法条两大类。⑤ 完全法条是指兼备构成要件与法律效果两个部分，此类法条具有相对独立的规范功能，能够为裁判提供直接依据；而不完全法条是指不具备法律效果规定的法条，根据其功能具体又分为：说明性法条、限制性法条、指示参照性法条、拟制性法条。⑥ 不同法条的组合最终是为了实现完整的裁判功能。因此，法官在实务思维模式主导下，面对每一部新法律，都会自然从请求权基础与裁判功能的视角去审视与司法实践关联最密切的条文：一方面以假设法律条文适用具体案情后的推理结果来检验规则设计的可行性；另一方面也会为实践中长期存在的难点问题探索以请求权为基础的规则路径。

法典编纂不同于制定单行法律与司法解释，是最复杂的立法活动，既无法脱离所处的时代背景，也不可能对所有的具体问题都予以规定。民法理念与体系经历了漫长的历史积淀，在历史法学派的观念中，私法首先是通过习俗与民众信念产生，然后通过法律科学产生，这一状态是历史性地呈现出来的。⑦ 立法者与裁判者站在不同的立场，立法供给与司法需求之间总是存在一定程度的不平衡。在 19 世纪的法典编纂活动中，法学家们就注意到了制定法固有的局限性："我们无法看到完全由制定法来调整现实生活秩序这种意义上的生活……法是我们全部意识中的一个因素，将现有法记载为制定法必然

---

③ 前引 ②，王泽鉴书，第 51 页。

④ 参见前引 ②，王泽鉴书，第 30 页。

⑤ 参见 [德] 卡尔·拉伦茨：《法学方法论》，陈爱娥译，商务印书馆 2003 年 9 月版，第 133 至 143 页。

⑥ 参见前引 ③，第 126—128 页。

⑦ 参见 [德] 霍尔斯特·海因里希·雅克布斯：《十九世纪德国民法科学与立法》，王娜译，法律出版社 2003 年 10 月版，第 20 页。

是不完美的。"⑧因此，只要意识到法典编纂的复杂性与历史性，我们对当前的《民法典各分编（草案）》就应当有更多的珍惜与理解，也有理由相信会随着讨论与研究进一步完善。笔者以下所论述的六项草案条文也均是在尊重既定规则的前提下，从厘清请求权基础与完善裁判功能的角度所提出的建议。

二、关于物权编草案相关条文的建议与理由

民法典草案物权编基本沿用了《中华人民共和国物权法》(以下简称《物权法》)的体例，不仅形式上遵循法学教科书体系，具体内容也涉及一些长久以来存在争议的基础问题，比如物权行为独立性、不动产实质物权确认等，这些问题有待于理论界进一步统一认识，也需要为司法裁判保留一定的务实空间。笔者认为，相关草案条文对一些基础问题不作绝对化表述是可以理解的，本文对此类问题也不作阐述，仅就笔者在审判实践中较为熟悉的部分条文进行说明。

（一）关于业主共同代表诉讼制度的建议

草案第七十三条建议增加一项：委托建设单位、业主委员会向物业服务企业主张关于共有部分管理瑕疵的违约责任或减免物业服务费的请求。

草案第七十三条源自《物权法》第七十六条，增加了改变共有部分用途或从事经营活动的事项，目的在于保护业主对于共有部位的权利。⑨该条第（四）项规定了选聘、解聘物业服务企业属于共同决定事项，但没有进一步对物业合同履行中的争议处理程序进行规定。传统民法奉行物权债权区分的体例，将建筑物区分所有权与物业服务合同分列于物权编与债权编，长期

---

⑧ 参见［德］霍尔斯特·海因里希·雅克布斯：《十九世纪德国民法科学与立法》，王娜译，法律出版社 2003 年 10 月版，第 44—45 页。

⑨ 《民法典分编（草案）》物权编第七十三条：下列事项由业主共同决定：（一）制定和修改业主大会议事规则；（二）制定和修改管理规约；（三）选举业主委员会或者更换业主委员会成员；（四）选聘和解聘物业服务企业或者其他管理人；（五）筹集和使用建筑物及其附属设施的维修资金；（六）改建、重建建筑物及其附属设施；（七）改变共有部分的用途或者利用共有部分从事经营活动；（八）有关共有和共同管理权利的其他重大事项……决定前款其他事项，应当经参加表决专有部分面积过半数的业主且参加表决人数过半数的业主同意。

以来，有关两项制度衔接的法律条文仅有关于选聘、解聘物业服务企业的规定。但在司法实践层面，二者更多地体现为一个整体。2009 年 5 月，最高人民法院相继公布了《关于审理建筑区分所有权纠纷案件具体应用法律若干问题的解释》（以下简称《区分所有权司法解释》）与《关于审理物业服务纠纷案件具体应用法律若干问题的解释》（以下简称《物业合同司法解释》），表明了这两份司法解释互为依托，紧密联系。由于小区业主众多，对共有部分的维护管理主要是通过聘请物业服务企业，而物业服务合同又是签约主体较为特殊的一类合同。选聘物业公司事关小区公共利益，不能将选择权交给个体业主，事实上也不可能由个体业主与物业公司一一签约。所以前期物业合同由建设单位与物业公司签约，小区成立业委会后，即可由业委会代表业主进行签约。不论是建设单位还是业委会，他们都是代表业主进行签约，而不是自身承担合同的权利义务。因此，在履行签约程序后，建设单位、业委会还应当承担起监督物业公司履行职责的义务，代表业主维护小区的公共利益。当前的大量物业纠纷案件都反映出，共有部分管理最大的矛盾冲突是个体业主缺乏对物业服务企业进行有效制约的途径。物业公司对共有部分的管理服务品质（比如安保、绿化、保洁）关系到所有业主的利益，现实中业主群体反映最强烈的也是物业公司消极不作为、服务品质低下的问题。根据《物业合同司法解释》第三条及第六条第二款规定，[⑩]法院可以审查业主提出的物业公司承担违约责任的诉请或基于服务瑕疵而主张的减免物业费的抗辩。

在现实诉讼中，上述条文的适用范围基本被限缩在物业公司行为侵犯了个体业主权利的情形中，比如因安保疏忽而导致家中失窃，或是管理不善而导致业主人身损害。如果个体业主在与物业公司的诉讼中主张存在共有部位服务瑕疵，但又未对其个体产生直接损害后果，法院则会面临着明显的审查困境。因为，一旦法院认定物业公司对共有部位存在服务瑕疵，应当承担违约金或减免物业费，就意味着该判决是适用于全体小区业主的，而在此类案

⑩ 《物业合同司法解释》第三条：物业服务企业不履行或者不完全履行物业服务合同约定的或者法律、法规规定以及相关行业规范确定的维修、养护、管理和维护义务，业主请求物业服务企业承担继续履行、采取补救措施或者赔偿损失等违约责任的，人民法院应予支持。第六条第二款：物业服务企业已经按照合同约定以及相关规定提供服务，业主仅以未享受或者无需接受相关物业服务为抗辩理由的，人民法院不予支持。

件中既无法判断该业主的主张是否代表了小区业主的多数意志，也无法启动对共有部位管理服务的全面审查。因此，许多小标的额的物业费案件多年来循环诉讼，耗费了大量的司法资源，物业公司的服务品质得不到有效监督制约，致使小区内业主与物业公司对立情绪严重。笔者认为，相关规则设计需要重新思考个体业主此类主张的法律属性，即基于公共部位服务瑕疵提出的请求与抗辩本质上是一种共益性主张，此类案件的判决结果实际上是及于全体业主的，应当构建起物业服务合同的业主签约代表启动此类诉讼的规则路径。如果业主通过投票共同决定应当基于共有部位管理瑕疵向物业公司主张违约责任或减免物业费，则可以委托建设单位或业委会代表业主提出诉讼请求。通过确认前置表决程序，引导业主群体统一内部意志，增强维权能力，法院也能够排除个体业主为拖欠物业费而恶意主张的情况，可以启动对物业公司服务的全面审查，所作出的判决结果也当然能够适用于全体业主。

（二）关于居住权设立的限制条件的建议

草案第一百五十九条建议补充规定：已经设立抵押权或被人民法院查封的房屋，未经抵押权人或申请查封人同意，不得设立居住权。

居住权是本次物权编新增的制度，关于此项制度的存废取舍、利弊得失，许多专家学者已经发表过意见，相关争议也许仍将长久地持续下去。在草案已经明确创设此项制度的前提下，笔者尽可能从实践操作的角度探讨制度的完善。根据草案第一百五十九条规定，居住权是当事人通过书面合同约定，以登记完成为设立条件的住宅用益物权。用益物权的基本属性为具有排他性，一旦设立就会对第三人的权利产生重大影响。[11] 因此，笔者认为，权利之间可能出现的效力冲突与优先次序是应当慎重考虑的问题。

首先，抵押权是为了保障债权人的债权实现，房屋上一旦设立居住权，就会对其交易价值产生严重的贬损，属于草案第一百九十九条所规定的"足

---

⑪ 《民法典分编（草案）》第一百五十九条规定：居住权人有权按照合同约定，对他人住宅享有占有、使用的权利，以满足生活居住的需要。设立居住权，当事人应当采取书面形式订立居住权合同。设立居住权的，应当向登记机构申请居住权登记。居住权自登记时设立。

以使抵押财产价值减少"的情形，⑫在立法价值取向中应该衡平抵押权人与居住权人的利益。如果抵押权设立在先，应优先保障抵押权人的信赖利益，未经抵押权人同意，不得擅自设立居住权。其次，人民法院依法查封的房屋，也是为了保障债权人期待利益的实现，如果查封在先，房屋所有权人又擅自设立居住权，将会使法院对标的房屋的执行处分造成严重阻碍，不利于实现债权人的合法权益。因此，笔者认为，应当对居住权的设立条件予以必要的限制，可以在该条补充规定：已经设立抵押权或被人民法院查封的房屋，未经抵押权人或申请查封人同意，不得设立居住权。

关于居住权这一章的整体构建，笔者认为草案现有规则条文过于单薄，设计一项新制度的前提是进行成熟充分的构思，以相互支撑的规则体系去展现制度逻辑，发挥良性功能，抑制消极影响。如果把视野放宽到整个用益物权章，这种对比就十分明显了。第十五章地役权共有十四项条文，对权利设立限制、权利冲突规制、权利消灭条件等问题进行了详尽的规定。实际上，地役权作为一种古老的权利类型，在当今中国社会中已经十分罕见了，但由于是传统民法研究较为充分的领域，其制度设计显得游刃有余。居住权作为一项功能定位为保障居住的用益物权，可以预见到，一旦法律实施，居住权登记及纠纷将在实践中大量出现，会对未来的社会经济生活产生重要影响。反观草案的居住权章只有寥寥四项条文，由此可能造成司法应对的严重困难。因此，该章的总体思路可以借鉴地役权的规则体系，对相关配套规定予以完善充实。

（三）关于超出行使期限之抵押权注销规则的建议

草案第二百一十条建议补充规定：抵押人请求注销未在主债权诉讼时效期间内行使的抵押权，人民法院应予支持。

草案第二百一十条源自于《物权法》第二百零二条：抵押权人应当在主债权诉讼时效期间行使抵押权；未行使的，人民法院不予保护。自从 2007 年

---

⑫ 《民法典分编（草案）》第一百九十九条规定：抵押人的行为足以使抵押财产价值减少的，抵押权人有权要求抵押人停止其行为。抵押财产价值减少的，抵押权人有权要求恢复抵押财产的价值，或者提供与减少的价值相应的担保。抵押人不恢复抵押财产的价值也不提供担保的，抵押权人有权要求债务人提前清偿债务。

《物权法》施行，关于该条的争议就从未停止。立法机关对该条的解释是：超出主债权诉讼时效期间后，抵押权人丧失的是抵押权受人民法院保护的权利，即胜诉权，而抵押权本身并没有消灭，如果抵押人自愿履行担保义务的，抵押权人仍可以行使抵押权。⑬从本次民法典草案的表述看，立法机关坚持了这一态度。

这种解释在逻辑上也是合理的，即便抵押权超出了诉讼时效期间，不应排斥当事人自愿实现抵押权的可能性，故不能认定抵押权当然消灭。但是，司法实践所面临的现实问题是，如果抵押权已经超出了主债权诉讼时效期间，抵押人又不愿意与抵押权人协商实现抵押权，则抵押权实现会陷入僵局状态：抵押权人无法通过法院诉讼处分抵押物，抵押人也无法消灭抵押权，抵押登记依然存续。虽然目前的草案修改了关于抵押物未经抵押权人同意不得转让的规定，但在实践中，抵押权登记依然具有公示作用，会对房屋出让产生不利影响。从权利效能的角度，如果抵押人主动起诉要求注销抵押权，也就说明抵押权已经完全丧失了实现可能性，其存续意义也就不复存在了。因此，在保留诉讼时效期间不当然导致抵押权消灭的前提下，也应当赋予抵押人必要的救济手段，以摆脱失去实际意义的抵押登记的影响。2017年第七期《最高人民法院公报》刊载了"王军诉李睿抵押合同纠纷案"，该案判决结果肯定了抵押人可以在抵押权超出诉讼时效期间的情况下请求注销抵押权。在当前的审判实践中，法院已经普遍采取了这种做法。

笔者认为，法院根据抵押人的诉请判决注销抵押权，是确认了当事人之间不会再协议处置抵押物的事实，为防止权利滥用，及时促进财产流通而采取的措施。这一裁判规则与草案现有条文的基本原则并不矛盾，作为一项补充规则，应当被法律所吸收。只有摆脱诉讼时效期间是否当然导致抵押权消灭的抽象争论，采取务实的诉讼规则表述，才能为这一饱受争议的条款找到平衡点。

三、关于合同编草案相关条文的建议与理由

合同编草案基本沿用了《中华人民共和国合同法》(以下简称《合同法》)

---

⑬ 胡康生主编：《中华人民共和国物权法释义》，法律出版社2007年3月版，第441页。

的体例,《合同法》是在世纪之交的背景下制定的,立法机关面向市场经济大发展的时代环境,不拘一格地吸收了《国际货物销售合同公约》(CISG)等国际规则的内容。虽然从形式上看并不符合传统民法体系,但近二十年来,《合同法》与《民法通则》共同支撑了民商事审判的基本格局。此次公布的草案一方面采纳了《合同法》的基本章节,另一方面也进行了必要的完善与补充,但其中仍然存在一些与法典体系不协调的条文。比如,草案第二百五十五条关于合同概念的表述,在《民法总则》已经施行的前提下,应当采取"民事法律行为"来描述合同行为的法律性质,不宜再以"协议"来定义了。当然,从审判实践的角度而言,最值得关注的还是一些具体的法律适用问题。

(一)完善权利瑕疵担保制度的适用范围

草案第四百零三条建议补充规定:买受人在订立合同时能够合理预期出卖人将合法消除第三人权利的除外。

草案第四百零二条源自于《合同法》第一百五十条,草案第四百零三条是本次草案中新增的一项限制性条文,是对出卖人权利瑕疵担保义务的排除性规定,它与第四百零二条是一个整体,共同构成了买卖合同中出卖人的权利瑕疵担保义务制度。[14] 笔者认为,第四百零三条的基本思路是完全合理的,即注意到了一种情况,买受人明知标的物有权利瑕疵,比如系他人之物,仍与出卖人恶意串通,损害第三人的利益。在这种情况下,买受人确实没有被保护的价值。但是也要考虑到,在实践中,还有一种情况是买受人虽然知道第三人享有权利,却不存在恶意,因为买受人完全可能善意预期出卖人能够合法消除第三人的权利。比如 A 购买了开发商的预售房,签订了预售合同,其在未办理房屋所有权登记的情况下,就与 B 签订了房屋买卖合同,承诺将预售房屋转让给 B。这种情况在现实中普遍存在,也是合理的。B 在审查过 A 的房屋预售合同之后,完全能够善意信赖 A 将会正常履行与开发商的合

---

[14] 《民法典分编(草案)》第四百零二条规定:出卖人就交付的标的物,负有保证第三人不得向买受人主张任何权利的义务,但是法律另有规定的除外。第四百零三条规定:买受人订立合同时知道或者应该知道第三人对买卖的标的物享有权利的,出卖人不承担前条规定的义务。

同，在取得房屋所有权之后再转让给 B。A 与 B 签订房屋买卖合同时，虽然标的房屋仍然属于开发商，但 B 能够合理预期 A 将通过正常履约消除开发商对房屋的权利，这类情况与 A、B 恶意串通或者 B 不合理的自甘风险是不同的，不应当影响 A 对 B 承担权利瑕疵担保责任。如果 A 签约之后没有按约对开发商付款，导致开发商解除了预售合同，A 无法履行对 B 的转让义务，则其应当对 B 承担违约责任。允许买卖交易的标的物存在物权变动的可预期性，并不强制要求出卖人具有与合同债权同步的标的物处分权，这正是民法确立债权物权区分原则的重要现实意义。因此，在增加规定恶意买受人不享有权利瑕疵担保利益的同时，还应当进一步排除可预期消除第三人权利的情形。

（二）"买卖不破租赁"规则的整体重塑

草案第五百一十六条建议修改为：租赁物在承租人依据租赁合同占有期间发生所有权变动的，租赁合同关系自所有权变动之日起转移至承租人与所有权受让人。

草案第五百一十六条源自于《合同法》第二百二十九条：租赁物在租赁期间发生所有权变动的，不影响租赁合同的效力。关于该条款的一般理解是民法理论所指的"买卖不破租赁"制度，[15] 其立法原意是保障承租人尤其是房屋承租人的合理预期与信赖，强调所有权变动不影响租赁关系的存续，具有重要的社会意义。整个民法典草案中关于"买卖不破租赁"只有这一项条文表述，且该条文系兼具构成要件与法律效果的完全法条。

笔者认为，该条文的法律逻辑与法律效果都存在明显的误区。第一，该条文法律效果的表述重点放在了"合同效力"上。根据合同法的基本原理，在所有权变动之后，即使租赁合同不能约束所有权受让人，也就是在"买卖破租赁"的情况下，承租人与出租人的租赁合同效力也不受影响，其结果仅是因出租人不再对租赁物享有处分权而发生租赁合同履行不能的问题。因此，采取该条文表述并不能确立"买卖不破租赁"制度。如果抽象到基本理论的

---

⑮ 参见江平主编：《中华人民共和国合同法精解》，中国政法大学出版社 1999 年 3 月版，第 176 页。

层面，可以说标的物所有权变动不影响已经成立的合同效力是一项普遍规则。既然它并不专属于租赁合同范畴，与"买卖不破租赁"制度没有关系，也就不需要在租赁合同一章进行特别规定。第二，"买卖不破租赁"制度的重点应当在于租赁合同关系主体的规制，即在租赁物所有权变动的情况下，承租人依然能够依据原有的租赁合同约束所有权受让人，从而保障自己的承租利益。从法律效果而言，这是一种法定的合同权利义务转让。"不影响租赁合同的效力"的表述不仅没有指明合同关系主体转让的效果，还会给实践造成误导与混乱。如果原出租人依据该条款继续向承租人主张租金，承租人是否应当向其履行？当前涉及"买卖不破租赁"的纠纷中最常见的问题就是：当租赁物所有权变动后，承租人应当向谁支付租金？认定租赁关系的主体变更的法律依据是什么？笔者认为，只有规定自权利变动之日起发生合同主体关系转移，才能对三方主体的权利义务衔接予以明确，真正确立"买卖不破租赁"的制度，为司法实践提供清晰的法律适用指引。

四、关于婚姻家庭编草案条文的建议与理由

婚姻家庭编既融合了《中华人民共和国婚姻法》与《中华人民共和国继承法》，也吸收了相关司法解释的规定，笔者仅从体系思考的角度论述一点建议：无效与被撤销婚姻中的无过错方应享有赔偿请求权。**草案第八百三十一条，建议补充规定：婚姻无效或者被撤销的，无过错一方有权请求损害赔偿。**

草案第八百三十一条是对无效及被撤销婚姻后果处理的原则性规定，重点是强调在财产分割中应照顾无过错方，并保障子女的合法权益。[16] 笔者认为，该条文遗漏了无过错方的损害赔偿请求权规定，理由有以下两点：

第一，草案第八百二十八条、第八百二十九条、第八百三十条分别规定了导致无效和可撤销婚姻的事由，包括：重婚、有禁止结婚亲属关系、未到法定婚龄、骗取婚姻登记、胁迫结婚、未告知有严重疾病。从体系化的角度

---

⑯ 《民法典分编（草案）》第八百三十一条规定：无效的或者被撤销的婚姻自始没有法律约束力。当事人不具有夫妻的权利和义务。同居期间所得的财产，由当事人协议处理；协议不成时，由人民法院根据照顾无过错方的原则判决。对重婚导致的婚姻无效的财产处理，不得侵害合法婚姻当事人的财产权益。当事人所生的子女，适用本法有关父母子女的规定。

来说，结婚属于民事法律行为，只是有别于财产法律行为，而是身份法律行为。瑕疵结婚行为的概念源自于民法总论关于瑕疵民事法律行为的基础论述，相应的后果处理也应当适用《民法总则》关于瑕疵民事法律行为的一般规定。《民法总则》第一百五十七条规定，民事法律行为无效、被撤销或者确定不发生效力后，行为人因该行为取得的财产，应当予以返还；不能返还或者没有必要返还的，应当折价补偿。有过错的一方应当赔偿对方由此所受到的损失；各方都有过错的，应当各自承担相应的责任。法律另有规定的，依照其规定。根据该条款规定，在民事法律行为无效或被撤销的情况下，无过错方有权主张赔偿损失。传统民法理论认为，这种损失主要是指信赖利益。[17]因此，无效与被撤销的婚姻后果处理也不应当排斥无过错方的损害赔偿请求权，而目前草案第八百三十一条并没有涉及这一问题。

第二，结婚是一种双方法律行为，在婚姻关系有效的前提下，夫妻双方互相负有相应的法律义务。草案第八百六十九条规定了严重违反婚姻义务导致离婚的一方应当对无过错方承担赔偿责任，在法律逻辑上完全合理，也有利于保障弱势一方的利益。[18]无效与被撤销婚姻虽然最终不产生法律效力，但并不代表无过错方没有可保护的利益。婚姻无效与被撤销往往是由一方的过错行为所造成的，婚姻法领域的诚实信用义务不应局限在结婚后，也应当体现在婚姻缔结过程中。比如恶意重婚者不仅违反了对配偶的忠实义务，也严重损害了无过错的被重婚者的信赖利益。胁迫结婚则直接违反了婚姻自由这一基本原则，属于特别严重的违法行为，被胁迫人的意思与人身自由具有独立保护的价值。既然草案已经肯定了无过错方在离婚时的损害赔偿请求权，从体系周延的角度，也应当进一步完善无效与被撤销婚姻中的损害赔偿规则，以明确当事人在婚姻缔结过程中的诚实信用义务，充分保护弱势群体尤其是妇女的合法权益。

需要说明的是，无过错方在无效与被撤销婚姻中的损害赔偿请求权应当

---

⑰ 参见［德］卡尔·拉伦茨：《德国民法通论》，王晓晔等译，法律出版社2003年1月版，第527页。

⑱ 《民法典分编（草案）》第八百六十九条规定：有下列情形之一，导致离婚的，无过错方有权请求损害赔偿：（一）重婚的；（二）与他人同居的；（三）实施家庭暴力的；（四）虐待、遗弃家庭成员的；（五）有其他重大过错的。

是独立的，并不以发生侵权责任法上的侵权后果为必要，而是一种信赖利益赔偿责任。如果在无效与可撤销婚姻过程中发生了直接的侵权损害，比如伤害他人身体、堕胎等，被侵权人可以直接依据侵权责任法主张赔偿，其与信赖利益赔偿应当是并存的。

（责任编辑：陈克）

业主委员会民事实体法性质探究

——兼论《民法典各分编（草案）》建筑物区分所有权部分的修改

周　圣*

　　建筑物区分所有权，是由建筑物的专有部分所有权、共有权和业主的共同管理权相结合而组成的一种"复合物权"。在城镇化进程日益加快的当代中国，越来越多的人居住在以建筑物及其附属设施为地域分界的住宅社区中。建筑物区分所有权是每一个居住在城镇中的市民用以对抗应对房屋质量问题负责的开发商、未尽小区安全卫生保障义务的物业公司甚至其他业主群体的最重要的维权基础。进而，通过宪法赋予的结社权，成立业主大会或业主委员会成为业主实现和维护建筑物区分所有权的当然选择。

　　从1994年《城市新建住宅小区管理办法》规定住宅小区管理委员会，到2003年《物业管理条例》（简称《条例》）正式确立业主委员会（简称业委会）概念至今，业委会制度的中国实践已逾20年。以业主自治为特征的业委会的崛起，逐渐改变了城市基层社区的既有治理模式。业委会在物业管理、社区建设、业主维权、提高社会服务效率等领域发挥着显著的积极作用，日益成为民众参与社区事务和影响基层治理的重要正式渠道。而每每在社区重大事件中活跃发声、引发各界关注的业委会，对基层法治建设产生的效果却并不尽如人意。①当前由业委会成立备案、改选换届、信息披露、物业委托等引发的纠纷和诉讼不断增多，彰显物业管理领域法治进步的同时，也给司法审判带来更多挑战。

----

*　　周圣，法学硕士，上海市杨浦区人民法院法官助理。

①　　有研究显示，业委会作为法治建设指标的社会满意度较低。参见：姚颉靖、彭辉：《上海法治评估的实证分析》，载《行政法学研究》2015年第2期。

良好的立法是厉行法治的基础，经过多年摸索，涉及业委会的很多做法已经通过司法解释、案例等成为司法实践惯例，借由民法典的制定，将相关法律概念、规则等上升到立法层面正当其时。以下结合《民法典各分编（草案）》第六章内容，就涉业委会民事实体法立法提出一些修改建议。

一、当前涉业委会法律制度的立法缺陷

（一）逻辑清晰的法律体系尚未建立

现有的涉业委会规定散见于各类法律（如《物权法》）、行政法规（如《物业管理条例》）、部门规章（如《业主大会和业主委员会指导规则》）、地方性法规（如《上海市住宅物业管理规定》）、地方政府规章（如《北京市物业管理办法》）、地方政府规范性文件（如《北京市住宅区业主大会和业主委员会指导规则》）及相关司法解释（如《最高人民法院关于审理物业服务纠纷案件具体应用法律若干问题的解释》《最高人民法院关于审理建筑物区分所有权纠纷案件具体应用法律若干问题的解释》《最高人民法院关于金湖新村业主委员会是否具备民事诉讼主体资格请示一案的复函》《最高人民法院关于春雨花园业主委员会是否具有民事诉讼主体资格的复函》）、各地高级人民法院的审判指导文件等不同层级的文件中，实务操作和司法实践中检索繁芜，体系完备、条理清晰的部门法规范更是无从谈起。

（二）既有法律规范亟需完善和细化

尽管近年来出现"业主委员会"字样的法律条文越来越多，但就其法律地位及诉讼主体资格、成立与换届要件、备案刻章性质、行政监管主体等，现有规范内容较为基础和原则，实践中一再引发法理争议。试举几例：

1.业委会的民事实体法性质不明

经过多年司法实践，业委会在民事诉讼中具有主体资格已经成为共识，②业委会参加民事诉讼基本不存在司法程序上的障碍，但业委会在民事实体法

---

② 参见：［2002］民立他字第46号《最高人民法院关于金湖新村业主委员会是否具备民事诉讼主体资格请示一案的复函》、［2005］民立他字第8号《最高人民法院关于春雨花园业主委员会是否具有民事诉讼主体资格的复函》。

上如何定性，至今未有定论。业委会在实体法中的法律定性直接关系到其是否符合组织架构形式、是否具有独立承担民事责任的能力，甚至可以说，实体法身份明确了，也就无需再通过司法解释来解决诉讼主体资格问题。查现行有效的各民事法律规范，包括《民法总则》在内，业委会仍处于"师出无名"的尴尬境地。

根据《民法总则》第二条，民事主体包括自然人、法人和非法人组织三类。业委会作为业主的集合，当然不是自然人，究竟属于法人还是非法人组织？首先，考查法人。《民法总则》明确规定，法人包括营利法人、非营利法人、特别法人三类。营利法人，如有限制责任公司、股份有限公司；非营利法人，包括事业单位、社会团体、基金会、社会服务机构等，业委会均不符合该两类法人构成要件。至于特别法人，《民法总则》列举了四类：机关法人、农村集体经济组织法人、城镇农村的合作经济组织法人、基层群众性自治组织法人。就字面而言，业委会基本符合基层群众性自治组织含义，可《民法总则》第一百零一条仅规定了居委会、村委会具有基层群众性自治组织法人资格，且没有"等"字的延伸表述，因此业委会也不能被纳入该类法人范畴。可见，按照《民法总则》规定，业委会不具有法人资格。其次，考查非法人组织。《民法总则》列举了个人独资企业、合伙企业、不具有法人资格的专业服务机构等，同时《民法总则》第一百零三条规定非法人组织应当依照法律的规定登记，即依法登记是构成非法人组织的必备要件。而当前宪法、法律、行政法规、地方性法规、规章、规范性文件等各类法律规范中，均无业委会成立须经登记的规定，仅相关法律规范中规定业委会选举产生之后须备案，无论该"备案"是否具有"登记"的类似性质，仅从字面上无法将备案等同为登记行为。因此，在现行《民法总则》中，业委会并无明确法律地位，仍属于身份不明的"机构"。

2. 选举业委会后的"备案"行为性质不明

现行国务院《物业管理条例》和住建部《业主大会和业主委员会指导规则》均规定，业委会应当自选举产生之日起30日内到相关行政机关申请备案。关于此处"备案"的法律性质，相关法律规范并未明确。没有表述为业委会要成立必须备案，而是规定选举产生之后要备案，那么选举产生是否就表示业委会已经成立了，备案与否不影响业委会成立的有效性呢？此"备案"

仅是告知式备案，业委会成立以选举结果为准；还是监督式备案，形式审查之外备案主体对违法行为具有行政处罚权；抑或许可式备案，非经审核通过并备案，不得从事相应行为？此"备案"是否可视为行政登记行为，是行政确认行为还是行政许可行为？

实践中，业委会选举后，必须持备案证向公安机关申请刻制业委会用章，最终业委会凭印章开展工作。可见，此"备案"行为产生的外部影响对业委会正常运作具有根本性的决定作用，故虽名为"备案"，事实上已经赋予了备案审批职能，表征上更像是一种行政许可行为。基于法律规定的模糊和实质上的"许可"特质，有些时候，行政机关可以以各种理由不组织选举或者拖延业委会备案，最终达到让业委会无法或拖延设立的目的，而此种行政审批职权下的管制与业主维权意识的碰撞，在造成强大社会舆论压力的同时，最终给司法审判带来难题。追根溯源，语焉不详的法律规定显然无法适应业委会蓬勃发展的大势所趋。

3. 业委会诉讼主体资格存在法理障碍

在民事诉讼领域，最高人民法院的两个复函似乎基本解决了业委会的诉讼主体资格问题，但复函并非司法解释，且具有个案针对性，是否具有普适效力和法院系统外的当然执行力，仍然存疑。

二、涉业委会法律制度的立法建议

（一）建议明确规定业委会的法律性质

查《民法总则》全文，并无"业主委员会"字样，而《民法典各分编（草案）》第六章首次出现的"业主委员会"，也完全没有涉及业委会的法律性质问题。该章诸条文直接运用了业委会概念，却未就其定义、法律性质等作相应阐释。业委会的民事实体法地位不明确，在业委会涉诉之初即对司法实践造成了困扰，尽管通过最高人民法院的两个答复解决了诉讼资格的程序问题，却只能说是一种面对现实的权宜之计和司法技术操作，事实上仍缺乏法源依据，即没有全国人大及其常委会制定的法律层面的规范依据。

为衔接《民法总则》与《民法典各分编》，将总则中关于民事主体的概念与分编中出现的各类主体——对应起来，建议在《民法典各分编》中明确规定业委会的法律地位，有两种立法方向：

一是直接规定业委会为非法人组织。以此种方式赋予业委会民事实体法资格，进而倒逼相关立法作出业委会"依法登记"成立的规定。

二是参考国外多数立法将业委会法人化的规定，③直接明确业委会属于法人的一种，具有独立承担责任的民事主体地位。事实上，业委会有自己的办公地点，管理规约可视为章程，有相对固定的组成人员，掌握着维修资金和出租车位收益等资金，规定为法人之一种，实践中并无障碍。

（二）建议明确规定业委会须依法登记成立

当前实践中，设立业委会已经成为通识，但仍有大量住宅小区未成立业委会，往往表现为两种极端情况：要么没人愿意牵头成立业委会，结果是放任物业服务公司把持业主各项物业管理方面的权利；要么想成立业委会却迟迟得不到公权力的配合和批准，例如基层政府、房地产主管部门、居民委员会等不组织或拖延业委会选举，相关行政机关不给予选举产生的业委会行政备案等。

面对成立业委会的大势所趋，与其坐视不理或任由矛盾滋生，不如主动将其纳入法治轨道。建议在《民法典各分编（草案）》第七十二条中直接规定："业主大会、业主委员会依法登记后成立。"这个"登记"，根据具体情况，既可以是形式审查式的形式确认，也可以是资格审批性质的行政许可，具体立法方式可在充分论证后确定。同时，如此规定也能很自然地将业委会归入非法人组织的范畴，变相解决了业委会的民事实体法地位问题。

（三）《民法典各分编（草案）》第八十条的规定有待明确

对比《物权法》中的相应规定，《民法典各分编（草案）》第八十条中的最后一句"物业服务企业或者其他管理人应当及时答复业主对物业服务情况提出的质询"系新增规定。如何理解这条？质询是什么意思？是质疑询问吗？在立法中，质询通常是指立法机关个人或集体以书面或口头方式，就政

---

③ 参见：孟强：《论业主大会的诉讼主体资格》，载《政治与法律》2009年第8期；齐恩平、黄凝：《论业主委员会的当事人能力》，载《法律适用》2009年第4期。

府行政活动有关事项向政府首脑或其他负责人提出问题，要求其即席或书面答复。质询往往导致政治辩论并造成相应政治后果。可见，质询一词是一个政治性涵义较强的术语。例如《宪法》第七十三条规定："全国人民代表大会代表在全国人民代表大会开会期间，全国人民代表大会常务委员会组成人员在常务委员会开会期间，有权依照法律规定的程序提出对国务院或者国务院各部、各委员会的质询案。受质询的机关必须负责答复。"

在民法典中规定质询，其含义和作用有点难以理解。查第八十条内容，其规定的业主对物业服务企业或其他管理人的质询权，本质上可变通理解为业主知情权的扩大。可一则，业主并非直接与物业服务企业签约的主体，物业服务合同的业主签约一方大多为业主大会或业委会，并非每个业主均须与物业服务企业或其他管理人直接商讨事项，也不像对业主大会、业委会等具有委托代理关系，其知情权的法理来源可疑；二则，业主与物业服务企业或其他管理人之间系因民事性质的物业服务合同产生关系，二者之间的权利义务已经有合同予以约定，却在法律规定中附加"质询"这种政治性职责，殊为奇怪。再者，按照该规定，物业服务企业或其他管理人具有答复业主质询的义务，若未答复或对答复不满，业主是否可以像提起业主知情权诉讼一样提起业主质询权诉讼？也即创设了一种新的涉业主权利诉讼案由？当前似乎并无相关司法实践。

在上述问题解决之前，建议删除或暂时不予规定"物业服务企业或者其他管理人应当及时答复业主对物业服务情况提出的质询"。

（四）关于《民法典各分编（草案）》第七十三条的理解

《民法总则》第一百三十四条第二款规定："法人、非法人组织依照法律或者章程规定的议事方式和表决程序作出决议的，该决议行为成立。"这是首次将决议行为纳入民事法律行为范畴。若认可业主大会和业委会为法人或非法人组织，《民法典各分编（草案）》提及的业主大会或业委会作出的各类决议，也应当纳入《民法总则》第一百三十四条第二款规定的范畴，应当遵循相应的程序。

而《物权法》与《民法典各分编（草案）》关于建筑物区分所有权中业主决定事项的相应规定，大多表述为"……且参加表决人数四分之三以上业主同意"与"……且参加表决人数过半数业主同意"等，即明确规定了表决通过的人数或面积等的比例。而第七十三条第二款规定："业主共同决定事项，应当由专有部分占比三分之二以上的业主且人数占比三分之二以上的业主参加表决。……"该条文却未明确同意的比例，是否表示只要按照该规定，业主参加了表决，赞成票超过半数即可通过？建议将该条文规定的同意通过比例予以明确，统一立法表述。

（责任编辑：陈克）

《民法典》分编草案立法建议研讨会综述*

《上海审判实践》编辑部**

2018 年 11 月 30 日，由《上海审判实践》编辑部、上海司法智库、上海人民出版社联合主办，上海市第二中级人民法院承办的《民法典》分编草案立法建议研讨会在上海市第二中级人民法院召开。上海市高级人民法院党组成员、上海市第二中级人民法院院长郭伟清出席研讨会；上海市高级人民法院研究室主任顾全、副主任陈树森和《上海审判实践》责任编辑团队，全市三级法院民商事法官代表以及上海司法智库学会、上海人民出版社代表等 40 余人参加研讨会。

郭伟清院长在研讨会上指出，此次研讨会具有重要的价值和意义。人民法院作为适用法律审理案件、裁判纠纷的国家机关，有必要、有责任对《民法典》分编草案进行认真学习、深入研究，积极讨论及反馈，进而促进民主立法、科学立法。希望通过研讨对草案提出一些具体、中肯的意见建议，积极为我国《民法典》分编编撰建言献策。

会上，与会人员依次围绕物权编、合同编、人格权编、婚姻家庭编、继承编、侵权责任编等内容，紧密结合法学理论和审判工作实际，对《民法典》分编草案①进行了跨条线、多角度、全方位的热烈讨论，从立法体系、立法技术、条文规范等多个方面对草案提出意见建议，反映司法层面意见，传递上海法院声音。

---

* 研讨会综述主要根据研讨会录音整理。

** 执笔人：上海市高级人民法院研究室李瑞霞、上海市虹口区人民法院审判监督庭余聪。

① 草案主要指 2018 年 9 月 5 日立法机关公布的《民法典各分编（草案）》一审稿。

一、研讨交流之物权编

草案物权编拟将居住权首次入法，针对这一制度安排，与会人员从不同角度展开了热烈讨论。上海市徐汇区人民法院杨锋法官认为，居住权是一种被限制了的用益物权。草案关于居住权的规定主要是为了保障房或共有产权房屋而设立，对于普通的房屋租赁等类型，居住权规定有必要进行范围限定。

上海市第一中级人民法院李兴法官认为，居住权规定中没有设定居住权房屋属性的范围，正是居住权设置的目的所在。实践中遇到的居住权和分编草案规定的居住权是两个概念，新设置的居住权针对一般的房屋，而非福利分房时代遗留下来的同住人认定问题。同时他还认为，推行居住权这一新制度应增加条文数量，可借鉴地役权这种发展成熟但实践中运用较少的规定，以充实条文，防止实践中引发矛盾。此外，也有其他法官认为实践中涉及居住权问题发生后，没有规定可依的情况较多，对居住权以技术性的设立方式进行限定过于狭隘。

上海市高级人民法院董燕法官对此也提出两点想法，一是规定的居住权取得原因与实践中基于人身关系或租赁关系等原因取得的居住权在概念上有很大区别，容易造成认识上的不统一；二是考虑到居住权的设立方式，以及当事人可约定的各种例外情形，是否还有必要对居住权进行单章规定。

上海市高级人民法院陈克法官从宏观角度出发，认为关于民法典的讨论应区分为三种类型，第一种类型是是否需要调整的问题，即民法典的调整对象。比如草案第一百五十九条规定居住权人有权按照合同约定，对他人的住宅享有占有、使用的权利，以满足生活的需求。第二款又规定当事人应当采取书面形式订立居住权合同。在现实生活中，这种居住权是否多见、是否有很多争议，现有法律是否已提供足够的制度供给？居住权是一种什么权，是否要突出人身属性？如果通过合同也能达到相同目的，是否还需要专门调整？第二种类型是对于有调整必要的问题应如何进行调整，即立法技术问题，是否有利于裁判者更好地找法、用法。第三种类型是调整得好不好的问题，即利益选择和利益平衡问题，民法要对冲突进行利益平衡，以体现整个社会的价值共识。

上海市第二中级人民法院法官助理奚懿则认为，依据合同或者遗嘱设立产生居住权是合理的。物权法中设立居住权能够完善现有的住房保障体系，同时丰富居民的住房形式。

与会人员还围绕抵押权、物权登记、业主委员会等多项内容，对草案物权编进行了充分讨论。上海市第二中级人民法院玄玉宝法官针对第一百九十条关于公益设施禁止抵押的规定表示，该条款基本延续了《担保法》、《物权法》的相关规定，在大力倡导优化营商环境、鼓励民营资本提供社会服务的背景下，再沿用起源于20世纪90年代对抵押范围进行严格管制的做法，是否符合当前经济发展趋势和国际潮流，有必要进行深入研究。学校、医院、养老院等公益组织的发展也需要融资方面的支持，特别是民营资本投资的公益事业。允许和鼓励民营企业投资公益事业、提供社会服务，亦应提供相应融资渠道，而对抵押财产范围的严格限制难免给投资者融资带来不利影响。如果担心实现抵押权会影响公益设施作用的发挥，可通过制度创新的方式应对，如借鉴金融财产处置时的破产隔离制度，在处置公益设施时须保障其公益属性和正常运营，以此保障公益目的实现。

对此，上海市高级人民法院徐川法官认为，公益性组织本质上没有通过市场行为获取利润的动因，出于保护目的，对特殊公益性组织有严苛规定的必要性。

李兴法官认为，房地产领域的共有产权房如保障房，与一般意义上、物权编所涉及的私人意义上的共有产权有显著差别。物权编条文中关于保障房的财产属性缺少表述，存在立法空缺，是将我国社会生活中一种非常重要的财产类别排除在外。因此，建议增加规定，由保障房引发的相关物权问题授权国务院有关部门另行制定规定。另外，草案第二百一十条规定，抵押权人应当在主债权诉讼时效期间行使抵押权；未行使，人民法院不予保护。建议对于抵押权人未在主债权诉讼时效期间行使抵押权的，人民法院可依申请注销抵押权，以实现权利人对物的完整所有权。草案第七十三条规定了由业主共同决定的事项，建议增加赋予业主委员会通过业主大会表决的方式，由业主委员会代表业主的集体意志，主张对物业服务企业的违约行为或降低服务费标准的行为，从而防止此类诉讼陷入僵局。

上海市高级人民法院金殿军法官从执行角度出发提出三方面意见。草案第二十一条规定了特殊动产的物权登记变更，未经登记，不得对抗善意第三人。善意第三人是否包括申请执行人在实务当中颇有争议,而且善意第三人如不包括申请执行人将不利于申请执行人债权的实现,建议立法对该问题予以明确。草案第一百零六条第三款规定,当事人善意取得其他物权的,参照前两款规定。刑事犯罪中如果赃物设定了抵押权的情况,抵押权人和刑事案件受害人的受偿顺位问题多存在争议,建议立法上予以明确。草案第二百零三条规定了抵押财产被依法扣押后,抵押权人有权收取抵押财产的天然孳息或法定孳息。实务当中对于抵押财产不是因为抵押债权被扣押、查封,而是因为债务人其他普通债权被查封的情况,抵押权人能否根据查封行使第二百零三条规定的优先收取孳息的权利,易产生争议,建议立法上对此予以明确,或可删除该条规定中的限制情形,使抵押权人有权优先收取孳息。

上海市高级人民法院娄正涛法官认为,草案第八条规定了登记机构的职责,第十八条规定了登记机构应当承担因登记错误的赔偿责任,这些规定更倾向于行政管理的内容,放在民法典中是否合适,如由民法典规定,这些责任的性质也应当明确。

上海市高级人民法院高明生法官认为,从更有利于交易便捷的角度出发,在民法典分编对动产登记作出一些规定,更加符合我国现在的发展状况。

上海市第二中级人民法院陈家旭法官提出,草案第二十条规定了动产物权的设立和转让,自交付时发生效力,但法律另有规定的除外。对此建议在"设立"和"转让"以外,增加"变更";同时将"当事人另有约定"也作为例外情形,因为买卖合同中常有所有权保留,是当事人对动产物权变动时间的约定。

上海市第一中级人民法院金绍奇法官提出三个问题,第一,物权编应明确规定物权行为和债权行为的区分。第二,婚姻法中的共同财产制可能会与物权法中的公示公信原则存在冲突。第三,宅基地的相关条款过少,难以适应社会发展需要和纠纷解决需要。

上海市杨浦区人民法院法官助理周圣对业主委员会问题提出几点想法,第一是关于业委会的性质,业委会在实体法中的法律定性直接关系到诉讼中是否具有当事人的能力和资格,虽然司法实践中业委会的诉讼主体地位基本无异议,但是民事实体法应对该问题作出正面回应。第二是关于业委会的成立,成立业委会是大势所趋,目前虽然不需要登记手续,但是需要备案,可见这种备案对业委会的成立具有实质性的制约作用，建议在民法典分编中明确规定业委会依法登记成立。第三是个别表述不够明确，例如草案第八十条规定物业服务企业或者其他管理人应当及时答复业主对物业服务情况提出的质询。民事立法是否应规定质询权，该质询权是否属于业主知情权的扩张，业主提出质询后未得到答复是否可以提起业主质询权诉讼等问题，均有待明确。

二、研讨交流之合同编

娄正涛法官对合同编的一般规定进行了语义分析。草案第二百五十四条规定本编调整民事主体之间产生的合同关系，认为分编无需对总则中已经规定的内容再次强调。第二百五十五条定义合同的概念时，又出现了新的概念——协议。该条的落脚点应该是法律行为，以保证立法技术上的严谨。第二百五十六条的本意是表达合同的相对性，但是"仅"字的表述容易引起误解，认为对其他人没有约束力。

与会人员围绕合同的解除发表了多方面意见。金绍奇法官认为，草案第三百五十三条的规定是对《合同法》原有条款的完善，解决了合同履行不能情况下违约方是否有权解除合同的问题，防止出现实践中违约方不能解除合同，守约方或有解除权一方不解除、要求继续履行合同，而法院又难以支持的情况，避免对民事法律关系的稳定性或预期产生障碍。但是该条中没有明确规定不可抗力或其他客观原因的具体情形，同时对合同解除后果也没有规定，建议增加相关内容，形成更完整、体系化的法律规制。

李兴法官对此认为，违约方是否有合同解除权确实困扰着此类案件的审判。第三百五十三条第三款中的"合同不能履行"的表述不够准确，易产生误解，该条款主要想解决的问题应是一方已明确表示不再履行合同义务，且该义务不适宜强制履行的情况，而非传统的合同履行不能的大概念。

董燕法官针对第三百五十五条提出，原来规定对方当事人可以请求法院或者仲裁机构确认解除行为的效力，现在规定双方当事人均有权利，对此是否具有必要性？合同自通知到达对方时解除，发出通知的一方是否还有必要去请求法院或者仲裁机构确认解除行为的效力？另外，对方当事人对解除合同有异议的，异议提出的期限没有作出规定。

高明生法官认为第三百五十五条中"当事人一方依法主张解除合同的"，建议改为"当事人行使法定或约定解除权的"，该条规定应包括法定解除权和约定解除权，原来的规定不够完整。

金殿军法官对合同编主要提出了三个方面的问题。第一，关于租赁合同的登记。案外人异议和异议之诉多与租赁权争议相关，建议增加租赁合同经过登记才能对抗第三人的规定，特别是商业不动产租赁，既有利于社会管理，又有利于保护相关权利人的利益，包括承租人、抵押权人、执行中的普通债权人等。第二，草案第一百九十六条是关于抵押权设立前，抵押财产出租的情形的规定，是否考虑保留《物权法》第一百九十条关于抵押权设立后，抵押财产出租的情形的规定？这将更有利于物的使用和经济发展。第三，草案第三百二十四条规定了债权人可以请求以自己的名义代位行使债务人的权利，实践中代位行使的范围主要以债务人的金钱债权为限，可以考虑扩大代位权的行使范围，如代位析产之诉、代位提起要求办理过户等，以使这些案件得到更加顺利地执行。

陈克法官从立法技术层面分析，合同法的立法模型是什么，如何更好区分组织性合同和交易性合同的关系，继续性合同和即时性合同的关系等问题。上海市闵行区人民法院夏万宏法官从宏观角度谈了对合同编的理解，认为制定合同编应充分注意国际商事合同通则等国际商事立法文件。

上海市高级人民法院高佳运法官对合同编的具体条文发表意见，认为第二百六十七条要约撤销途径和时间节点的确定、第二百八十一条允诺是否存在及是否有重大影响的判定、第三百零八条"标的可分"、第三百五十三条"不能实现合同目的"等部分条款的规定和表述应当形成更客观的判断标准。第十二章借款合同应进行区分，分为借款合同和民间借贷合同。

上海市第二中级人民法院王曦法官认为，合同编需要辨析涉他合同、债的转让，债的加入以及保证等概念。第一，涉他合同是对合同相对性的突破，草案第三百一十三条第二款向第三人履行合同，与债权转让之间的实质区别是什么，理论上是否成立值得思考。第二，关于债的转让。第三百三十六条规定了同一债权转让给数人的情况，涉及债权转让的登记，对于可以登记的、未登记的或无法登记的分类是否准确、周延？同时，当前缺少债权登记的统一机构、平台，债权登记的规定还会增加债务人的注意义务和履行成本。第三，关于债的加入。草案第三百四十四条规定了债的加入，对实践中此类问题给予了及时回应。第四，关于融资租赁合同。《民法总则》对民事法律行为的效力作出了规定，草案第五百二十七条规定融资租赁合同无效的情形，是否有必要？第五百四十四条涉及融资租赁合同中出租人对租金的请求权和取回租赁物的权利，是否可以同时主张的问题。

杨锋法官提出，草案第四百四十八条对于经过公证的赠与合同不能撤销的规定是否合理，也可以考虑通过新的公证或其他方式将前一行为撤销或覆盖。

上海市宝山区人民法院蒋梦娴法官认为，部分内容在合同编中没有进行明确界定，而是以司法解释形式予以明确，如建设工程纠纷中的优先受偿权、抵押权，夫妻共同债务，民间借贷利率等问题。同时，草案第七百四十九条关于委托人接受中介服务后，利用中介人提供的交易机会，绕开中介人直接与第三人订立合同的规定不够细致，对于委托人是否有恶意没有区分，可能会引起歧义。

上海市高级人民法院徐卓斌法官首先从宏观上对立法内容提出一些想法，一是旧胜于新，立法是重大的制度设计，应慎言创新，同时应对司法实践中的经验做法，特别是经实践证明可行的司法解释予以吸收和总结。二是粗胜于细，对于已被证明是成熟、可不断重复的制度规则，可予细化规定，反之，没有经过实践充分检验、还不成熟的内容则宜暂缓规定、细化。三是应面向裁判，分编中权利宣誓条款不宜过多，应该主要是裁判规则，对实践中有不同理解的条文予以明确。其次，讨论了违约金和损失赔偿额的关系。合同编第三百七十五条的规定较为明确，但理论和实务中常有不同理解，认为违约金与损失赔偿额系并列关系。违约金是预先约定的损害赔偿金，应先查明实际损失，在实际损失与违约金差距不大的情况下才适用约定的违约金，建议立法上对违约金的性质进一步明确。

上海市高级人民法院王静法官认为，草案第三百九十条关于出卖具有知识产权的计算机软件等标的物的规定，主要使用了举例的方式，对于知识产权的相关规定可以使用上位概念，具有知识产权的有形载体。第六百六十四条规定了技术服务合同中委托人违约或受托人违约的情况，但实践中更多是双方都有违约的情况，建议增加相关规定。第六百三十条规定了技术合同涉及专利的情形，发明人、授权日期、许可权、植物新品种等也应在相应条款中列明。还应考虑立法用语和单行法的协调问题。

徐川法官认为，第一，草案第二百九十四条规定了履行报批、登记等合同条款的独立性，建议将不履行报批义务的救济途径也规定其中，增强实践可操作性。第二，第三百零五条的规定存在逻辑冲突，而且合同履行过程中货币种类发生变更也可能产生汇率风险等情况。

上海市高级人民法院王茜法官就合同的变更或解除提出三点意见。第一，草案第三百二十三条、第三百八十条均规定了当事人可以请求人民法院或仲裁机构变更或解除合同，在赋予当事人协商变更合同权利的情况下，如果当事人协商不成，是否应由人民法院变更合同，分编和《民法总则》在立法逻辑上应保持一致。第二，关于对政策的理解，政策是属于不可抗力、情势变更还是不可归责于双方的原因。第三百二十三条吸收了情势变更原则，如果能依据情势变更解除合同，合同解除的后果应如何处理，是否能适用公平原则。第三，第三百五十二条规定了当事人协商一致，可以解除合同。实践中对当事人协商一致解除合同的理解存在较大争议，协商一致的内容是否应包括解除的后果，还是单指解除的行为，如果是后一种情形，法院还需对解除的后果作出处理，建议立法作出更明确详尽的规定。

玄玉宝法官从条文的编写和安排提出建议。第一，慎于创新，合理布局。草案合同编与《民法总则》的部分条款存在重复，如合同的效力、合同的形式等内容。对此，应从体系上作出梳理，减少不必要的条文重复，进一步提升立法质量。第二，《合同法》缺少学理上所称的债法总则部分的有关规定，比如因不可归责于合同当事人的事由致合同履行不能时的责任分担规则，建议在合同编里对债法总则部分的有关内容进行统合规定。

上海市第二中级人民法院季磊法官主要提出了两方面的意见。第一，旅游法的法律体系较为特殊，作为司法解释先于法律出台的少数情况，应充分考虑旅游法的特殊性与实践中存在的争议。实践中旅游合同的案件数量很多，旅游合同中涉及的精神损害赔偿问题是否需要突破，以及格式条款等问题均值得注意，是否应增加关于旅游合同专门章节的规定。第二，草案第六百零八条规定了客运合同中承运人应当对运输过程中旅客的伤亡承担损害赔偿责任，赔偿责任的性质为严格责任或过错责任等问题也需进一步探讨。

三、研讨交流之人格权编

上海市第一中级人民法院何建法官从宏观和微观的不同角度对人格权编提出了三方面看法。一是人格权编与其他分编的关系。一方面,人格权编很多法条尚不属于完全性法条,需检索相配套的法条,才能作为完整的请求权基础及裁判依据,其内在体系需与《民法总则》、侵权责任法做好协调。另一方面,由于人格权无法穷尽,存在一般人格权与侵权责任法调整的民事权益哪个优先适用的问题。例如司法实践中遇到的生育权、祭奠权、贞操权、性自主决定权等问题通过侵权责任法民事权益来解释,还是通过一般人格权进行解释,尚存在疑问。

二是身体权、姓名权、名称权、荣誉权等具体人格权的保护问题。关于同意进行人体试验的,本人或其监护人可以随时撤销,以及禁止支付接受实验者任何形式的报酬的规定,该规定在实践中遇到考验,许多试验过程及结果无法逆转,撤销行为无法实现。对于姓名权和名称权的保护,应考虑刑事侦查或者毒品犯罪中的诱捕等情形下,需要使用他人的名称姓名等因素。虽然规定了民事主体有决定自己姓名的权利,实际上并不能据此诉讼,同时,民事主体对自身性别是否具有决定权,有待讨论。有一定社会知名度、为公众知悉的笔名是否和普通人的笔名、网名受同等保护,也有待讨论。由于人格权编更多主张一般自然人的人格保护,像隐私权这类人格权如何参照存在困难。《民法总则》立法时认为,名誉权包含对一个人信用的评价,没有必要对信用权再进行规定。获得的荣誉称号由谁记载、记在哪里、记载方式等内容未作说明。

三是隐私权、个人信息章节与专门立法的关系。从立法体系来讲,隐私权和个人信息章节的编纂应该要为专门的个人信息保护法预留空间。同时,这一章的规定应该与最高人民法院、最高人民检察院关于打击侵犯个人信息的司法解释和最高人民法院关于审理利用信息网络侵害人身权益民事纠纷案件的司法解释相协调,特别是关于个人信息保护的问题,它的归责原则、构成要件等都需要明确。换句话说,隐私权和个人信息这两部分内容应作区分。此外,草案第八百一十三条个人信息解释的含义遗漏了许多内容,例如车牌号、手机号、GPRS 行踪轨迹、导航信息、手机 APP 信息等。

四、研讨交流之婚姻家庭编、继承编

上海市第二中级人民法院岑华春法官从三个角度对婚姻家庭编、继承编内容提出想法。一是某些规定中的用语表述宜更为准确。如草案第八百五十四条规定的一个月的离婚冷静期，建议表述为离婚冷静期"届满后一个月内"。第八百六十五条规定的由人民法院判决分割夫妻共同财产时，建议增加"适当"，即适当照顾子女、女方和无过错方权益的原则判决，防止造成双方利益失衡。

二是某些规定的内容需要进一步明确和细化。如第八百二十二条规定的其他共同生活的近亲属，应考虑共同生活的长期性和稳定性。第八百三十条中宜对结婚登记一方患有的严重疾病进行概括式定义。第八百四十九条应考虑继子女受继父母抚养教育的最低期限以及感情依赖程度。第九百一十八条规定的只能由一个公证员办理遗嘱公证的特殊情况需要明确。

三是某些规定的内容需要作调整。如第八百六十一条可增设离婚父母轮流抚养子女的规定。第九百零六条规定的第一顺序继承人，宜按照《婚姻法》的顺序规定，即配偶、父母、子女。第九百一十五条规定的打印遗嘱，建议打印人的角色定位为自书人或代书人，即打印人为遗嘱人的为自书人，打印人为非遗嘱人的为代书人，以确保遗嘱的真实有效。第九百一十九条规定的不能作为遗嘱见证人的范围还应包括其他可以适当分得遗产的人。第九百二十三条中，没有正当理由但部分履行遗嘱继承或遗赠附有的义务的情况下，不能取消部分履行义务人接受遗产的权利。

五、研讨交流之侵权责任编

上海市浦东新区人民法院孟高飞法官就侵权责任编的侵权主体、责任承担等方面提出了几点疑惑。一是侵权行为人的确定方面。比如，"行为人因过错侵害他人民事权益"比"行为人因过错损害他人民事权益"的表述更为合适。共同危险责任中，是否吸纳相关司法解释的规定，增加"共同危险行为人能够证明损害后果不是由其行为造成的，不承担赔偿责任"。是否将被抚养人生活费纳入到死亡赔偿金之中。二是侵权责任的分配方面。比如，因同一侵权行为造成的死亡"多人"如何定义，其所谓"同命同价"的数额标准如何确定及需考虑的因素。"故意"侵害自然人具有人身意义的特定物品所引发的精神损害赔偿中，是否必须"故意"以及"人身意义"的表述是否准确。个人与单位之间形成劳务关系等情况下，如何适用雇主责任应予明确。在劳务派遣情况下，草案将《侵权责任法》规定的劳务派遣单位的过错补充责任调整为过错责任，是否降低了对受害人的保护等。

（责任编辑：陈树森）

涉信用卡犯罪中的罪名关系及选择

罗开卷*

涉信用卡犯罪已经属于常见多发的犯罪类型，主要涉及妨害信用卡管理罪，窃取、收买、非法提供信用卡信息罪，伪造金融票证罪和信用卡诈骗罪。这些罪名之间呈现较为复杂的关系，本文通过实例就常见的罪名关系及选择进行探讨。

一、持有他人伪造的空白信用卡尚未进入伪造阶段的罪名认定

根据 2009 年《最高人民法院、最高人民检察院关于办理妨害信用卡管理刑事案件具体应用法律若干问题的解释》（以下简称《信用卡犯罪解释》）第 2 条的规定，明知是伪造的空白信用卡而持有，10 张以上的，构成妨害信用卡管理罪。因持有的空白信用卡非自己伪造，也未将持有的空白信用卡伪造成信用卡，故仅因持有行为而构成妨害信用卡管理罪，不构成伪造金融票证罪。其实，为了伪造信用卡而非法持有空白信用卡的，亦属于伪造金融票证的预备行为，但该预备犯情节显著轻微，不作为犯罪处理。

如林某妨害信用卡管理案。林某携带他人伪造的 180 张空白信用卡，意欲用于伪造信用卡，尚未开始伪造即被抓获。对于此案，林某明知是伪造的空白信用卡而持有，数量巨大，其行为构成妨害信用卡管理罪，依法对其判处有期徒刑 3 年 6 个月，并处罚金 4 万元。

二、伪造信用卡而持有、运输、出售的罪名认定

根据《中华人民共和国刑法》（以下简称《刑法》）第 177 条及《信用卡

---

* 罗开卷，法学博士，上海市高级人民法院刑二庭副庭长。

犯罪解释》第 1 条的规定，复制他人信用卡、将他人信用卡信息资料写入磁条介质、芯片或者以其他方法伪造信用卡 1 张以上，或者伪造空白信用卡 10 张以上的，应当认定为"伪造信用卡"，以伪造金融票证罪定罪处罚。伪造信用卡后而持有、运输、出售的，属于伪造金融票证的后续行为，直接以伪造金融票证罪定罪处罚即可。但是，如果持有、运输、出售的伪造的信用卡，部分系自己伪造部分系他人伪造的，则对自己伪造的部分承担伪造金融票证罪的刑事责任，对他人伪造的部分（主观上明知是伪造的信用卡或者伪造的空白信用卡）承担妨害信用卡管理罪的刑事责任，应当两罪并罚。

三、窃取、收买信用卡信息资料后伪造信用卡的罪名认定

为了伪造信用卡而窃取、收买他人信用卡信息资料的，窃取、收买信用卡信息资料与伪造信用卡之间成立牵连关系，如果两种行为都构成犯罪的，属于牵连犯，应当从一重处。对于窃取、收买他人信用卡信息资料后仅将部分信息伪造成信用卡的如何确定罪名，将在后文论述。此外，根据《刑法》第 177 条及《信用卡犯罪解释》第 3 条的规定，窃取、收买、非法提供他人信用卡信息资料，足以伪造可进行交易的信用卡，或者足以使他人以信用卡持卡人名义进行交易，涉及信用卡 1 张以上不满 5 张的，以窃取、收买、非法提供信用卡信息罪定罪处罚。

四、伪造信用卡并使用成功的罪名认定

使用自己伪造的信用卡且诈骗成功的，应根据案情选择适用罪名。第一，信用卡诈骗罪属于数额犯。使用自己伪造的信用卡进行诈骗，数额尚未达到 5000 元的，信用卡诈骗行为不构成犯罪，① 但伪造信用卡行为应当以伪

---

① 根据《信用卡犯罪解释》的规定，使用伪造的信用卡进行信用卡诈骗活动，数额在 5000 元以上不满 5 万元的，属于"数额较大"，处 5 年以下有期徒刑或者拘役，并处 2 万以上 20 万元以下罚金；数额在 5 万元以上不满 50 万元的，属于"数额巨大"，处 5 年以上 10 年以下有期徒刑，并处 5 万元以上 50 万元以下罚金；数额在 50 万元以上的，属于"数额特别巨大"，处 10 年以上有期徒刑或者无期徒刑，并处 5 万元以上 50 万元以下罚金或者没收财产。

造金融票证罪 ② 处理。如贺某伪造金融票证案。贺某伪造 2 张银行卡，并持其中 1 张银行卡到超市购物刷卡消费 1004 元，当持另 1 张银行卡准备购物消费 3012 元时被发现而未使用成功。还从贺某处查获 5 张尚未写入磁条信息的空白信用卡。对于此案，贺某伪造信用卡 2 张，其行为构成伪造金融票证罪。综合查扣 5 张空白信用卡及使用伪造的信用卡进行诈骗活动等情节，酌情从重处罚。据此，以伪造金融票证罪对贺某判处有期徒刑 2 年 6 个月，并处罚金 2 万元。本案中，贺某伪造信用卡后部分使用成功部分使用未成功，其中，使用成功部分数额仅 1000 余元，尚不构成信用卡诈骗罪。但贺某伪造了 2 张信用卡，其行为构成伪造金融票证罪。此外，贺某还持有 5 张空白信用卡，根据《信用卡犯罪解释》第 2 条的规定，尚不构成妨害信用卡管理罪。因此，仅将贺某的信用卡诈骗和持有空白信用卡行为作为从重量刑情节考虑。

第二，使用自己伪造的信用卡进行诈骗，数额达到 5000 元以上的，同时构成伪造金融票证罪和信用卡诈骗罪，属于牵连犯，即手段行为与目的行为的牵连，应当从一重处；当两罪所对应的刑罚相当时，一般应当以目的行为定罪处罚，即以信用卡诈骗罪处罚。具体又包括两种情形：一是当伪造行为与使用行为处于同一量刑档次时，应当认定为信用卡诈骗罪。理由是：比较伪造金融票证罪与信用卡诈骗罪的法定刑，在第一量刑档次即有期徒刑 5 年以下的刑格内，两罪的刑罚存在细微差异，即伪造金融票证罪的最低法定刑为单处罚金，而信用卡诈骗罪的最低法定刑为拘役，此时根据牵连犯的处断原则，应当择重罪认定为信用卡诈骗罪；在第二量刑档次以及第三量刑档次内，两罪的主刑及附加刑完全一致，亦即具有牵连关系的两罪的法定刑完全相同，此时应当以目的行为所触犯的信用卡诈骗罪处罚。二是当伪造行为与使用行为处于不同量刑档次时，应当根据牵连犯一般情况下从一重处原则确定行为的定性。如伪造 6 张信用卡，但诈骗金额

---

② 根据《信用卡犯罪解释》的规定，伪造信用卡 1 张以上的，构成伪造金融票证罪，处 5 年以下有期徒刑或者拘役，并处或单处 2 万以上 20 万以下罚金；伪造信用卡 5 张以上不满 25 张的，属于"情节严重"，处 5 年以上 10 年以下有期徒刑，并处 5 万元以上 50 万元以下罚金；伪造信用卡 25 张以上的，属于"情节特别严重"，处 10 年以上有期徒刑或者无期徒刑，并处 5 万元以上 50 万元以下罚金或者没收财产。

只有 1 万元的，此时伪造金融票证罪处于第二量刑档次，而信用卡诈骗罪处于第一量刑档次，故应从一重罪认定为伪造金融票证罪。同理，如果伪造 2 张信用卡，但诈骗金额超过 5 万元的，此时伪造金融票证罪处于第一量刑档次，而信用卡诈骗罪处于第二量刑档次，故应从一重罪认定为信用卡诈骗罪。

五、伪造信用卡但未使用成功的罪名认定

因信用卡诈骗罪是数额犯，故对使用自己伪造的信用卡但因意志以外原因诈骗未成功的，不构成信用卡诈骗罪。但是伪造信用卡行为构成伪造金融票证罪，故对使用自己伪造的信用卡进行诈骗但未成功的，应当以伪造金融票证罪定罪处罚。

六、窃取、收买信用卡信息资料后伪造信用卡并使用的罪名认定

窃取、收买信用卡信息资料后伪造信用卡，并使用伪造的信用卡进行套现、消费，已经成为涉信用卡犯罪的重要特征。在这种犯罪链条中，窃取、收买信用卡信息资料的目的一般是为了伪造信用卡，伪造信用卡的目的一般是为了使用伪造的信用卡进行套现、消费，如果三种行为都构成犯罪，则同时触犯窃取、收买信用卡信息罪、伪造金融票证罪和信用卡诈骗罪三个罪名，此时是认定三罪之间系手段行为与目的行为相牵连的牵连犯而从一重罪处断，还是以二罪或者三罪并罚才能更加充分地评价整个犯罪行为，见仁见智。笔者以为，此类案件较为复杂，是一罪处断还是二罪、三罪并罚，需要具体分析。

（一）窃取、收买信用卡信息资料后全部伪造信用卡并全部使用成功的罪名认定

此种情况其实属于理想状态。如窃取、收买信用卡信息资料 10 条，使用这些信息伪造 10 张信用卡，并使用该 10 张信用卡套现、消费共计 12 万元。这种情况属于典型的牵连犯。对于牵连犯的处断，笔者坚持在刑法或者司法解释没有规定并罚的情况下，一般应当从一重处。根据《信用卡犯罪解释》

的规定，窃取、收买信用卡信息资料 10 条，构成窃取、收买信用卡信息罪，处 3 年以上 10 年以下有期徒刑，并处罚金；伪造 10 张信用卡，构成伪造金融票证罪，处 5 年以上 10 年以下有期徒刑，并处罚金；使用伪造的信用卡套现、消费 12 万元，构成信用卡诈骗罪，处 5 年以上 10 年以下有期徒刑，并处罚金。显然，以伪造金融票证罪或者信用卡诈骗罪定罪处罚，属于较重的处罚。鉴于两罪此时的自由刑和罚金刑相同，一般情况下应当以目的行为触犯的罪名即信用卡诈骗罪定罪处罚。这样从一重处，对窃取、收买信用卡信息资料"10 条"，伪造信用卡"10 张"，成功使用伪造的信用卡"10 张"，都进行了评价。

（二）窃取、收买信用卡信息资料后部分伪造信用卡并部分使用成功的罪名认定

如吴某等伪造金融票证案。吴某等人意欲窃取他人银行卡[③]信息资料，然后伪造银行卡再使用。后吴某等人共窃取他人银行卡磁条信息 169 条，利用所窃取的银行卡信息资料伪造银行卡 52 张，并成功使用 5 张共计套现 15.6 万元。

对于上述案件，吴某等人共窃取信用卡信息资料 169 条，伪造信用卡 52 张，成功使用 5 张共计套现 15 万余元，属于典型的窃取信用卡信息资料后部分伪造信用卡并部分使用成功的案例，也为此类犯罪的常见类型。对于此案如何处理，存在三种不同意见：

第一种意见认为应当从一重处。吴某等人尽管实施了三种犯罪行为，但三种犯罪行为之间属于手段行为与目的行为相牵连的牵连犯，根据刑法理论和实践做法，除非有特别规定，一般应当从一重罪处断。吴某等人窃取信用卡信息资料 169 条，达到"数量巨大"，构成窃取信用卡信息罪，应处 3 年以上 10 年以下有期徒刑，并处罚金；伪造 52 张信用卡，属于"情节特别严重"，构成伪造金融票证罪，处 10 年以上有期徒刑或者无期徒刑，并处罚金或者没收财产；使用伪造的信用卡 5 张，套现 15 万余元，达到"数额巨大"，

[③] 根据 2004 年 12 月 29 日《全国人民代表大会常务委员会关于〈中华人民共和国刑法〉有关信用卡规定的解释》的规定，刑法中的"信用卡"包括贷记卡和借记卡。本文涉及的银行卡系银行借记卡，属于信用卡。

构成信用卡诈骗罪，处 5 年以上 10 年以下有期徒刑，并处罚金。比较而言，以伪造金融票证罪定罪处罚属于较重的处罚。因此，对吴某等人应当以伪造金融票证罪定罪处罚，并将其窃取信用卡信息资料和使用伪造的信用卡进行诈骗行为作为从重量刑情节考虑。

第二种意见认为应当三罪并罚。吴某等人窃取信用卡信息资料 169 条，伪造信用卡 52 张，成功使用 5 张并套现 15 万余元，其行为同时构成窃取信用卡信息罪、伪造金融票证罪和信用卡诈骗罪三个罪名，从充分评价整个犯罪行为角度，应当三罪并罚。或者吴某等人成功使用伪造的信用卡 5 张并套现 15 万余元，对应窃取的信用卡信息资料 5 条和伪造的信用卡 5 张，属于牵连犯，从一重罪处断，即以信用卡诈骗罪定罪处罚。同时，尚有窃取的信用卡信息资料 164 条和伪造的信用卡 47 张未作评价，分别构成窃取信用卡信息罪和伪造金融票证罪。因此，吴某等人的行为同时构成窃取信用卡信息罪、伪造金融票证罪和信用卡诈骗罪三罪，应当三罪并罚。

第三种意见认为应当二罪并罚。吴某等人为了达到信用卡诈骗的目的，通过窃取他人信用卡信息资料并伪造信用卡的方式，其手段行为与目的行为成立牵连关系，但由于从一重处以伪造金融票证罪定罪处罚，所对应的伪造信用卡 52 张，只涉及窃取的信用卡信息资料 52 条，尚有窃取的信用卡信息资料 117 条没有得到评价。而对于伪造信用卡并使用的，成功使用的信用卡张数一般会少于伪造的信用卡张数，即在成立牵连犯以伪造金融票证罪定罪处罚的场合，已经评价了信用卡诈骗行为。如此，应将吴某等人的行为分为两个部分：一是窃取信用卡信息资料 52 条，伪造信用卡 52 张，使用 5 张套现 15 万余元，作为手段行为与目的行为相牵连的牵连犯，从一重罪处断即以伪造金融票证罪定罪处罚；二是将尚未进行评价的窃取信用卡信息资料 117 条，以窃取信用卡信息罪定罪处罚。这样，吴某等人的行为构成窃取信用卡信息罪和伪造金融票证罪，应当二罪并罚，既做到了对牵连犯从一重罪处断，又充分评价了整个犯罪行为。

笔者赞同第一种意见，即成立牵连犯，从一重处。主要理由为：第一，窃取、收买信用卡信息资料后部分伪造信用卡并部分使用成功的，与窃取、收买信用卡信息资料后全部伪造信用卡并全部使用成功的情形一样，都属于牵连犯，不同的只是在追求目的的过程中，因为意志以外的原因部分行为未能实现最终目的。④ 但仅此不影响牵连犯的成立。故此，从牵连犯角度择一重罪处罚，符合在没有特殊规定情形下以一重罪处断的精神。第二，如果对窃取、收买信用卡信息资料后全部伪造信用卡并全部使用成功的，认定为牵连犯并从一重罪处断，那么对于仅有部分伪造信用卡、部分使用成功的更要考虑以牵连犯从一重罪处断。因为窃取、收买信用卡信息资料后全部伪造信用卡并全部使用成功的情形，相比窃取、收买信用卡信息资料后部分伪造信用卡并部分使用成功的情形，社会危害性更严重，如果对前者从一重罪处断，那么对后者更应该从一重罪处断，否则不符合逻辑和法理。第三，从一重罪处断还是二罪或者三罪并罚，其实是关于量刑是否均衡、评价整个犯罪行为是否充分的问题。实践中，对于牵连犯从一重罪处断，只是选择较重的罪名作为定罪量刑的基础，同时需要将其他较轻的犯罪行为作为量刑情节考虑予以从重处罚，确保二个或者三个以上有牵连关系的犯罪行为的刑事责任大于只有其中一个或者二个犯罪行为的刑事责任。否则容易造成判罚失衡，如实施三个犯罪行为的以一罪处理，实施二个犯罪行为的也以一罪处理，实施一个犯罪行为也以一罪处理。这样处理当然不公平。故此，从一重罪处断的同时需要评价其他犯罪行为，确保罪刑相当。对于窃取、收买信用卡信息资料后部分伪造信用卡并部分使用成功的情形，从一重罪处断，并将其他轻罪行为作为从重量刑情节考虑，尽管该宣告刑可能会轻于数罪并罚后的宣告刑，但基于牵连犯不同于典型数罪的理由，⑤ 如此处理还是能够确保此类犯罪的罪刑均衡，充分评价整个犯罪行为。第四，二罪或者三罪并罚，确实能够更全面地评价整个犯罪行为，没有违反刑法的规定，但是与当前没有特殊规定下对于牵连犯从一重罪处断的理论精神和实践做法相悖。

就吴某等伪造金融票证案而言，吴某等人先后实施的三个行为同时构成窃取信用卡信息罪、伪造金融票证罪和信用卡诈骗罪三个罪名，三罪之间系牵连犯，应从一重罪处断。根据刑法及司法解释规定，窃取信用卡信息资料

---

④ 因为各种原因，窃取、收买的每一条信用卡信息资料未必都能伪造成信用卡；伪造的信用卡未必都能使用，在使用中未必都能诈骗成功。

⑤ 通说认为，有牵连关系的数罪，系出于一个犯罪目的，行为人的主观恶性和客观危害性较之普通数罪要小，故在无特殊规定的情形下从一重处，有其合理性。

169 条，数量巨大，应当判处 3 年以上 10 年以下有期徒刑，并处罚金。伪造金融票证 52 张，情节特别严重，应当判处 10 年以上有期徒刑或者无期徒刑，并处罚金或者没收财产。实施信用卡诈骗 15 万余元，数额巨大，应当判处 5 年以上 10 年以下有期徒刑，并处罚金。相较而言，以伪造金融票证罪对吴某等人定罪处罚属于较重的处罚，同时将其窃取信用卡信息资料和信用卡诈骗行为作为从重量刑情节考虑。

（三）窃取信用卡信息资料后伪造信用卡并使用，另查获本人伪造的信用卡和窃取的用于伪造信用卡的信用卡信息资料的罪名认定

如刘某通过在他人非法提供的 pos 机内安装采集板、电路板和发送模块的方式，在银行卡持卡人刷卡消费时盗取银行卡信息及密码，并以短信形式发送至其持有的手机。刘某再将接收到的上述银行卡信息通过连接在电脑上的写卡器复制制作银行卡。刘某使用其伪造的银行卡在工商银行 ATM 机上取款 9000 元。案发后，另从刘某处查获其伪造的银行卡 31 张，以及 80 条可以制作伪卡的信用卡信息资料。

对于此案，有观点认为刘某伪造信用卡，情节特别严重，其行为构成伪造金融票证罪；窃取他人信用卡信息资料，数量巨大，其行为构成窃取信用卡信息罪；使用伪造的信用卡进行诈骗活动，数额较大，其行为还构成信用卡诈骗罪，应当三罪并罚。或者伪造信用卡并使用成立牵连犯，以伪造金融票证罪定罪处罚；窃取他人信用卡信息资料，数量巨大，其行为还构成窃取信用卡信息罪，应当二罪并罚。

笔者认为，本案中刘某窃取信用卡信息资料的目的是为了伪造信用卡，伪造信用卡的目的是为了骗取财物。案发时，刘某已将部分窃取的信用卡信息资料伪造成信用卡，也已经使用部分伪造的信用卡，并诈骗钱款 9000 元。因此，本案与前述窃取信用卡信息资料后部分伪造信用卡并部分使用成功的案例一样，成立窃取信用卡信息罪、伪造金融票证罪和信用卡诈骗罪的牵连犯，应当从一重罪处断，即以伪造金融票证罪对刘某判处 10 年以上有期徒刑或者无期徒刑，并处罚金或者没收财产，同时将其窃取信用卡信息和信用卡诈骗行为作为从重量刑情节考虑。

七、伪造信用卡并使用，另非法持有他人伪造的空白信用卡、他人伪造的信用卡、他人真实的信用卡的罪名认定

（一）伪造信用卡并使用，另查获并非用于伪造而非法持有他人伪造的空白信用卡，或者并非为了使用而非法持有他人伪造的信用卡、他人真实的信用卡的罪名认定

伪造信用卡并使用，如果同时构成伪造金融票证罪和信用卡诈骗罪的，属于牵连犯，应当从一重罪处断，即以伪造金融票证罪或者信用卡诈骗罪一罪定罪处罚。如果仅构成伪造金融票证罪的，则以该罪定罪处罚。因非法持有他人伪造的空白信用卡并非用于伪造信用卡，非法持有他人伪造的信用卡、他人真实的信用卡并非为了使用目的，故该非法持有行为不能以伪造金融票证罪或者信用卡诈骗罪定罪处罚。根据《信用卡犯罪解释》第2条的规定，明知是伪造的空白信用卡而持有，10张以上的；明知是伪造的信用卡而持有，1张以上的；非法持有他人信用卡5张以上的，构成妨害信用卡管理罪。

（二）伪造信用卡并使用，另查获意欲伪造而非法持有他人伪造的空白信用卡的罪名认定

如林某利用制假烫金机等工具，伪造15张信用卡，使用其中3张购物，骗取价值8955元的财物。另从林某身上查获其意欲用于伪造信用卡的180张他人伪造的空白信用卡。

对于此案，一种观点认为，林某伪造信用卡，情节严重，其行为构成伪造金融票证罪；使用伪造的信用卡进行诈骗活动，数额较大，其行为构成信用卡诈骗罪；明知是伪造的空白信用卡而持有，且数量巨大，其行为还构成妨害信用卡管理罪，应当三罪并罚。另一种观点则认为，林某伪造信用卡并使用，成立牵连犯，从一重处即以伪造金融票证罪定罪处罚。同时，林某持有意欲用于伪造信用卡的180张空白信用卡，属于伪造金融票证的预备行为，应整体纳入伪造金融票证罪中评价，故对林某应当以一罪论处，即以伪造金融票证罪定罪处罚，同时将其非法持有他人伪造的空白信用卡和信用卡诈骗行为作为从重量刑情节考虑。

笔者赞同第二种观点。林某伪造 15 张信用卡，成功使用 3 张骗取 8955 元，其行为成立伪造金融票证罪和信用卡诈骗罪的牵连犯，应当从一重罪处断，即以伪造金融票证罪定罪处罚。对于林某还非法持有意欲用于伪造信用卡的 180 张空白信用卡的事实，是独立评价为妨害信用卡管理罪，还是评价为伪造金融票证的预备行为，应结合林某非法持有的主观目的进行认定。本案中，如果林某非法持有的目的并非为了伪造信用卡，而是为了非法提供给他人，则其非法持有行为独立构成妨害信用卡管理罪。但是，林某随身携带空白信用卡是为了伪造信用卡，并进行诈骗活动，尚未伪造成功即案发。从这个角度，将林某非法持有空白信用卡行为理解为伪造金融票证的预备行为，是适当的。而且，如果案发前林某已将 180 张空白信用卡伪造成了信用卡，则该案变成了"林某伪造 195 张信用卡，使用其中 3 张骗取 8955 元"，此时仍然成立伪造金融票证罪和信用卡诈骗罪的牵连犯，应当从一重处即以伪造金融票证罪定罪处罚。"举重以明轻"。全部伪造成功并使用，以一罪论处，那么部分伪造成功并使用、部分尚处于伪造预备阶段的，也应该以一罪论处。依此，对林某应以伪造金融票证罪定罪处罚，同时将其非法持有 180 张空白信用卡和信用卡诈骗行为作为从重量刑情节考虑。

（三）伪造信用卡并使用，另查获意欲进行信用卡诈骗而非法持有他人伪造的信用卡、他人真实的信用卡的罪名认定

如王某伙同他人，利用购买、窃取的信用卡信息资料伪造信用卡，并多次刷卡消费 157 万余元。另查获王某非法持有他人伪造的信用卡 87 张、他人真实的信用卡 57 张。

对于此案，一种观点认为，王某以非法占有为目的，使用伪造的信用卡进行诈骗活动，数额特别巨大，其行为构成信用卡诈骗罪；明知是他人伪造的信用卡、空白信用卡、他人真实的信用卡而持有，数量巨大，其行为还构成妨害信用卡管理罪，应当二罪并罚。另一种观点则认为，王某伪造信用卡并使用，诈骗 157 万余元，成立伪造金融票证罪和信用卡诈骗罪的牵连犯，应当从一重罪处断即以信用卡诈骗罪定罪处罚。王某非法持有他人伪造的信用卡以及他人真实的信用卡，其目的都是为了使用，但尚未使用即案发，属于信用卡诈骗的预备行为，应当整体纳入信用卡诈骗罪中评价，故对王某应

当以一罪论处即以信用卡诈骗罪定罪处罚，同时将其非法持有他人伪造的信用卡、他人真实的信用卡和伪造信用卡行为作为从重量刑情节考虑。

笔者认为，王某伪造信用卡并使用，诈骗157万余元，成立牵连犯，从一重罪处断即以信用卡诈骗罪定罪处罚。王某还非法持有他人伪造的信用卡87张以及他人真实的信用卡57张，对于该事实的定性，首先应结合王某的主观目的认定。如果王某并非为了使用而非法持有他人伪造的信用卡和他人真实的信用卡，则王某的非法持有行为独立构成妨害信用卡管理罪。但本案中，王某基于使用目的而非法持有，故其非法持有行为不仅仅是触犯妨害信用卡管理罪的问题。那么，其非法持有行为能否视为信用卡诈骗的预备行为，并将该行为纳入信用卡诈骗罪中评价？应该说，王某为进行信用卡诈骗活动而非法持有，故其非法持有行为属于信用卡诈骗的预备行为。但是，"王某利用购买、窃取的信用卡信息资料伪造信用卡并使用，诈骗157万余元"，与"为进行信用卡诈骗而非法持有他人伪造的信用卡、他人真实的信用卡"，属于存在差异的两种犯罪模式，应该独立进行刑法评价，故此，只能将非法持有行为视为后种信用卡诈骗的预备行为，而不能纳入前种信用卡诈骗罪中评价。本案中，王某为实施信用卡诈骗而非法持有他人伪造的信用卡以及他人真实的信用卡，作为信用卡诈骗的预备行为，该预备犯不构成信用卡诈骗罪，但非法持有行为本身构成妨害信用卡管理罪，且数量巨大。综上，王某伪造信用卡并使用，应当以信用卡诈骗罪定罪处罚，并将其伪造行为作为从重量刑情节考虑；王某还意欲进行信用卡诈骗而非法持有他人伪造的信用卡、他人真实的信用卡，构成妨害信用卡管理罪，应当两罪并罚。故上述第一种观点是妥当的。

（责任编辑：潘庸鲁）

认罪认罚从宽制度诉讼效率
全流程提升的困境与出路
——基于S市C区法院速裁程序
运行情况的实证考察

徐明敏*

党的十八届四中全会提出"完善刑事诉讼中认罪认罚从宽制度",对于优化司法资源配置,缓解司法资源和日渐增长的案件数之间的紧张关系,[①]以及在确保司法公正基础上进一步提高司法效率均具有重要意义。[②]认罪认罚从宽制度作为一套贯穿刑事诉讼全流程的集成系统,横向上应有相关配套机制、程序、资源的呼应和整合,纵向上侦诉审之间应有高效的衔接和流转。然而,综观现行试点的规范文本和修改后《刑事诉讼法》,制约该制度诉讼效率全流程提升的诸多不匹配、不衔接、不明确之处仍有待解决,尤其是速裁程序全流程"简案快办"的效率价值体现还不明显。因此,有必要运用系统性、综合性、前瞻性方法检视制约效率的问题和症结,探索推进刑事诉讼程序全流程的繁简分流和提质增速。

一、认罪认罚从宽制度若干效率指标的全流程考察

S市C区法院是刑事案件速裁程序和认罪认罚从宽制度首批试点法院之

---

*　徐明敏,法学硕士,上海市长宁区人民法院法官助理。

①　陈卫东:《认罪认罚从宽制度试点中的几个问题》,载《国家检察官学院学报》2017年第1期。

②　荆龙:《周强在十二届全国人大常委会第二十二次会议上就开展刑事案件认罪认罚从宽制度试点工作作说明　落实宽严相济刑事政策　提升司法公正效率》,载《人民法院报》2016年8月30日。

一，积累了较丰富的案件样本，也作了一些配套性机制探索，如制定法律援助值班律师参与刑事案件认罪认罚从宽制度工作办法。同时，因为速裁案件占认罪认罚案件比例高，从全国层面来看适用速裁程序审结占比达 68.5%，③在 C 区法院占比也达 68%，而且速裁程序在制度设计上最应彰显诉讼效率的价值追求。因此，本文以速裁案件程序运行情况为切入点，随机选取 C 区法院试点以来的 100 件速裁案件为样本，力图多角度、全方位展示制约认罪认罚案件效率的诉讼流程和环节。

（一）罪名分布情况

速裁程序对适用罪名并无限制，但从 C 区法院速裁案件罪名分布情况来看，危险驾驶罪适用速裁程序率特别高，占 48%，其次为盗窃罪占 26%，其余罪名案件占比均为个位数及以下，具体如图 1：

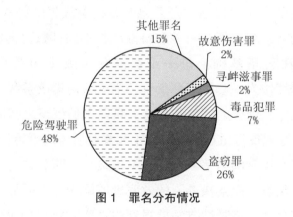

图 1　罪名分布情况

（二）侦查、审查起诉、审判办案天数情况

速裁程序案件审查起诉和审判期限一般为十日，对可能判处有期徒刑超过一年的，可以延长至十五日，但侦查期限并无专门规定。100 件样本案件平均侦查天数为 79.81 天，审查起诉天数为 9.9 天，平均审理天数为 8.14 天。司法实践中，速裁案件侦查天数较长，与审查起诉、审判天数较短的程序特点不匹配，侦查天数分布情况如图 2。

---

③　参见周强 2017 年 12 月 23 日在第十二届全国人民代表大会常务委员会第三十一次会议上《关于在部分地区开展刑事案件认罪认罚从宽制度试点工作情况的中期报告》。

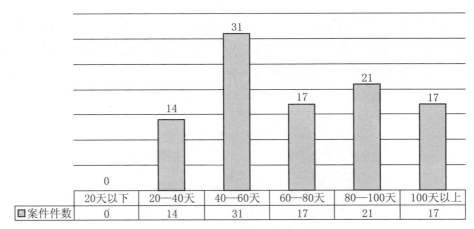

	20天以下	20—40天	40—60天	60—80天	80—100天	100天以上
□案件件数	0	14	31	17	21	17

图2　侦查天数分布情况

此外，为比较速裁程序试点后侦查期限是否有明显减少，本文以最为典型的危险驾驶罪为样本，分别选取了20件速裁程序试点以前和20件试点以后的危险驾驶案件，经统计发现，侦查期限在案件是否适用速裁程序方面无明显区别，具体如图3：

（件）

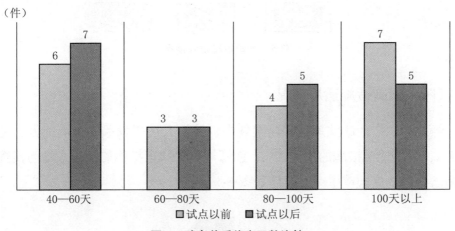

□ 试点以前　■ 试点以后

图3　试点前后侦查天数比较

（三）侦查阶段对犯罪嫌疑人作笔录情况

为深入分析侦查阶段对犯罪嫌疑人作笔录的情况，本文随机选取了20件适用速裁程序的危险驾驶案件。因危险驾驶案件大多为现场查获，事实和证据在案发后能较快固定，且被告人大多认罪悔罪又不适用逮捕措施，因而笔录次数理应较其他类案件少。但经统计发现，公安机关在这类案件中至少也要对犯罪嫌疑人作 3 次笔录，且大多要作 4 次，内容包括对案件事实的调查、采取拘留措施的告知等，笔录类型有的还有行政询问笔录，作笔录的部门包括受案机关和预审机关，具体如图 4 与图 5：

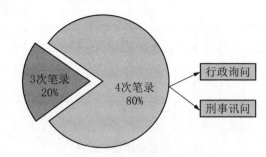

图 4　笔录次数和笔录类型

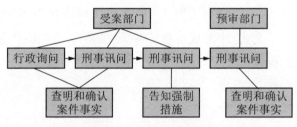

图 5　侦查阶段笔录情况

（四）强制措施适用情况

经统计，C 区法院速裁程序案件中，被告人适用取保候审措施占比高达 55.3%，适用逮捕措施的占 44.7%，而适用取保候审措施的被告人均为侦查阶段即已办理取保候审手续，具体如图 6：

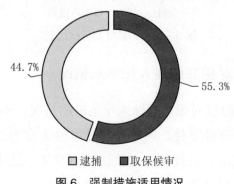

图 6　强制措施适用情况

（五）审查批准逮捕和审查起诉部分职能比较情况

审查批准逮捕	审查起诉
审查案卷材料和证据	审查案卷材料和证据
可以讯问犯罪嫌疑人，符合条件的应当讯问	应当讯问犯罪嫌疑人
可以询问证人等诉讼参与人，听取辩护律师的意见；辩护律师提出要求的，应当听取其意见	应当听取辩护人、被害人及其诉讼代理人的意见

可见，审查批准逮捕和审查起诉在部分职能上有重叠，而且审查批准逮捕所需开展的工作内容基本能被审查起诉所涵盖。

（六）律师辩护情况

为保障被告人有效行使辩护权，C 区法院 2017 年开始推行刑事案件律师辩护全覆盖，即除被告人明确拒绝律师辩护的以外，为所有无辩护律师的被告人通知指派法律援助律师提供辩护。2017 年以来，速裁案件共指派法律援助律师 748 人，被告人自行委托 204 人。同时，为进一步提高律师参与诉讼活动的工作效率，C 区法院与该区检察院、司法局、公安局联合制定《法律援助律师参与刑事案件认罪认罚从宽制度试点工作办法》，规定法院审判阶段通知司法局指派审查起诉阶段在具结书上签字的值班律师作为辩护律师，试点以来共通知指派了 624 名值班律师作为辩护人，具体如图 7：

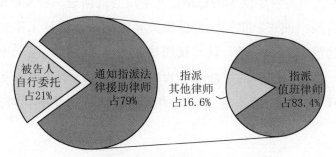

图 7 辩护类型分布情况

（七）委托司法机关开展社会调查情况

速裁案件大多是犯罪情节较轻，且被告人认罪悔罪的案件，量刑方面对其从宽处理宣告缓刑的比例较大，占比达 47.5%。而对被告人适用非监禁刑需要调查其是否对其所居住社区有重大不良影响，办案机关往往委托司法机关开展调查评估。2017 年以来，C 区法院审理的案件中，检察机关在审查起诉阶段即委托调查评估的人数仅占全部委托调查评估人数的 16.3%，C 区法院委托开展调查评估的人数占 83.7%，具体如图 8：

图8　委托开展调查评估情况

二、制约诉讼效率全流程提升的三个维度

（一）程序维度：诉前程序简化不到位

修改后《刑事诉讼法》延采了前期认罪认罚试点取得的有益经验，如速裁案件十日审限、取消送达期限限制、减省庭审程序等。应该说，通过简化审理程序来推进简易程序改革的思路，几乎没有任何进一步发展的空间了，④然而在诉前阶段，侦查、批捕、公诉机关叠床架屋、重复工作的情况却达到了无以复加的地步。⑤但是，认罪认罚从宽制度不是仅局限于审判阶段的一项制度安排，其本身蕴含的繁简分流程序和机制应适用于侦查和审查起诉阶段。⑥综观现行规定，诉讼程序简化的重心依然落脚在审判阶段，而侦查、

---

④　人民法院速裁案件 10 日内审结的占 94.28%，比简易程序高 58.40 个百分点；当庭宣判率达 95.16%，比简易程序高 19.97 个百分点。参见最高人民法院、最高人民检察院关于刑事案件速裁程序试点情况的中期报告。
⑤　陈瑞华：《认罪认罚从宽制度的若干争议问题》，载《中国法学》2017 年第 1 期。
⑥　谭世贵：《实体化和程序法双重视角下的认罪认罚从宽制度研究》，载《法学杂志》2016 年第 8 期。

批捕、审查起诉程序的简化力度非常有限，甚至没有任何简化安排。从工作内容上来看，认罪认罚从宽案件在程序上还增加了保障犯罪嫌疑人获得值班律师帮助，听取犯罪嫌疑人及其辩护人或者值班律师意见、签署认罪认罚具结书等工作。具体问题如下：

1. 侦查程序简化有限

以危险驾驶案为例，公安机关设卡查获犯罪嫌疑人，有现场监控录像、鉴定意见等证据予以证实，犯罪嫌疑人往往对事实供认不讳，应该说案发后无需多时即能查清事实和固定证据，但由于公安机关内部审核程序、取证形式缺乏相应的简化安排，导致侦查程序繁琐与案情简单的实际不符。如案件受理部门和预审部门先后至少要对犯罪嫌疑人作三次笔录，甚至多达五到六次，其中，除采取强制措施等告知笔录外，笔录内容多系预审部门对初查事实的再次确认。此外，侦查机关制作行政询问笔录之后，还会就同样内容再制作一份讯问笔录，并未单独将行政询问笔录作为证据。此外，诸如立案、强制措施、移送审查起诉等诸多事项需要层报审批，诸多手续还需纸质卷宗在不同部门之间物理流转，这种多头管理、层层报批、物理流转的办案程序制约了诉讼效率的提升，客观上导致侦查期间过长。

2. 审查起诉程序简化有限

一是强制措施在不同诉讼阶段之间重复适用。《人民检察院刑事诉讼规则》规定，案件移送审查起诉后，对于需要继续取保候审的，检察机关应当重新作出取保候审决定。一方面，这导致检察机关需要对大量已在侦查阶段取保候审的犯罪嫌疑人重新办理取保候审措施，而强制措施的适用需经检察长审批决定，办理手续严格与取保候审量大之间具有紧张关系；另一方面，司法实践中，办案机关对被告人取保候审期间往往为一年，而速裁案件从侦查立案到判决生效移送执行一般不超过一年，重复对已被取保的犯罪嫌疑人适用强制措施也缺乏相应的必要性。

二是审查批捕与审查起诉职能有待进一步整合。检察机关由侦查监督和公诉两个部门分别负责审查批准逮捕和审查起诉，而速裁案件都是犯罪事实清楚、犯罪嫌疑人供述情况和认罪态度较好的案件，侦查机关提请审查批准逮捕时掌握的证据已基本确实、充分。而且，检察机关自收到提请批准逮捕书后通过阅卷、提审或听取辩护人意见等形式审查逮捕必要性，案件在批捕环节相当于经过了侦监人员的一轮预审。待案件进入审查起诉阶段后，又要公诉人员重新阅卷、提审并确认是否符合起诉条件。简单案件反复审核，一定程度上浪费了人力资源。同时，等到审查起诉阶段再退回公安机关补充侦查，也导致案件办理周期变长。

（二）权利维度：律师介入不充分

认罪认罚从宽制度最大的创新之处在于体现了协商性，[⑦] 而我国刑事法律中早就存在合作性司法因素，认罪认罚从宽制度就是合作性司法的一种表现形式，[⑧] 引入控辩双方的协商机制几乎是不可避免的一项配套改革措施。[⑨] 从制度设计来看，审查起诉阶段签署认罪认罚具结书是控辩协商的最佳场域，是控辩双方就罪名、法律以及量刑情节充分交换意见并达成一致的关键环节，也是决定犯罪嫌疑人认罪认罚自愿性、真实性、明智性的关键阶段。从诉讼效率角度而言，认罪认罚自愿、真实的要求，既是对该制度程序正当和实体公正的阐释，也是公正基础上效率观的要求。律师充分介入既对促进公正有所裨益，也利于避免因犯罪嫌疑人具结不充分而影响后续诉讼活动开展，进而制约诉讼效率。然而，当前律师诉前介入还不够充分，见证认罪认罚具结的过程流于形式，个别案件因具结不充分而导致庭审无法顺利进行，需休庭后转化普通程序再次开庭，影响了审判活动顺利进行。

究其原因，主要有以下两个方面：

1. 职能的天然不足

根据《关于开展法律援助值班律师工作的意见》，值班律师的职责包括为犯罪嫌疑人、刑事被告人提供法律咨询、程序选择、申请变更强制措施等法律帮助，对检察机关定罪量刑建议提出意见，犯罪嫌疑人签署认罪认罚具结书在场。但是，由于值班律师无阅卷权和会见权，了解案件的信息有限。虽然修改后《刑事诉讼法》规定犯罪嫌疑人有权约见值班律师，人民检察院听取其意见应为其了解案件有关情况提供必要的便利。然而，约见的性质、形

---

⑦ 叶青、吴思远：《认罪认罚从宽制度的逻辑展开》，载《国家检察官学院学报》2017年第1期。

⑧ 朱孝清：《认罪认罚从宽制度的几个问题》，载《法治研究》2016年第5期。

⑨ 前引⑤，陈瑞华文。

式、启动主体，约见与会见的区别，了解案件有关情况的范围以及必要的便利的形式均语焉不详，值班律师提供有效法律帮助的空间仍然值得探讨。

2.履职的阶段分散

值班律师在不同诉讼阶段根据不同机关的安排为犯罪嫌疑人、被告人提供法律帮助，导致履职具有阶段性。

一是确认辩护工作对诉讼效率的掣肘。司法实践中，法院难以在收案后第一时间掌握被告人是否已经或想要自行委托辩护人，是否需要值班律师帮助，或者需要申请法律援助。尤其对被羁押的被告人，在当前案多人少背景下，审判人员往往无法在收案后立刻赴看守所提审被告人，一般尽量安排集中赴看守所送达起诉书时确认其辩护情况。而确认辩护工作可能因不同情形而影响诉讼活动的运转（如图9），难以匹配速裁案件审限短、程序快的特点，也制约了后续诉讼活动的快速开展。

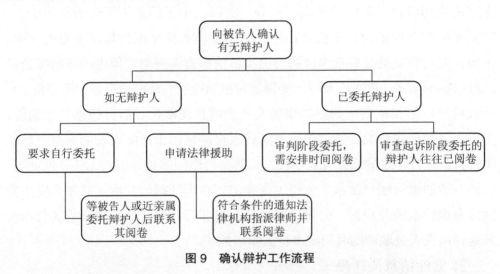

图9　确认辩护工作流程

二是值班律师履职不到位对诉讼效率的掣肘。值班律师在审查起诉阶段无法提供有效帮助，到审判阶段可能会出现被告人对相关事实、罪名、情节、刑期等提出不同意见，辩护律师对审查起诉阶段具结的内容提出新的辩护意见。比如，C区法院办理的一起开设赌场案件中，被告人曹某当庭表示认罪认罚，对指控其为赌场招揽赌客的事实亦无异议，却辩解同案犯周某某（赌场老板）给其的三千元系借款，而非公诉机关指控的佣金。这种情况不仅不利于保证认罪认罚具结的严肃性和稳定性，也影响了审判活动的诉讼效率，其根源在于具结阶段值班律师介入有限，未能充分听取犯罪嫌疑人的意见，开展有效、充分的具结活动。

（三）机制维度：诉讼衔接机制不健全

公检法三机关"各管一段、各自为营"，并不利于诉讼活动的整体顺利推进。诉讼各阶段之间应按照提质增速的要求，构建需求对口、符合规律、便捷高效的诉讼衔接机制。然而，当前认罪认罚从宽制度诉讼衔接机制还不够完善，反映在诉讼效率方面主要表现为三个问题：

1．诉讼证据获取慢

正确地认定事实是公正裁判的前提，[10]而使法官对所陈之事实产生确信的就是证据，所有对法院之裁判有影响之事实均需证明。[11]从程序流转的角度而言，证据是否确实、充分决定了案件能否在不同诉讼阶段快速流转。速裁程序适用的前提是证据要确实、充分。然而，由于信息不互通的技术壁垒、有关单位配合取证意识不强等原因，制约了该类简单案件快速侦查的效率。比如，当前公安机关有全国性的公民身份信息查询网络，但由于该网络公民信息采集不全面、更新不及时，特别是对犯罪嫌疑人前科信息登记不完整，[12]导致对户口不在本辖区的犯罪嫌疑人身份信息调取慢、前科信息有遗漏等，主要表现为公安机关要通过向犯罪嫌疑人户籍地派出所邮寄发函索取户籍证明材料，这种传统的取证方式不仅慢，甚至可能因多种原因而无法获取证据。此外，诸如银行账户流水、公司工商登记信息等证据的获取，需要公安干警到涉案银行卡的开户行、公司注册地的工商部门调取，如开户行或者公司在异地，侦查人员取证的时间成本将大幅增加。

2．案件信息流转慢

当前，刑事案件信息的流转仍然停留在纸质物理流转阶段，比如，从公检法三机关之间信息流转来看，公安机关提请检察机关批准逮捕、移送审查

⑩ ［美］米尔吉安·R.达马斯卡：《比较法视野中的证据制度》，吴宏耀、魏晓娜等译，中国人民公安大学出版社2006年版，第46页。

⑪ ［德］克劳思·罗科信：《刑事诉讼法》，吴丽琪译，法律出版社2003年版，第207—209页。

⑫ 我国刑事诉讼法司法解释规定判决生效后，应将判决书送达被告人所在单位或原户籍地的公安派出所，司法实践中往往会将判决书送达被告人户口所在的公安派出所。

起诉都需要将案件卷宗一并移送检察机关，检察机关向法院提起公诉需将案件卷宗材料移送法院；从公检法三机关内部信息流转来看，卷宗材料还需要经过多个不同部门的流转，如检察院案管部门收案后经过分配才送交公诉部门，法院一般由立案部门收取公诉卷宗材料，立案后再送交刑事审判部门办理。多环节的物理流转，导致案件办理人员难以在移送审查起诉和提起公诉后及时查阅案件材料并开展相关工作，制约了诉讼效率的提升。

3. 社会调查评估开展阶段晚

对被判处管制、宣告缓刑、假释或者暂予监外执行的罪犯，依法要由社区矫正机构执行社区矫正，而法院在决定是否采取非监禁刑时，往往会调查罪犯对所居住社区是否有重大不良影响，以及相应的社区矫正机构能否接收。司法实践中，法院会向被告人居住地司法行政机关邮寄委托调查评估函，委托其开展调查评估。但邮件来往在途时间较长，各地关于调查评估反馈的时间要求也不一，[13] 如遇到被告人实际居住地与起诉书认定居住地不一致、经常居住地难以确认等情形，法院还要向不同地区邮寄委托调查函，社会调查时间过长与审理期限较短之间存在内在的紧张关系。

三、诉讼效率全流程提升的改革路径前瞻

（一）构建多元分层的诉前程序

上文所述侦查和审查起诉程序的问题，既有横向上公安机关和检察机关在案件审查职责上的重叠和制衡，也有纵向上公安机关和检察机关内部不同部门的科层式管理，进而导致诉前程序尚未体现认罪认罚制度"快速办理"[14] 的诉讼价值，尤其是与速裁程序"简案快办"的诉讼效率价值不匹配。因此，

---

[13] 如北京市社会调查评估报告反馈的时间是收函之日起十五个工作日内提交委托机关，四川省规定十个工作日内完成评估并提交调查意见，同时规定简易程序案件为七个工作日内完成，轻微刑事案件快速办理为五个工作日内完成。参见《北京市社区矫正实施细则》《四川省社区矫正实施细则》。

[14] 最高人民法院周强院长指出，开展认罪认罚从宽制度试点工作的必要性之一是优化司法资源，提升司法公正效率的需求，实现认罪认罚案件的快速办理。参见周强2016年8月29日在第十二届全国人民代表大会常务委员会第二十二次会议上《关于〈关于授权在部分地区开展刑事案件认罪认罚从宽制度试点工作的决定（草案）〉的说明》。

要综合考量和平衡规范执法、发现真实、侦查效率和权利保障四者之间的价值，将认罪认罚从宽制度中蕴含的繁简分流精神向侦查和审查起诉阶段延伸，构建多元分层的诉前程序。

1. 构建符合速裁案件特点的侦查程序

一是明确认罪认罚的启动节点。修改后《刑事诉讼法》规定侦查人员讯问犯罪嫌疑人时应告知其认罪认罚可能导致的法律后果，亦即明确了认罪认罚程序自侦查阶段启动。启动阶段越早越有利于提高诉讼效率，一方面，犯罪嫌疑人主动承认犯罪事实并提供证据线索，从源头上减少不必要的对抗和消耗，对侦查机关收集、固定证据，提高侦查效率具有非常重要的意义；另一方面，有利于尽早开展追赃挽损工作，避免涉案财物毁损而无法弥补被害人损失。

二是优化侦查阶段办案程序。要构建符合认罪认罚案件特点的侦查程序。一方面，建议梳理和分析主要速裁案件类型所需的证据，利用大数据和信息化手段制定不同罪名的证据标准指引，帮助侦查人员在线对案件所需证据和手续实现自主核对、自动提示和对照纠正；另一方面，建议简化速裁程序的办理、预审和审批程序，如直接将行政询问笔录作为证据使用，减少重复提审次数；在预审部门专设速裁案件办理组，在法制办专设速裁案件相关手续审核专员，将速裁案件和疑难复杂案件进行适度分离，实现简案快办。

2. 整合检察机关办案程序和职能

一是简化办案程序。对于速裁案件而言，其办理周期较短，侦查阶段取保候审一年的期限足以办结案件。建议检察机关相关解释针对速裁案件这一特点对相关条文予以修改，明确检察机关对于尚在取保候审期间的犯罪嫌疑人无需重复取保，如确因案件办理时间较长，检察机关可决定继续适用取保候审措施。

二是推行"捕诉合一"。对于需审查批捕的案件，为避免"简案繁办"，建议将审查批捕与审查起诉职能合并，推行"捕诉合一"。其一，批准和公诉职能合一，尤其是办案人员合一，有利于避免在简单案件上重复劳动，[15] 将有限的司法资源集中于疑难复杂案件。据报道，有检察机关"捕诉合一"试点

---

⑮ 龙宗智：《检察机关内部机构及功能设置研究》，载《法学家》2018年第1期。

一年，刑事案件办案周期平均缩短约 30%，[16] 效率提升明显；其二，有利于提高侦监和公诉的协同性，在检察机关内部实现逮捕、起诉标准的统一，在检察和公安机关之间形成以公诉标准监督和引导侦查的办案模式，使侦查监督更为有力，[17] 也可以避免因标准不统一导致审查起诉阶段再补充侦查而影响诉讼效率。其三，就"捕诉合一"被诟病的可能导致羁押审批权中立和独立价值被侵蚀的问题，笔者认为，案件事实清楚的速裁案件不同于疑难复杂案件，其应在制度设计上突出程序从宽价值，即让涉案人员尽快摆脱刑事追诉的痛苦。"捕诉分离"强调羁押必要性审核的中立、独立性，也是为确保涉案人员免受不必要的羁押。速裁案件羁押必要性审查的事实基础较为清楚，中立审查和追诉犯罪的矛盾并不明显。而"捕诉分离"力图实现侦监和公诉相互制约的格局反而会导致办案周期更长，从结果来看恰恰违背了中立审核的初衷，不利于保障被羁押人员获得快速审判的权利。

（二）确保律师的有效参与

认罪认罚案件中律师的有效参与，是保障犯罪嫌疑人、被告人认罪自愿性及程序自主性的关键，[18] 也是确保后续审判程序稳定、高效开展的关键。可以从如下三方面确保律师有效参与，以提高诉讼效率。

1. 明确值班律师的职能

修改后《刑事诉讼法》规定法院、检察院、看守所应为犯罪嫌疑人、被告人约见值班律师提供便利，检察院听取值班律师关于认罪认罚意见应提前为其了解案件有关情况提供必要的便利。可见，立法机关赋予了犯罪嫌疑人、被告人约见律师权，值班律师了解案件有关情况的权利。但是，一方面，目前约见的启动主体仅为犯罪嫌疑人、被告人，建议赋予值班律师向办案机关申请约见犯罪嫌疑人、被告人的权利，否则值班律师仅能在犯罪嫌疑人签署认罪认罚具结书时见到对方，无法充分听取犯罪嫌疑人的想法，也无从就认

---

⑯ 梁高峰、杨东文：《"捕诉合一"在这里已实行一年多——走进山西省太原市小店区检察院》，载《检察日报》2018 年 7 月 27 日。

⑰ 樊崇义、龙宗智、万春：《主任检察官办案责任制三人谈》，载《国家检察官学院学报》2014 年第 6 期。

⑱ 闵春雷：《认罪认罚案件中的有效辩护》，载《当代法学》2017 年第 4 期。

罪认罚提出有效意见；另一方面，"了解案件情况必要的便利"应予以明确，建议赋予值班律师向办案机关申请查阅案卷的权利，值班律师可将确需阅卷的理由向办案机关说明，经许可查阅卷宗。此外，徒法不足以自行，要改变值班律师"流水作业"的现状，还要从保障方面上激发值班律师工作的积极性。当前值班律师制度办案经费保障力度很有限，如一般每天补贴100—200元，高的可达500元，[19] 有限的经费也会掣肘值班律师提供法律服务的积极性。

2. 规范律师参与具结的形式

如上文所述，值班律师履职空间有限，尤其在认罪认罚具结阶段，其职能局限于"见证"具结的过程，难以提出有效的法律意见。基于此，要不断强化认罪认罚具结的协商色彩，发挥律师在具结阶段促进查明事实、准确定性以及量刑的积极作用。一是提出意见。基于我国的职权主义传统，刑事诉讼发现真实的价值追求是不得让渡和协商的，禁止罪名、罪数交易是基本底限，[20] 因此，认罪认罚协商的对象仅为法定和酌定量刑情节。但这并不意味着律师不能就案件事实、证据、定性等方面提出意见，其越早提出意见越有利于检察机关视情决定是否采纳，越早对指控事实或证据予以调整或补正。二是法律释明。除侦控机关在讯问犯罪嫌疑人时应告知其权利义务和认罪认罚的法律后果外，律师应在具结前告知并确认犯罪嫌疑人认罪认罚的真实性、自愿性和明智性，为认罪认罚有效开展提供双重保障。否则仅是到场见证具结书的签署过程，难以确保认罪认罚真实有效。

3. 促进律师的集中履职和角色快速转化

一方面，办案机关出于效率考虑，往往会集中批量办理速裁案件，如集中办理犯罪嫌疑人具结事宜，集中开庭审理案件。因此，值班律师或接受法律援助指派的律师应配合在相关诉讼阶段集中履职，如司法行政机关组建一支较为稳定的值班律师、法援律师队伍，并在看守所、法院等设立相应的值班窗口，为值班律师、法援律师集中参与、全程跟案提供便利，进而提高案件周转效率；另一方面，对于符合法律援助条件的犯罪嫌疑人、被告人，应

[19] 前引 [18]，闵春雷文。
[20] 陈卫东：《认罪认罚从宽制度研究》，载《中国法学》2016年第2期。

在审查起诉阶段完成指派辩护律师工作，在审判阶段仅需向被告人确认其同意由该律师继续担任辩护人即可，减省审判阶段开展辩护工作时间。如犯罪嫌疑人、被告人不符合法律援助条件，审判阶段应尽量安排曾担任其值班律师的律师为其提供法律帮助，确保律师更高效地为被告人提供法律帮助。

（三）完善诉讼各阶段之间的衔接机制

认罪认罚从宽制度的效率价值能否得以落实，不仅需要程序和权利的保障，还需要构建符合诉讼效率的运转机制。具体而言，可在如下"三化"方面发力。

1. 证据获取的信息化

当前是信息技术高速发展革新的时代，物联网与互联网双向互动已成为社会信息获取和物质获取的主要来源。就司法工作而言，证据获取手段也要借助信息技术实现提质增速，打破传统的跑断腿、磨破嘴的物理联系方式。比如，公安机关应完善全国性的公民个人信息网络，要求户籍所对辖区居民户籍、前科等信息的全面录入和实时更新。同时，完善公民个人信息的调取权限和分级管理制度，打破地区之间的信息障碍和壁垒，确因办案需要的可逐级申请调取涉案人员的身份信息。再如，要不断优化社会各界对办案机关调查取证的环境，如银行、工商、住房等部门对办案机关开通取证的绿色通道，一方面上述单位内部信息要逐步实现联网互通，为办案机关减少取证的路途时间；另一方面，对于取证需求较多的单位，如大型的第三方支付平台，可以设立专门的证据提供部门或安排专职的人员，从而减省办案机关联系沟通的成本。

2. 案件办理的智慧化

习近平总书记指出，我国要大力实施国家大数据战略，加快建设数字中国。[21]公安、检察、法院等部门也分别制定了建设智慧公安、智慧检务、智慧法院的目标任务。就刑事诉讼而言，要提高诉讼活动的智慧程度，就要充分借助信息化、大数据的智能辅助系统，实现案件信息流转的高效化、案件

---

[21] 习近平：《实施国家大数据战略 加快建设数字中国》，载 http://politics.people.com/cn/n1/2017/1209/c1001-29696291.html，访问时期：2018 年 6 月 24 日。

手续办理的便捷化、案件数据分析的智能化、案件办理质量的标准化、案件风险提示的实时化。比如，上海正在设计完善的刑事案件智能辅助办案系统，就是在打造公安、检察、审判机关统一的刑事办案平台，逐步消除三机关之间的信息壁垒，致力于实现刑事办案在线运行、互联互通、信息共享。同时，该系统从统一证据标准、制定证据规则、构建证据模式三方面，为办案人员及时发现和提示证据中的瑕疵和矛盾，实际上形成了横贯公安、检察、审判机关的统一证据标准平台，有利于进一步规范办案标准、提高办案质量。[22]

3. 辅助事项前置化

由于速裁程序的审查起诉和审理期限都很短，一些辅助性工作应尽量前置开展，不影响后续诉讼活动的正常进行。比如，对于可能判处缓刑、管制或者需要暂予监外执行的犯罪嫌疑人，公安机关在侦查终结前、检察机关在审查起诉阶段即应委托司法行政机关开展调查，并将调查评估报告随卷宗移送。尤其在审查起诉阶段，检察机关在与被告人达成量刑具结前，如考虑建议适用非监禁刑的，应即时委托司法行政机关开展社会调查，为后续诉讼活动的顺利开展打好基础。此外，委托手续办理和流转方面，要加大借助信息化手段的力度，实现委托信息的实时送达和即时办理，改变传统邮政送达时间过长、影响诉讼活动开展的局面。

四、结语

认罪认罚从宽制度是一项涵盖程序和实体，涉及理念、机制和方法调整的一项系统性工程，其与以审判为中心的刑事诉讼制度改革都是对当前社会背景下"繁案精审、简案快审"需求的诠释和表述，也是对更高层次、更为丰富、更人性化诉讼体系的一种探索。经过前期轻微刑事案件快速办理、速裁程序、认罪认罚从宽制度等广泛试点，我国刑诉法也及时吸收和采纳了试点的有益经验和做法，并上升到法律层面予以肯认。但是，制度的建成并非一日之功，公正基础上的效率观、司法宽容精神、非对抗诉讼格局[23]等认罪

[22] 参见严剑漪：《揭秘"206"，法院未来的人工智能图景》，载《人民法院报》2017年7月10日。
[23] 前引[20]，陈卫东文。

认罚价值取向还有待与本土司法环境和刑事司法体系进一步碰撞和磨合，尤其是要与当前经济社会发展方向和大势融合，向信息化、大数据、智能化借力，才有利于构建更科学、多元、立体的刑事诉讼繁简分流体系。

（责任编辑：李瑞霞）

盗窃与诈骗交织类犯罪的定性研究

许　浩*

　　"盗窃与诈骗交织类犯罪"如何定性，一直是司法实践中的一大难点。此类案件中，行为人的侵财行为往往既包含不为人知的秘密行为，又包含虚构事实、隐瞒真相的诈骗行为，且随着社会发展、科技进步，此类案件的犯罪手段也在不断地日新月异，甚至早已侵蚀互联网和移动支付等领域，使得案件的定性"剪不断、理更乱"，例如：偷换商家收款二维码案究竟是构成盗窃还是诈骗犯罪，至今颇有争议。因此，厘清盗窃与诈骗犯罪的界限，对于此类犯罪的正确定性具有重要意义。

　　一般而言，对盗窃与诈骗交织类犯罪定性分析的思路都是从解析诈骗罪的基本构造开始的。诈骗罪的基本构造一般表现为：行为人实施欺诈行为→被害人产生错误认识→被害人基于错误认识处分财物→行为人取得财物→被害人受到财产损害。对于符合诈骗罪基本构造的行为，一般将其认定为诈骗罪；对于不符合诈骗罪基本构造的行为，一般将其归入盗窃罪的范畴。在盗窃与诈骗犯罪的界分中，最主要的争议往往聚集在被害人是否具有处分财物的行为上，而这往往又涉及处分行为和处分意思的把握等问题。

一、处分行为的界定

　　在盗窃与诈骗交织类犯罪中，如果被害人存在处分财物的行为，则对行为人往往可认定为诈骗罪；如果被害人并不存在处分财物的行为，则对行为人往往可认定为盗窃罪。因此，在此类案件的定性中，认定被害人是否具有处分财物的行为就显得至关重要。要判断被害人是否具有处分行为，首先需

---

* 许浩，法学硕士，上海市高级人民法院法官。

要明确的是什么样的行为属于处分行为,是被害人必须以转移财物所有权的意思作出的行为才属于处分行为,还是只要被害人以转移财物占有的意思作出的行为即属于处分行为,抑或是被害人只要有意识地转移财物的持有即可认定为处分行为,甚至是被害人无意识地转移财物给他人的行为亦可认定为处分行为?

(一)处分意思必要说与处分意思不要说

处分意思必要说认为,处分行为不仅要求被害人客观上有处分财物的行为,而且要求主观上有处分财物的意识。

处分意思不要说认为,只要被害人在客观上具有转移财物占有的行为即可认定处分行为,而不以被害人主观上有处分财物的意思为必要。

两种不同的学说对于有关案件的定性会造成截然不同的结果,下面结合案例具体分析。

案例1. 被告人王某在网上聊天室发布虚假广告,谎称有视频裸聊服务,与被害人邵某聊天时,谎称付费1元即可参与裸聊,并要求邵某传发其网银卡余额截图,以表示其具有支付能力。其后,王某根据截图,知晓余额有10万余元。便在事先编好的软件程序中填写盗取金额9.8万元,并将该软件程序发给邵某。邵某按照王某告知的账号及登录口令登录,并在支付页面显示付款1元,然后输入了自己的网银卡号和密码并确认,其卡上的9.8万元就自动转入王某银行卡。

站在处分意思不要说的立场上,该案中被害人受骗后具有处分财物的行为,故被告人构成诈骗罪。而站在处分意思必要说的立场上,该案中被害人受骗后仅具有支付1元的处分意思,对于9.8万元不具有处分意思,因此也不存在处分行为,被告人对于该9.8万元系秘密窃取,故被告人的行为构成盗窃罪。

处分意思不要说的产生有其特殊的背景,但其并不契合理论逻辑。理论上,处分行为应是主客观相统一的,即由客观处分行为与主观处分意识共同构成,缺一不可,没有处分意思的纯粹转移财物占有的动作根本不能称为处分行为。因此,在我国刑法理论界,处分意思必要说才是主流学说。笔者认为,司法实践中,应当秉持处分意思必要说的立场,上述案例中的被告人的行为应当认定为构成盗窃罪。

（二）关于处分行为内涵的学说及评析

1．所有权转移说

该说认为，在处分行为的认定上，要求被害人具有将财产所有权转移给行为人的意思。如在一起案件中，被告人以借用手机为幌子，在假装打电话的过程中，趁被害人不备逃之夭夭，从而非法占有被害人的手机。公诉机关对被告人以诈骗罪提起公诉，法院审理后以盗窃罪对被告人作出判决，在判决书阐述裁判理由部分是这样表述的："本案中被告人虽然使用了虚构事实的方法致使被害人受骗而将手机借给被告人打电话，但被害人只是将手机暂时借给被告人打电话，打完电话还要返还，被害人并没有因为受骗而将手机赠送给被告人的处分行为与处分意思，被告人最终占有被害人的手机是因为他趁被害人不备，秘密占有，故被告人的行为构成盗窃罪而非诈骗罪。"从裁判理由来看，该份判决不免让人作出系站在所有权转移说的立场上的判断。

笔者认为，用所有权转移说界定处分行为，在诈骗罪的认定中并不合适，这将极大地压缩诈骗罪成立的空间，并会给有些案件的定性造成困惑。下面结合具体案例进行分析。

案例 2．甲因为缺钱用，便产生了把邻居乙的摩托车骗过来卖掉的念头。于是甲对乙说："我今天想去镇上办个事，你的摩托车借我用一下，明天还你。"乙不疑有诈，便把摩托车借给了甲。甲将摩托车卖掉，所得 5000 元钱也花掉了。后来，当乙向甲要回摩托车时，甲便承认将摩托车卖掉了，钱也花掉了。

本案中，按照所有权转移说，由于被害人乙只是将摩托车借给甲，并没有将其送给甲，所以不存在处分行为，故甲不成立诈骗罪。同时，本案中甲的行为也难以认定为盗窃罪，因为甲并不存在秘密窃取的行为，摩托车的转移占有并不是甲秘密窃取的结果，而在甲已经占有摩托车的情况下，很难想象甲盗窃自己占有的财物是什么样的情形。也有观点认为，本案应成立侵占罪。笔者认为，该观点最大的问题在于对行为的评价不足，将甲骗取摩托车的行为当作借贷之后的合法占有，明显不妥。成立侵占罪，必须以合法占有财物为前提，本案中甲对摩托车的占有则难以认定为合法占有。基于所有权转移说在对本案的处理中得到的结果难以为人所接受,因此,笔者认为用所有权转移说界定诈骗罪中的处分行为并不合适。

2. 持有转移说

该说认为,诈骗罪中的处分行为,只需要被害人基于行为人的诈骗行为陷入认识错误,进而将财物转移给行为人持有即可。即便被害人只有暂时将财物给行为人用一下的意思而将财物转移给行为人持有,并因此使财物实际脱离了自己的控制而最终导致财产损失时,也应认为存在处分行为。

笔者认为,该说对诈骗罪中处分行为的界定没有综合考量导致被害人财物失控的主要原因,也与当前司法实践中的主流观点相悖,并不足取。下面举例分析。

案例 3. 被告人王某、杨某于 2010 年 11 月 1 日中午,至上海市张杨路招商银行张杨支行附近与"眼镜"见面后得知,被害人赵某欲兑换日元,后由"眼镜"在张杨支行内将王某、杨某介绍给被害人,随后其先行离开。王某、杨某在赵某从银行取出日元后,一同至相邻的张杨路长航美林阁大酒店。同日 12 时 45 分许,3 人坐在酒店大堂沙发处,赵某将装有 150 万日元(折合人民币 124401 元)的信封交给杨某,杨某清点后更换了装日元的信封并交给王某,王某假装在信封上做记号。此时,杨某与赵某谈话转移其注意力,王某趁其不备将信封调包。得手后,两人佯称要去银行取款再来兑换,将已调包的信封(内有人民币 2000 元、美元 124 元折合人民币 827.74 元)还给赵某,伺机先后逃离。嗣后,杨某与王某等人会合,王某分给杨某人民币40000 元。

本案中,公诉机关以盗窃罪对二被告人提起公诉,二被告人及其辩护人辩称,本案二被告人系预谋诈骗被害人钱款,且钱款是被害人自愿交付,不是其秘密窃取,应构成诈骗罪。如果按照持有转移说的观点,本案被害人受骗后即有处分行为,二被告人就应当构成诈骗罪。但问题在于,本案中造成被害人财物失控的主要原因并不是被害人转移财物持有的行为,而是二被告人秘密实施的调包行为。因此,被告人的秘密调包行为应是本案据以定罪的关键环节,法院最终正是据此对二被告人以盗窃罪定罪处罚。笔者认为,本案以盗窃罪定性是正确的。司法实践中,对于此类调包案件以盗窃罪定性也已经形成了共识。因此,持有转移说往往抓不住据以定性的关键环节,并且有悖司法实践中形成的共识，也不足取。

3. 占有转移说

该说认为，诈骗罪中处分行为的认定，只要被害人有将财物转移给行为人占有的意思即可。该说目前在理论界和实务界均处于通说地位。笔者也赞同该说确立的处分行为认定标准，下面结合"借打手机案"展开分析。

案例4. 2015年10月5日6时许，被告人刘某至某网吧内，以借手机拨打电话为名从被害人汪某处取得一部价值4484元iPhone6 Plus型手机，后刘某趁汪某不备逃离网吧。同日，刘某将该手机予以销赃。

案例5. 被告人黄某与罗某于2012年夏天相识，后两人经常联系。2012年10月9日21时许，罗应黄之邀至帝赋苑酒店KTV包房内唱歌。其间，黄以手机没电为由，向罗借手机打电话。罗将本人一部价值2773元的黑色iPhone4s手机交给黄，黄持该手机走出包房并离开帝赋苑酒店。罗见黄长久未回到包房，与黄电话联系，黄编造理由搪塞并拒绝归还手机。后黄将罗的iPhone4s手机内信息及资料清空后自己使用。

上述案例4中，法院对被告人刘某的行为以盗窃定性；而上述案例5中，法院对被告人黄某的行为则以诈骗定性。两者之间究竟有何不同，笔者认为，两个案例中造成被害人对财物失控的因素不同。两个案例中虽然都有被告人以借打手机为名取得被害人手机的事实，但在案例4中，被告人刘某取得被害人汪某的手机后，根据社会一般观念，该手机仍在被害人汪某的支配和控制之下，刘某只是临时持有，真正使该手机脱离被害人汪某控制的是刘某趁汪某不备逃离网吧的行为，该行为具有秘密窃取的性质，故对被告人刘某认定为盗窃罪是正确的。而在案例5中，被告人黄某取得被害人罗某的手机后，走出了KTV包房，并走出了酒店，此时，被害人罗某对手机已然失去控制。被害人罗某对黄某拿着其手机离开的行为并未阻止，可以说，被害人罗某对手机的失控在其认识及许可范围内，罗某系受到黄某的欺骗，而将手机交给黄某支配和控制，被告人黄某的行为应以诈骗定性。换言之，案例4中的被害人汪某受骗后并没有转移财物占有的处分行为，作为涉案财物手机的转移占有是被告人刘某秘密窃取的结果，故刘某的行为构成盗窃罪。而案例5中的被害人罗某受骗后则有转移财物占有的处分行为，故该案例中被告人黄某的行为应以诈骗定性。

二、处分意思的把握

关于处分意思的争论主要集中在对处分意思内容的理解和把握上，即处分人对于处分财物的种类、数量、重量、价格等认识需要达到什么样的程度。对处分意思内容的不同理解，对于罪与非罪、此罪与彼罪的认定影响重大。下面结合案例具体分析。

案例 6. 甲逛商场时，将一个价值 99 元的台式电扇从包装盒里取出，装入一台价值 5999 元的平板电脑，然后拿着装有平板电脑的电扇包装盒付款，店员仅收了电扇的货款 99 元。

案例 7. 乙将一个价值 6000 元的照相机的包装盒里的泡沫填充料取出，往一个包装盒里装入两个相同的照相机，然后拿着装有两个照相机的包装盒付款，店员以为包装盒里只装有一个照相机，仅收了一个照相机的货款 6000 元。

案例 8. 任某等 6 人合伙租用了两辆外观一模一样但吨位不同的农用车，从粮站拉粮食销售。他们先用自重吨位大的空车在粮站的计量磅上过磅计重（自重），然后用自重轻的车拉粮食过磅计重（总重），从而在结账计算净重时获取两车过磅计重的差额。至案发，任某等以轻车拉粮重车回皮这种方法从粮站先后 14 次倒出粮食 4 万余斤，得赃款 3 万余元。

案例 9. 丙在商场将价值 500 元的西服与价值 5000 元的西服的价签调换，将 5000 元的西服拿到收银台，收银员以为是 500 元的西服，收取 500 元，将西服交付给甲。

以上 4 个案例中，因行为人虚构事实的行为，财物的处分者都陷入了不同的认识错误，案例 6 中处分者对财物的种类产生认识错误，案例 7 中处分者对财物数量产生认识错误，案例 8 中处分者对财物重量产生认识错误，案例 9 中处分者则对财物价格产生认识错误。那么，上述案例中处分者是否对财物具有处分意思？如果有处分意思，那么就应肯定存在处分行为，行为人的行为就构成诈骗罪；如果没有处分意思，那么就不存在处分行为，行为人的行为就不能构成诈骗罪。

（一）认识错误与处分意思

有观点认为，认识错误与处分意思是两个不同层面的问题，不存在必然联系。"认识错误"中的"认识"不等于"处分意思"中的"认识",前者的认识内容可以包括财物的种类、数量、重量、价格等;而后者的认识内容仅限于财物的支配力及支配状态。对财物的种类、数量、重量、价格等的认识错误并不影响处分者的处分意思,即只要被骗者认识到自己的行为是把某种财物转移给对方占有,而根据自己的"自由"意思作出此种决定,就应该认为具备了处分意思。该观点理论上称为缓和的处分意思说。

也有观点认为,处分意思与认识状态是紧密联系的,只有处分者对财物的种类、数量、重量、价格等有完全认识,才可认定其存在处分意思。该观点理论上则称为严格的处分意思说。

当然,在这两种观点和学说之间还存在多种其他的不同观点和学说,可以将其统称为折衷说。其中,有的观点认为,处分意思的成立要求对财物的种类、数量、重量有完全认识,但对财物的价格则不需要有完全认识;有的观点认为,处分意思的成立要求对财物的种类有完全认识,但对财物的数量、重量、价格则不需要有完全认识,等等。

立足于不同的观点和立场,对上述 4 个案例的性质可能都会产生不同的判断。比如,站在缓和的处分意思说立场上,上述 4 个案例中的处分者均具有处分意思,行为人均可构成诈骗罪;而站在严格的处分意思说立场上,上述 4 个案例中的处分者对处分财物并没有完全的认识,故不存在处分意思,故 4 个案例中行为人均不构成诈骗罪。

(二)本文之观点

笔者倾向性观点是缓和的处分意思说,即对财物的种类、数量、重量、价格等的认识错误不影响处分意思的成立。如果对财物的种类、数量、重量、价格等的认识错误可以否定处分意思,那么就会造成令人比较难以接受的结果,举例如下。

案例 10. 甲看见乙捡到一颗价值 80 万元的钻石,就欺骗乙说乙捡到的是一颗水晶,自己很喜欢收藏水晶,愿意用 1 万元收购,乙信以为真,将钻石以 1 万元出售给甲。

该案例中,乙受骗后对财物的种类以及价值均产生了认识错误,但如果据此否定乙对该钻石存在处分意思,那么该案中甲的行为就不能以诈骗罪认定，这样的结论显然是令人难以接受的。

三、行为的双重性质及案件的定性

站在缓和的处分意思说立场上，上述案例 6、7、8、9 中，行为人均可构成诈骗罪。但对该 4 个案例中的行为人是否最终应以诈骗罪定罪处罚？笔者认为不然，还应考虑行为人的行为所具有的双重性质，该 4 个案例中，不管是案例 6 中调换包装中物品的行为，还是案例 7 在包装盒中加塞照相机的行为，以及案例 8 调换车辆拉货的行为，甚至案例 9 中调换西服价签的行为，都既属于虚构事实的行为，又属于秘密进行的行为，而且这些案例中行为人侵犯他人财物的关键环节正在于这具有双重性质的行为环节。如何评价此类行为？笔者认为，此类行为系以秘密手段虚构事实，辅以欺骗环节非法获取他人财物，可谓骗中有盗、亦骗亦盗，既符合诈骗罪的犯罪构成，也符合盗窃罪的犯罪构成。在法律适用上，应属于盗窃罪与诈骗罪的想象竞合犯，应从一重罪论处。与诈骗罪比较，盗窃罪属于重罪，故对此类行为一般应以盗窃罪论处。据此，笔者认为，对上文 4 个案例中的行为人均以盗窃罪定罪处罚更为妥当。

四、对"偷换商家收款二维码案"的定性分析

"偷换商家收款二维码案"是新型支付方式下产生的一类案件，全国范围内已发生多起，对于此类案件究竟是构成盗窃罪还是诈骗罪，争议较大。

此类案件复杂之处在于涉及行为人、顾客和商家三方关系。目前，较容易达成一致的观点是，此类案件中的被害人应是商家。至于案件的定性、观点和理由各异。

有观点认为，此类案件应定性为盗窃罪。但在阐述理由方面却各有差别。第一种论述理由是行为人属于盗窃罪的间接正犯，顾客系被行为人利用的犯罪工具，行为人通过利用顾客窃取了商家的财物。第二种论述理由是行为人秘密调换二维码是关键行为，相当于偷换商家收银箱。行为人没有对商家和顾客实施虚构事实、隐瞒真相的行为，不能认定商家或顾客主观上受骗。行为人与商家或顾客没有任何联络，包括当面及隔空的电信网络接触，除了换二维码以外，行为人对商家及顾客的付款没有任何明示或暗示。商家让顾客

扫描支付，正是行为人采用秘密手段的结果，使得商家没有发现二维码被调包，而非主观上自愿向行为人或行为人的二维码交付财物。顾客基于商家的指令，当面向商家提供的二维码转账付款，其结果由商家承担，不存在顾客受行为人欺骗的情形。顾客不是受骗者，也不是受害者，商家是受害者，但不是受骗者。综上，行为人的行为应认定盗窃罪。

也有观点认为，此类案件应定性为诈骗罪。第一种论述理由是行为人的行为属于三角诈骗，其通过偷换二维码的手段虚构事实，既欺骗了商家，也欺骗了顾客，使商家和顾客都陷入认识错误，以为该二维码就是商家的收款二维码，顾客据此作出处分财物的行为，商家因此遭受财物损失。第二种论述理由是行为人的行为属于一般诈骗，其通过偷换二维码的手段虚构事实，既欺骗了商家，也欺骗了顾客，使商家和顾客都陷入认识错误，以为该二维码就是商家的收款二维码，商家据此作出了处分其对顾客所享有的债权的行为，即指示顾客扫二维码付款，并因此遭受了财产损失，故行为人的行为应构成诈骗罪。

暂且不论上述观点的对错，仅就支撑上述观点的理由论述来说，笔者认为均不具有很强的说服力。

针对应定盗窃罪观点的第一种理由，即行为人属于盗窃罪的间接正犯的理由，需要明确的是，盗窃罪的间接正犯中被利用作为盗窃工具者，应是将被害人的财物转移占有行为的直接实行者，但此类案件中的顾客并没有对商家的财物实施转移占有的行为，因为商家自始至终根本就没有占有过该笔钱款，当然也就不存在顾客转移商家占有的钱款的问题。

针对应定盗窃罪观点的第二种理由，其否定商家和顾客受骗，令人难以接受。笔者认为，被告人秘密调换收款二维码，这本身也是一种虚构事实的行为，商家和顾客因此都陷入认识错误，误认为该二维码就是商家的收款二维码，商家和顾客实际上都已经受骗。被告人和商家以及顾客都没有任何联络，并不能成为否定商家和顾客受骗的理由。例如，行为人设置一个假的募捐网站，用"钓鱼"方式骗取他人捐款，行为人与被害人之间也完全可以没有任何联络，但似乎很难说这些网上捐款者没有受骗。至于说商家主观上并非自愿向被告人交付财物，而是没有认识到二维码被调包，这样的论述其实也并不妥当，因为这相当于说被告人实施了调包二维码的虚构事实行为，商家因此陷入认识错误，进而主观上非自愿地向被告人交付财物。按照以上论述，被告人的行为已经符合了诈骗罪的基本构造，即行为人实施欺诈行为→被害人产生错误认识→被害人基于错误认识处分财物→行为人取得财物→被害人受到财产损害。笔者认为，实际上该案中商家缺乏处分财物的意思，并不存在向被告人交付财物的处分行为，所以也就根本不存在主观上是否自愿交付财物的问题。此外，该理由最大的问题还在于被告人盗窃的究竟是谁的财物？根据该理由，商家是受害者，被告人盗窃的应当是商家的财物。但盗窃从本质上是一种将被害人占有的财物转移占有的行为，商家在此类案件中对于钱款自始至终不曾占有，所以也不存在被转移占有的可能。这个问题实际上是持盗窃罪观点者所绕不开的一个关键问题。

针对应认定系三角诈骗的理由，笔者认为三角诈骗也有其构成特征，三角诈骗中的受骗者和财物的处分者应是同一的，典型的三角诈骗就是诉讼诈骗，原告是行为人，受骗者和财物的处分者均是法院，被害人就是被告。但在"偷换商家收款二维码案"中，顾客虽然受骗，但其并不具有处分作为被害人的商家的财物的权限，其交付钱款的行为只是向商家履行债务的行为，不能视为诈骗罪中的处分财物行为。此类案件也不能以三角诈骗认定。

针对应认定一般诈骗的理由，笔者认为该理由系站在处分意思不要说的立场上而作出的，商家因受骗而陷入认识错误，将行为人的收款二维码当成自己的收款二维码后，指示顾客扫码付款的行为，主观上是为了实现自己的债权，并没有将自己享有的对顾客的债权转移给行为人的处分意思。根据上述分析和结论，处分意思不要说并不符合理论逻辑，司法实践中，我们应当坚持处分意思必要说。故在被害人没有处分意思的情况下，应当认为其没有处分行为，进而否定诈骗罪的成立。

对于"偷换商家收款二维码案"，笔者的倾向性观点是应以盗窃罪定罪处罚。因为行为人获取财物的关键在于秘密调换商家收款二维码的行为，该行为可视为一种盗窃行为，盗窃的对象是商家对顾客享有的债权，其秘密窃取债权后通过顾客的支付行为实现了债权。

（责任编辑：潘庸鲁）

外籍邮轮旅客人身损害纠纷若干问题探讨

谢振衔　郭　灿*

近年来，上海邮轮旅游快速发展，邮轮港口设施和服务不断完善，邮轮相关产业发展初显成效，吴淞国际邮轮港已经成为规模亚太第一、全球第四的邮轮母港，邮轮经济也成为上海近年来增长速度最快、对区域经济发展影响最大的新兴产业之一。①上海市政府办公厅于2018年10月8日印发了《关于促进本市邮轮经济深化发展的若干意见》，②将邮轮经济纳入上海"五个中心"和"四大品牌"建设的工作范围，对于上海邮轮产业的有序发展提出了较高的目标和要求。从海事司法服务经济发展的视角而言，妥善处理好涉邮轮海事海商纠纷案件，梳理和分析纠纷背后的法律关系，总结相关案件审理经验，厘清法律适用争议，对于确定邮轮经济各方主体的权利义务内容、强化市场参与者对其行为的合力预期，促进邮轮经济在法制的轨道内有序发展有着独特的价值。

上海海事法院近年来审理了多起发生于邮轮上的人身损害责任纠纷案件，③

---

* 谢振衔，法学硕士，上海海事法院审判委员会委员、海商庭庭长。郭灿，法律硕士，上海海事法院法官助理。

① 光明网：《从"高速度"向"高质量"转变，如何顺应大势迈出转型升级下一步"全球第四"邮轮母港的下一站——上海邮轮经济调查（上）》，网址 https://baijiahao.baidu.com/s?id=1589012831758669322&wfr=spider&for=pc，最后访问日期2018年12月25日。

② 网址 http://www.shdrc.gov.cn/xxgk/cxxxgk/34565.htm，最后浏览日期2018年12月24日。

③ 截至2018年12月26日上海海事法院受理的各类涉邮轮纠纷案件包括：（2016）沪72民初2336号羊某某诉英国嘉年华邮轮有限公司、第三人浙江省中国旅行社集团有限公司海上人身损害责任纠纷案，判决结案；（2016）沪72民初2620号严哲浩诉意大利歌诗达邮轮有限公司、歌诗达邮轮船务（上海）有限公司海上人身损害责任纠纷案，和解撤诉；（2017）沪72民初136号蒋连萍诉皇家加勒比RCL游轮有限公司、浙江省国际合作旅行社有限公司上海分公司海上人身损害责任纠纷案，判决结案；（2017）沪72民初922号徐佩霞、王慧诉皇家加勒比RCL游轮有限公司、上海同程美辰国际旅行社有限公司海上人身损害责任纠纷案，和解撤诉；（2018）沪72民初4301号赵金堂诉皇家加勒比游轮船务（中国）有限公司、上海外轮代理有限公司、皇家加勒比RCL游轮有限公司海上人身损害责任纠纷案，审理中；（2018）沪72民初3653号舟山群岛国际邮轮港有限公司诉上海大昂天海邮轮旅游有限公司海事海商合同纠纷案，审理中。

所涉邮轮均为外籍邮轮,遭受人身损害的原告均为中国籍旅客,就邮轮上旅客人身损害纠纷案件的审理积累了一定的经验,本文力图在既有案件审理经验的基础上,就类似案件中的若干重要问题进行探讨和分析。为便于探讨,本文预设纠纷发生于中国籍旅客在外籍邮轮上遭受人身损害场合,并在此前提下进行探讨。

一、诉讼形式的构建——基于主体和诉由的选择

民事诉讼中,诉讼主体和诉由的选择是决定系争诉讼程序走向和案件审理结果的基础性要素。社会经济生活的复杂性决定了一项民事活动往往涉及多方主体和各主体之间性质不同的多种法律关系,若发生纠纷,当事人对于民事诉讼中基于何种法律关系向何人主张其利益所作出的不同选择,就会相应地影响诉讼的类型、责任的认定和实体的结果。涉外邮轮旅客人身损害责任纠纷所呈现的正是此种样态。

(一)各方主体及其权利义务关系

目前我国邮轮旅游经营模式涉及三方主体:旅客、邮轮公司以及旅行社,三方相互之间的法律关系并不相同。邮轮公司需要向交通运输部申请国际班轮运输经营资格,且由于我国《旅行社条例》对内地居民出境旅游业务经营主体的限制,外资邮轮公司只能通过国内旅行社面对国内游客开展经营业务。[④]

其中,旅客和旅行社之间签订了旅游合同,由旅行社为旅客安排乘坐邮轮,并安排境外港口岸上观光等活动,双方之间形成的是旅游合同法律关系,各自的权利义务关系也受该法律关系的约束。

旅客和邮轮公司之间通常只是事实上的旅客运输合同关系,虽然旅客自旅行社处取得登船资格,但邮轮公司接受旅客登船,并为其提供在船住宿、餐饮、娱乐、购物等诸多服务的事实足以证明二者之间运输合同关系的成立(虽然该海上旅客运输合同难以完全对应我国《中华人民共和国海商法》第五章的规定)。邮轮公司为承运人,并根据合同约定和法律规定履行其合同

---

④ 方懿:《邮轮旅游民事法律关系初探》,载《中国海商法研究》第 24 卷第 2 期。

义务。

邮轮公司和旅行社之间在实际业务操作中主要是以"包销"的形式进行运作，出于资金回收、境外旅游产品销售政策限制等因素，邮轮公司多将其舱位外包给旅行社，由旅行社或代理公司订制邮轮出游产品，将邮轮在船旅游和境外岸上观光组合销售。该种模式下，旅行社就邮轮在船旅游部分赚取差价或佣金，而邮轮公司则确保了其收入的稳定性。双方内部权利义务关系受二者之间商业合同的约束。

需要指出的是，从海上旅客运输合同的角度而言，虽然直接负责运载旅客的是邮轮公司所属的邮轮，但基于前述的邮轮旅游产品销售模式，旅客是直接和旅行社订立的出游合同，由旅行社安排其登轮出行，邮轮上的旅途通常仅为全程旅游的一部分，从这个意义上来说，旅行社还处于"契约承运人"的法律地位，而邮轮公司则因属于"实际实施了全部或部分运输的人"，相应地处于"实际承运人"的法律地位。[5] 若是从旅游合同的视角来考察，除了旅客和旅行社涉及旅游合同的订立和履行，邮轮公司直接负责旅游合同下邮轮旅游部分的履行，通常将邮轮公司在旅游合同下的地位视为旅行社的履行辅助人。[6]

此外，上海市《关于促进本市邮轮经济深化发展的若干意见》已经明确指出，"……允许邮轮公司在其官方平台销售由其他具备相应资质企业提供的邮轮旅游配套服务产品。探索鼓励外商独资邮轮企业申请出境游等资质的政策"，根据该文件精神，对于将来以上海为母港的外资邮轮公司，制约其销售境外旅游产品的政策限制有放松的可能，该种变化可能会引发邮轮公司、旅行社及游客之间业务模式的变化，进而带来法律关系的变化，须加以密切关注。

（二）不同诉由选择下的诉讼主体及请求权类型

1. 合同诉由下，若原告作为受害者基于旅游合同起诉旅行社及邮轮公司，则应归入旅游合同纠纷，不属于海事法院审理案件范围，在此不加讨论。所

---

[5] 参见辛林：《邮轮承运人若干法律问题研究》，载《集美大学学报（自然科学版）》第19卷第6期。
[6] 《中华人民共和国旅游法》第一百一十一条规定："……（六）履行辅助人，是指与旅行社存在合同关系，协助其履行包价旅游合同义务，实际提供相关服务的法人或者自然人。"

需讨论的诉讼类型是，原告基于旅客运输合同要求旅行社或者邮轮公司承担违约责任的诉讼类型，该类型按照原告所列被告的数量还可区分为原告单独起诉旅行社或邮轮公司，以及原告将二者作为共同被告一并起诉的情形。

2. 侵权诉由下，在海事法院受理范围内，通常存在旅客起诉邮轮公司或一并起诉邮轮公司与旅行社两种诉讼结构，因旅行社仅与旅客之间订立旅游合同，并为原告代订船票，对于原告在邮轮上的起居、娱乐等并无任何实际的管理，亦不控制或影响邮轮的运营和航行，且旅行社对于旅客搭乘邮轮的过程通常仅以售票佣金为利益来源，对于发生在邮轮上的旅客人身损害，无法直接实施侵权行为。但基于《中华人民共和国旅游法》（以下简称《旅游法》）第七十一条第二款的规定，在作为履行辅助人的邮轮公司对损害有过错的情况下，旅客可以向邮轮公司主张赔偿，也可以向旅行社主张赔偿，旅行社在赔偿后可以向邮轮公司追偿，其中游客单独起诉旅行社的案件不属于海事法院受理案件的范围，在此亦不予讨论。本文仅讨论旅客起诉有过错的邮轮公司或将邮轮公司和旅行社列为共同被告一并求偿的情形。

二、侵权诉由下的准据法和赔偿责任限制问题分析

（一）侵权诉由下的准据法确定

1.《中华人民共和国涉外民事关系法律适用法》（以下简称《法律适用法》）第四十四条的排除

在当事人选择侵权诉由的情况下，需要考量侵权纠纷的国际私法准则。关于涉外侵权责任准据法的确定原则，最早产生的便是适用"侵权行为地法"的观点，该观点系基于"场所支配行为"的国际私法原则而产生，认为行为人应受其所在国家法律的管辖，侵权行为地是和侵权行为本身利害关系最密切之地，且侵权之债的发生乃是基于侵权行为地的法律权威而产生。从法律要求行为人应对其行为所致后果有所预见的角度而言，侵权行为地法律也是更为符合该项要求的法律。我国《法律适用法》第四十四条正是基于上述国际私法理论，其规定："侵权责任，适用侵权行为地法律，但当事人有共同经常居所地的，适用共同经常居所地法律。侵权行为发生后，当事人协议选择适用法律的，按照其协议。"但关于"侵权行为地"的具体认定，《法律适

用法》及其司法解释并无专门规定,《最高人民法院关于贯彻执行〈中华人民共和国民法通则〉若干问题的意见》(以下简称《民通意见》)一百八十七条规定将其区分为侵权行为实施地和侵权结果发生地,鉴于该条是针对《中华人民共和国民法通则》(以下简称《民法通则》)第一百四十六条中"侵权行为地法律"的解释,考虑到《民法通则》中涉外民事关系法律适用的规定并未被《中华人民共和国民法总则》所取代,加之《法律适用法》亦发展自《民法通则》涉外民事关系法律适用部分的规定,我们认为基于《民通意见》将"侵权行为地法"区分为"侵权行为实施地法律"和"侵权结果发生地法律"并无不妥。同时,由于涉外侵权纠纷往往出现侵权行为实施地和侵权结果发生地不在同一法域的情形,受害者损害程度的认定及相应"损害填平"与否的判断,均与受害者一方的地域连接更为密切,从保护受害者的正当权益及维护一般社会公众合理预期的角度而言,在涉及跨国侵权损害纠纷时,将损害结果发生地法律纳入确定准据法的考量范围有着相当的正当性。

基于前述分析,在确定涉外邮轮上旅客人身损害侵权纠纷的准据法时,若依据《法律适用法》第四十四条的规定,在当事人未就准据法作出约定选择,亦无共同居所地的情况下,须基于侵权行为地法准则,考虑侵权行为实施地法律和侵权结果发生地法律。就前者而言,侵权行为发生于涉案件纠纷邮轮上自不必言,邮轮应为案件的侵权行为实施场所,就损害结果而言,旅客所受损害的权益包括了健康权、治疗及后续照料所损失的财产权益、精神权益损失等,其中健康权的损害多在船上就已经开始发生,但并不能就此主张适用船旗国法律。首先,船旗国与所属船舶之间主要存在着船舶航行安全、船舶登记等行政和技术管理关系,主张船旗国法直接适用在船民事纠纷并无法律依据。其次,在羊某某诉英国嘉年华邮轮有限公司(CARNIVAL PLC)、浙江省中国旅行社集团有限公司海上人身损害责任纠纷一案中,学说中主张适用英国法的主要依据是"浮动领土"理论,认为邮轮系其船旗国所属的"浮动领土",发生于邮轮上的民事纠纷自然应适用该"领土"所属国家的法律,然而"浮动领土"说并无任何法律依据。还需考虑到的是,侵权行为实施地这一概念本身应针对的是固定明确的地理位置,而非邮轮这一交通运输工具本身,将邮轮称为侵权行为实施地是一种概念上的错误。此外,通常而言，受损旅客所受各项损害的发生地并不固定，既包括了在船的健康受损，也包括了辗转各地治疗、鉴定和护理的经济损失，甚至还有后续照料的费用支出，地点的变化给直接适用侵权结果发生地法标准带来了隐忧。譬如，若出现治疗地、护理地等分属不同国家的情形，则依据侵权结果发生地法标准确定准据法就会显现出不确定性。

综上分析，鉴于邮轮上所发生侵权损害的特殊性，无论侵权行为实施地法标准还是侵权结果发生地法标准均难以适用。在当事人未就准据法协商一致，也没有共同经常居所地的情况下，《法律适用法》第四十四条也就失去了其适用空间，应当依据《法律适用法》第二条第二款之指引，适用最密切联系原则确定本案准据法。

2. 适用最密切联系原则的考量因素

最密切联系原则克服了机械适用单一的侵权行为地法标准所带来的弊病，可以使法院将案件所涉的各类因素予以综合分析和考量，为涉外侵权纠纷准据法的确定提供了一个更为合乎情理的解决路径。事实上，我国《法律适用法》本身的诸多条款均体现了这一条款的具体化适用，例如前述第四十四条中的"共同经常居所地"便是最密切联系原则的一项具体化体现，只是该项具体的立法设置无法直接适用于本案情形，需要综合考虑全案所涉各项因素予以评判。

由于最密切联系原则要求将纠纷所包含的各种因素均纳入考量范围，并未提出明确的单项标准，故其赋予法官较大的自由裁量空间。为避免该项规则引发法律适用结果上的不统一，有必要将案件所涉及的诸多要素予以一一列明，在一定程度上为该原则在特定案件中的适用提供可操作的参照。譬如，较早确定最密切联系原则的美国第二部《冲突法重述》第一百四十五条便规定了以最密切联系原则确定跨州侵权纠纷准据法时，所应加以考虑的因素包括：（1）损害发生地；（2）加害行为发生地；（3）当事人的住所、居所、国籍、公司成立地和营业地；（4）对正当期望的保护；（5）特定领域法律所依据的政策；（6）结果的确定性、可预见性和一致性；（7）将予适用的法律易于确定和适用。[⑦] 我国《法律适用法》也就各类案件适用最密切联系原则情

---

⑦ 金彭年：《侵权行为法律适用的新发展及中国的理论实践》，载《法学研究》1993年第3期。

形下所应考虑的连接点进行了规定,一起典型的涉外邮轮人身损害纠纷案件,应考虑的连接点包括:侵权行为发生地、侵权行为结果地、受害人的住所地和经常居住地、涉案船舶的船旗国、船舶所有人国籍、船舶经营人国籍、合同签订地、邮轮旅客运输的出发港和目的港及被告公司营业地,并从数量和质量(内容)两方面对上述连接点作出分析和评价。在本文所讨论的纠纷类型限定为中国旅客在以中国港口为母港的外籍邮轮上发生人身损害的前提下,邮轮以中国港口为母港,服务对象也都是中国籍游客,航程起始地和终止地均为上海港,原告住所地在中国,治疗、护理和生活地也在中国,故确定中国为与前述纠纷有最密切、最真实联系的国家,准据法应为中国法。

(二)侵权诉由下承运人赔偿责任限额利益的审查

针对旅客的损害赔偿主张,承运人可能基于《1974年海上旅客及其行李运输雅典公约》(以下简称《1974年雅典公约》)的规定主张享有承运人赔偿责任限额的利益,具体到个案中,该规定是否得以适用需结合案情予以具体审查。

我国于1994年加入了《1974年雅典公约》及其1976年议定书。《1974年雅典公约》规定的旅客运输并未排除航程起始地和终止地均为统一港口的情况,故其可适用于本案情形。本文所讨论的情形下,邮轮公司实际提供了运送原告出行的相关服务,即使囿于前述中国特色的邮轮"包船"制度并无船票证明,亦足以将其认定为《1974年雅典公约》规定的"履行承运人",符合享受赔偿责任限额的主体条件。

根据《1974年雅典公约》及其1976年议定书的承运人责任限制规定,承运人有权以46666特别提款权(约合人民币433700元)的额度享有赔偿责任限制。但《1974年雅典公约》第十三条第一款还规定,若损害系由承运人故意造成,或明知可能造成此种损失而轻率地采取的行为或不为[8]所致,承运人无权享有前述赔偿责任限制,那么承运人的行为是否构成了"明知可能造成此种损失而轻率地采取的行为或不为",就成了其是否享受赔偿责任限额的关键。

---

[8] 也有译为"明知可能造成此种损失而毫不在意的行为或不为"。

　　司法实践中，法院审查承运人是否存在"明知可能造成此种损失而轻率地采取的行为或不为"时，需要考量的因素包括承运人是否遵守邮轮母港、船籍国法律规定和行业规范，事故发生概率及应对措施等。以羊某某诉英国嘉年华邮轮有限公司等海上人身损害责任纠纷案为例，该案未成年原告于被告所属邮轮上未配备救生员的泳池中溺水致残，被告于诉讼中提出其有权享有《1974年雅典公约》规定的承运人赔偿责任限额利益，上海海事法院经审理后认为被告的行为构成了"明知可能造成此种损失而轻率地不为"，之所以得出该认定结论主要依据以下理由：首先，本案中，被告长期以中国港口为母港从事邮轮经营，绝大多数的服务对象亦为中国公民，被告理应遵守中国法律关于泳池的安全规范。违法行为一定是轻率的，因为法律法规为保护公共利益不受损害，通过有强制力的行为规范来降低某种危险发生的可能性。在我国法律明确规定一定水深和面积的泳池必须配备救生人员情况下，行为人违反法律规定，就可以认定其（对溺水事故的）存有一种不在意的或轻率的态度。退一步讲，被告作为英国籍的邮轮经营管理人，未遵守英国《游泳池健康和安全管理指南》的规定，该指南虽然不具有强制力，但它作为行业规范是经过行业经验的不断积累而制定出的可以有效降低某一风险发生可能性的行为模式。被告明知损害危险的存在，放弃行业内达成共识的一种有效降低事故可能性的行为模式，这种放弃行为恰恰表现出被告对损害结果的放任，相较于前述"轻率"的界定，有过之无不及。其次，本案中被告现场工作人员针对未穿戴任何救生设施的儿童、无大人看管的儿童进入泳池，无任何询问或者劝阻等有效的防范和管理，而是采取放任的态度，这种现场管理上的不作为堪称轻率，造成了本案悲剧的发生。第三，涉案邮轮在一年前曾发生过成年游客溺亡事故，在案件一审庭审中被告也没有说明事故后采取任何的改进或补救措施，在已发生过同类事故的情况下被告未作出任何安全保障方面的改进措施，亦反映了其在商业运营上对于安全风险的漠视和对游客生命安全的毫不关心。⑨

　　综上，在外籍邮轮公共场所中发生的旅客人身损害责任纠纷案件中，若邮轮承运人明知存在发生该种损害的可能性，而违反邮轮母港或船籍国法律规

---

⑨　详见（2016）沪72民初2336号民事判决书。

定或相关的行业（操作）规范，未采取相应的防范应对措施，从而导致损害发生的情况下，即构成明知可能造成此种损害而轻率地作为或不为，不应享受《1974年雅典公约》规定的赔偿责任限额的权益。需要强调的是，这种轻率所造成的损害是对游客生命健康权的损害，如果在这种情形下也能享受赔偿责任限额，不利于对游客生命财产的保护。在司法实践中，对承运人轻率的过失标准的适用应针对个案情况而有所不同，以区别对游客人身安全与财产安全的不同保护力度，加重承运人对游客人身安全的保护责任和力度，毕竟生命是无价的。同时我们应当意识到海事赔偿责任限制与海事赔偿责任限额的区别。在海事赔偿责任限制（船舶所有人责任限制）相关公约（如《1976年海事赔偿责任限制公约》）中，虽然船舶所有人丧失海事赔偿责任限制的条件与本案适用的《1974年雅典公约》及其议定书所规定的承运人丧失赔偿责任限额的条件一致，但我们认为这两种制度的设计初衷和目的有所区别。在科学技术高度发达的今天，通过法律手段对船舶所有人遭遇航运巨大风险时的赔偿责任予以一定的限制，能够保护和促进航运业及航运保险业的健康发展。相形之下，承运人的赔偿责任限额在这方面的作用并不明显，所以两者不能相提并论。

有观点认为，判定纠纷可适用《1974年雅典公约》甚至承运人是否可享有公约下的赔偿责任限额利益，应当根据造成损害的风险类型来进行认定，若损害是由于海上特殊风险所致，则应该适用公约赔偿责任限制，若损害并非由于海上特殊风险所致，则不必考量公约下赔偿责任限制问题，甚至可以不考虑公约的适用。笔者认为，无论是《1974年雅典公约》还是其2002年议定书，均没有规定非航运事故引发的在船游客损害可以不适用承运人赔偿责任限制，特别是2002年议定书，将承运人赔偿责任限制的适用方法明确划分为两级，即（1）对于旅客在船期间除不可抗力或第三人故意作为或不为所遭受的航运事故损害，以及旅客在船期间因为承运人过失或疏忽遭受的非航运事故损害，承运人在250000特别提款权内承担赔偿责任；（2）若旅客的人身损害超过了前述250000特别提款权，则承运人的赔偿限额不超过400000特别提款权，但是如果损害系出于承运人故意或明知可能造成此种损害而轻率地作为或不为所致，则承运人丧失赔偿责任限制利益。⑩由此可见，雅典公约

---

⑩　刘昭青：《雅典公约2002年议定书简介》，载《中国船检》2002年第12期。

的精神只是将航运事故和非航运事故下承运人承担责任的条件做了区分，前者不要求承运人有过失或疏忽，而后者则有该要求，但是两种事故类型所致损失均可主张赔偿责任限制，且均可因承运人故意或明知可能造成此种损害而轻率地作为或不为而丧失赔偿限额利益。故以风险或事故类型认定《1974年雅典公约》赔偿责任限制是否适用甚至该公约是否适用的思路殊为不妥。

需要注意的是，在最高人民法院官方网站 2017 年 4 月 28 日公布的"2016 年十大典型海事案例"⑪中，纳入了镇江市自来水公司诉韩国开发银行投资有限公司水污染损害赔偿纠纷案，湖北省高级人民法院在该案二审判决书中认定承运人是否享有海事赔偿责任限制权益一节，将船舶所有人的行为与其受雇人的行为区分开来，认为"船舶所有人本人存在故意或轻率的行为并导致赔偿请求人损失时，船舶所有人才丧失赔偿责任限制的权利，船舶所有人雇用的船长、船员的故意或轻率的行为不能等同于船舶所有人的故意或者轻率行为，船舶所有人本人不应因其雇用的船长、船员的故意或轻率行为而丧失赔偿责任限制的权利"。⑫该种认定系出于对我国海事赔偿责任制度的正确理解，值得认同。在邮轮旅客人身损害纠纷案中判定承运人是否得享有赔偿责任限制利益时，该思路也应得到贯彻，需要考察案件事实中"明知可能造成此种损失而轻率地采取的行为或不为"究竟是邮轮公司的行为还是其雇员的行为，在前述羊某某诉英国嘉年华邮轮有限公司等海上人身损害责任纠纷一案中，法院所认定的一系列轻率行为均属于邮轮公司固有运营模式的疏漏和失察，其现场雇员的不作为系对公司不合理运行规则的贯彻和遵守，故该案中的明知可能造成此种损失而轻率地不为之责任应由邮轮公司来承担，自然不应享受赔偿责任限额利益。

三、合同诉由下的若干问题

（一）合同诉由下的准据法确定

若旅客选择以合同诉由主张旅行社或邮轮公司承担违约损害赔偿责任，

---

⑪ 网址 http://www.court.gov.cn/zixun-xiangqing-42642.html，最后访问时间：2018 年 12 月 24 日。
⑫ 详见（2015）鄂民四终字第 00060 号民事判决书。

需判断适用《法律适用法》第四十一条或第四十二条的规定，其中该法第四十一条是对涉外合同纠纷准据法确定的兜底性规定，即"当事人可以协议选择合同适用的法律。当事人没有选择的，适用履行义务最能体现该合同特征的一方当事人经常居所地法律或者其他与该合同有最密切联系的法律"，而第四十二条则规定了涉外消费者合同纠纷的准据法应当"适用消费者经常居所地法律；消费者选择适用商品、服务提供地法律或者经营者在消费者经常居所地没有从事相关经营活动的，适用商品、服务提供地法律"。若将旅客搭乘邮轮旅游的运输合同定性为消费者合同，则应适用该法第四十二条的规定，适用消费者经常居所地法，鉴于邮轮公司、旅行社均系在中国母港提供邮轮旅游服务，故第四十二条后半句不应适用。若认定涉案邮轮客运合同性质并非消费者合同，则应依照第四十一条的规定确定准据法，即当事人约定优先，在无当事人约定的情况下，则适用履行义务最能体现该合同特征的一方当事人经常居所地法律或者其他与该合同有最密切联系的法律。笔者认为，旅客同旅行社乃至邮轮公司之间订立合同，目的在于购买旅游产品，包括了休闲、观光和娱乐等内容，该种邮轮旅客运输合同具备了消费者合同的性质，故基于该合同引发的纠纷，应当适用《法律适用法》第四十二条的规定，直接适用消费者经常居所地法，在本文讨论的纠纷前提下，即为中国法。

（二）法律地位及责任问题

在确定准据法为中国法的前提下，由于邮轮旅游系从母港出发，经停境外港口后（甚至不经停境外港口[13]）再返回母港，该种启运港和目的港相同的客运合同不符合《中华人民共和国海商法》(以下简称《海商法》)第一百零七条有关"海上旅客运输合同"应为"经海路将旅客及其行李从一港运送至另一港"的定义，故《海商法》无法适用，[14] 旅客据以主张其利益的请求权基础只能是《中华人民共和国合同法》(以下简称《合同法》)关于客运合同的

---

[13] 上海市人民政府办公厅印发的《关于促进本市邮轮经济深化发展的若干意见》中已明确提出"争取有条件地开放无目的地邮轮航线"，该类旅游的政策限制有放松的可能。网址 http://www.shdrc.gov.cn/xxgk/cxxxgk/34565.htm，最后访问日期：2018 年 12 月 24 日。

[14] 2018 年 11 月交通运输部网站公布了《中华人民共和国海商法修改征求意见稿》，将关于海上旅客运输从一港到另一港的限定条件删除，并于修订说明中表示将邮轮运输纳入修改后的该章节。

一般性规定。《合同法》第三百零二条第一款规定："承运人应当对运输过程中旅客的伤亡承担损害赔偿责任，但伤亡是旅客自身健康原因造成的或者承运人证明伤亡是旅客故意、重大过失造成的除外。"该规定对客运合同旅客人身损害下承运人的责任采取无过错责任的归责原则，只要旅客证明损害发生于在船期间，承运人就要证明免责事由的存在。

如前文所述，在旅客基于客运合同将旅行社和邮轮公司列为共同被告的场合，由于旅客搭乘邮轮出行由旅行社安排，且邮轮出行属于旅行社所销售旅游产品的一部分，故对于旅客而言，在客运合同的框架下，旅行社的地位类似于"契约承运人"，邮轮公司则为履行辅助人，相当于实际承运人。这也和《1974年雅典公约》所规定的"承运人"及"履行承运人"定义相符，故对于旅客的在船损害，旅行社和邮轮公司应当承担连带赔偿责任。该赔偿责任金额同样可适用承运人赔偿责任限制的规定，具体到个案中承运人能否享有该限额，依然需要通过前述对承运人是否存在"明知可能造成此种损失而轻率地采取的行为或不为"进行审查予以确定。还需注意的是，相对于侵权诉由下的受损旅客可以就其人身损害主张精神损害赔偿，合同诉由下的损害赔偿显然无法纳入精神损害赔偿的内容，这是在当事人选择诉由和法院审查过程中应予甄别的地方。

（责任编辑：高明生）

注册商标临时保护期内权利人的法律救济 *

凌宗亮**

《中华人民共和国商标法》(以下简称《商标法》)第三十六条第二款规定："经审查异议不成立而准予注册的商标，商标注册申请人取得商标专用权的时间自初步审定公告三个月期满之日起计算。自该商标公告期满之日起至准予注册决定做出前，对他人在同一种或者类似商品上使用与该商标相同或者近似的标志的行为不具有追溯力；但是，因该使用人的恶意给商标注册人造成的损失，应当给予赔偿。"本文将上述规定中"商标公告期满之日起至准予注册决定做出前"的期限称为注册商标临时保护期。在此期限内的擅自使用行为，注册商标专用权原则上没有溯及力，只有使用人主观上为恶意的，商标权利人才有权要求使用人赔偿由此造成的损失。但尚不明确的是：第一，如果使用人为恶意，是否不论权利人在临时保护期内有无实际使用，都可以主张赔偿由此造成的损失；第二，如果临时保护期内商标权人的商标已经使用且具有一定影响或者达到驰名的程度，是否必须优先适用商标法的规定，还是可以选择适用不正当竞争法的规定获得救济；第三，"不具有溯及力"是仅针对赔偿损失，还是包括停止使用，即商标临时保护期内生产的库存商品能否继续销售。本文将对上述问题进行分析，以期能够对商标临时保护期内权利人的法律保护有所裨益。

一、临时保护期内权利人获得保护的条件

临时保护期内的商标本质上为未注册商标，根据商标法以及反不正当竞

---

* 本文系上海市社科项目《商标恶意抢注法律规制研究》(项目号 C-6601-17-022)的阶段性成果。

** 凌宗亮，法学博士，上海知识产权法院法官。

争法的规定，未注册商标要获得保护应当满足以下条件：第一，如果能够证明达到驰名的程度，可以作为未注册商标驰名商标受到保护，但仅能获得停止侵权的民事救济。《商标法》第十三条第二款规定："就相同或者类似商品申请注册的商标是复制、模仿或者翻译他人未在中国注册的驰名商标，容易导致混淆的，不予注册并禁止使用。"最高人民法院《关于审理商标权民事纠纷案件适用法律若干问题的解释》第二条规定："依据商标法第十三条第一款的规定，复制、模仿、翻译他人未在中国注册的驰名商标或其主要部分，在相同或者类似商品上作为商标使用，容易导致混淆的，应当承担停止侵害的民事法律责任。"① 第二，如果能够证明已经使用并有一定影响，在民事诉讼中可以依据反不正当竞争法关于有一定影响商品名称的规定获得救济。2017年11月4日修订的《中华人民共和国反不正当竞争法》（以下简称《反不正当竞争法》）第六条第一项规定："经营者不得实施下列混淆行为，引人误认为是他人商品或者与他人存在特定联系：（一）擅自使用与他人有一定影响的商品名称、包装、装潢等相同或者近似的标识……"第三，如果未注册商标未实际使用，在民事诉讼中无法获得救济，只能在行政授权确权程序中获得一定的保护。例如，《商标法》第十五条规定："未经授权，代理人或者代表人以自己的名义将被代理人或者被代表人的商标进行注册，被代理人或者被代表人提出异议的，不予注册并禁止使用。就同一种商品或者类似商品申请注册的商标与他人在先使用的未注册商标相同或者近似，申请人与该他人具有前款规定以外的合同、业务往来关系或者其他关系而明知该他人商标存在，该他人提出异议的，不予注册。"因此，就未注册商标而言，其要获得民事诉讼中的救济，或者要求已经实际使用且取得一定影响，或者需要符合未注册驰名商标的保护条件，均要求实际使用。

就在临时保护期内的商标保护而言，商标权人要求恶意使用人赔偿损失，是否需要以实际使用或具有一定影响为前提。笔者认为，临时保护期内的商

---

① 关于未注册驰名商标能否获得损害赔偿的救济，虽然司法解释规定的仅包括停止侵害，但实践中有的案件支持了未注册驰名商标权利人损害赔偿的诉讼请求。在原告拉菲罗斯柴尔德酒庄诉上海保醇实业发展有限公司等侵害商标权纠纷中，法院经审理认定原告主张的"拉菲"商标为未注册驰名商标，考虑到被告侵权恶意明显，判决被告赔偿原告经济损失200万元。参见上海知识产权法院（2015）沪知民初字第518号民事判决书。

标权利人获得救济的条件原则上应当满足已经实际使用的要求，如果未实际使用，应当证明使用人的使用行为给其造成其他损失。首先，未实际使用的商标仅仅是一种符号，并不是真正意义上的商标权。在此种意义上，商标临时保护期与专利法的相关规定有所不同。专利技术方案公开后，社会公众便已经可以知悉技术方案的价值，因此不论专利权人是否有无实施专利，其他使用人使用该技术方案均应支付相应的使用费。但商标不同，商标的价值在于其实际使用，否则，其仅仅是一种符号，并不是真正意义上的商标权。其次，根据《商标法》第六十四条的规定，注册商标专用权人请求赔偿，被控侵权人以注册商标专用权人未使用注册商标提出抗辩的，人民法院可以要求注册商标专用权人提供此前三年内实际使用该注册商标的证据。注册商标专用权人不能证明此前三年内实际使用过该注册商标，也不能证明因侵权行为受到其他损失的，被控侵权人不承担赔偿责任。因此，如果注册商标未实际使用原则上都不予赔偿，按照"举重以明轻"的原则，商标权人如果要求恶意使用人赔偿在临时保护期内给自己造成的损失，也应该以其商标在此期间已经实际使用为前提。否则，他人在此期间内的使用行为很难给商标权人造成损失。第三，如果临时保护期内未实际使用，但权利人能够证明使用人的行为确实为其造成其他损失的，仍然可以获得赔偿。例如，临时保护期内未使用，但商标获准注册后已经投入使用或者为使用做好了准备，且擅自使用人生产的库存商品在商标授权后仍然存在销售行为，此时，商标权人可以要求使用人赔偿继续销售库存商品给其造成的损失。因此，在临时保护期内，权利人要获得保护，除了要证明使用人具有恶意外，原则上还应满足其已经实际使用的要求。

二、临时保护期内权利人的救济路径

如上文所述，临时保护期内的商标为未注册商标，关于未注册商标，如果达到有一定影响的要求，反不正当竞争法亦可以依据"有一定影响的商品名称"提供保护。那么在此情况下，权利人是否必须优先适用《商标法》，还是可以选择适用《反不正当竞争法》。这实际上涉及《商标法》和《反不正当竞争法》的关系问题。对此，理论及实践中一直存在争议。有观点认为，在法律适用上，《知识产权法》的规定优于《反不正当竞争法》，它们之间是特别法和普通法的关系。② 这也是司法实践中大多数案件中坚持的观点。在再审申请人广州星河湾实业发展有限公司等与被申请人天津市宏兴房地产开发有限公司侵害商标权及不正当竞争纠纷案中，最高人民法院再审认为：由于本判决已经认定诉争楼盘名称的使用侵害商标权，对"星河湾"商标的合法权益已经予以了保护，根据《商标法》和《反不正当竞争法》是专门法和特别法的关系，凡是知识产权专门法已经保护的领域，一般情况下，《反不正当竞争法》不再给予其重合保护。鉴于此，本院对再审申请人请求保护其知名商品特有名称权利的诉讼请求不予支持。③ 已故郑成思先生则认为，《反不正当竞争法》与《知识产权法》是交叉关系，"反不正当竞争，作为立法的范围，会从不同角度与一些其他法律发生交叉，以共同调整市场经济中人与人的关系，诚然，《反不正当竞争法》与这些不同法律各有自己的管辖区域，但却在各有侧重点的同时，也有交叉点，那种认为法律不可能或不应当交叉，非此即彼的观点，是不符合实际的。……但交叉并不意味着可以互相替代。《商标法》重在保护注册商标权人的权利、消费者权益保护法重在保护消费者的权利。它们与《反不正当竞争法》的侧重点是完全不同的。"④ 于是，有观点提出，《商标法》与《反不正当竞争法》在商标权益保护上，呈并列或同位关系。"两法"之间并无主从关系或一般与特殊关系之别，它们分别有独立的保护对象、规制方式、效力范围和保护重点，各自平行地对商标权益提供不同层面的保护。⑤ 在再审申请人苏国荣与被申请人荣华饼家有限公司等侵犯商标权及不正当竞争纠纷案中，一审法院认为：由于香港荣华公司主张的知名商品特有名称与其所主张的"荣华"未注册驰名商标名称相同，在已经认定"荣华"未注册商标为驰名商标，并判定构成商标侵权的情况下，没有必要再适用《反不正当竞争法》提供重复的司法救济。二审法院则认为：综合

② 参见韦之：《论不正当竞争法与知识产权法的关系》，载《北京大学学报（哲学社会科学版）》1999年第6期。
③ 参见最高人民法院（2013）民提字第3号民事判决书。
④ 郑成思：《反不正当竞争与知识产权》，载《法学》1997年第6期。
⑤ 郑友德、万志前：《论商标法和反不正当竞争法对商标权益的平行保护》，载《法商研究》2009年第6期，第95页。还可参见钱玉文：《论商标法与反不正当竞争法的适用选择》，载《知识产权》2015年第9期。刘丽娟：《论知识产权法与反不正当竞争法的适用关系》，载《知识产权》2012年第1期。

考虑本案的实际情况，无需认定"荣华"文字为未注册驰名商标，而应认定"荣华月饼"为知名商品特有名称。最高人民法院再审认为：今明公司在被控侵权商品上使用"荣华月饼"文字的行为具有正当性，并未侵犯知名商品特有名称权。⑥ 该案中二审法院的裁判逻辑即认为《商标法》和《反不正当竞争法》并非特殊法和一般法的关系，而是可以选择的并行关系。最高人民法院亦未认为二审的观点不当，只是认定今明公司使用"荣华月饼"有正当理由，故不构成擅自使用知名商品特有名称的不正当竞争行为。

笔者认为，不应从整体上笼统地谈论《商标法》和《反不正当竞争法》之间的关系，而应该针对具体的法律规定和行为判断《商标法》和《反不正当竞争法》相应规定之间存在何种适用关系。首先，从整体上看，《商标法》与《反不正当竞争法》不存在特殊法和一般法的关系。一般而言，特殊法是指对于法律适用的主体、事项、地域以及时间作出了特殊规定的法律。例如，相对于《民法》，《合同法》是特殊法。因此，属于特殊法规定的行为一定可以由一般法调整。例如签订有效合同的行为一定属于民事法律行为。但就《商标法》和《反不正当竞争法》的关系而言，构成商标侵权的行为并不必然构成不正当竞争。因为二者的构成要件存在明显区别，侵害商标权行为并不需要主观上存在过错，但不正当竞争行为的成立应当以行为人主观上存在故意为前提。其次，《反不正当竞争法》在整体上并非对《商标法》的补充，只能说《反不正当竞争法》第二条的规定系对《商标法》的补充。法律之间的补充关系并不同于一般法和特殊法的关系。根据《立法法》第九十二条的规定，同一机关制定的特别规定与一般规定不一致的，适用特别规定。但补充关系主要是辅助规定和基本规定的关系，即在其他法律不能适用时，予以补充性地加以适用。因此，反不正当竞争法整体上并不是商标法的补充，只有《反不正当竞争法》第二条的原则性规定才可以构成对商标法的补充。例如，《商标法》第五十八条规定："将他人注册商标、未注册的驰名商标作为企业名称中的字号使用，误导公众，构成不正当竞争行为的，依照《中华人民共和国反不正当竞争法》处理。"实践中，一般均适用《反不正当竞争法》第二条调整企业名称擅自使用他人商标的行为。再次，《反不正当竞争法》关于商

---

⑥ 参见最高人民法院（2012）民提字第 38 号民事判决书。

品名称等商业标识的规定与《商标法》属于并行关系，权利人可以选择适用。《反不正当竞争法》关于商品名称等商业标识的保护与《商标法》关于注册商标的保护在构成要件方面存在明显不同，构成侵害商标权并不一定属于擅自使用商品名称的不正当竞争行为。因为商品名称的《反不正当竞争法》保护不仅需要使用人主观上具有恶意，还要求具有一定的影响，但侵害商标权并没有相应的要求。因此，关于商业标识的保护，《商标法》和《反不正当竞争法》属于法条竞合，权利人可以选择适用。在不构成侵害商标权的情况下，权利人还可以主张构成擅自使用商品名称的不正当竞争行为。在原告动视出版公司与被告华夏电影发行有限责任公司等侵害商标权及不正当竞争纠纷案中，法院认为，原告注册了"使命召唤"商标，并不代表原告在电影名称上也获得了"使命召唤"的专有权，原告的注册商标权利范围不能延及电影名称的使用，故华夏公司使用"使命召唤"作为电影名称并未侵害原告享有的注册商标专用权。但是，"使命召唤"游戏名称可以被认定为是知名商品的名称而受到保护。被告华夏公司为吸引观众以获得高票房收入，未经原告许可，故意攀附原告游戏名称的知名度，擅自将"使命召唤"作为电影名称使用，并通过发布预告片、海报、微博等形式进行大量宣传，使相关公众产生混淆，构成擅自使用知名商品特有名称的不正当竞争。⑦

综上，就临时保护期内的擅自使用行为而言，如果相关商标已经实际使用且有一定影响，权利人应当有权选择适用《商标法》还是《反不正当竞争法》，不存在《商标法》优先适用的问题。如果相关商标达到了驰名商标的程度，也可以通过未注册驰名商标进行保护，不能因为《反不正当竞争法》已经有了关于有一定影响商品名称的规定，而认为认定未注册驰名商标缺乏必要性。需要注意的是，在《商标法》的规定和《反不正当竞争法》关于商品名称的规定构成竞合时，原本应当要求权利人在《商标法》和《反不正当竞争法》之间作出选择，即只能二者选其一。⑧ 但是选择并不意味着不能在

---

⑦ 参见上海市浦东新区人民法院（2016）沪 0115 民初 29964 号民事判决书。

⑧ 例如，《中华人民共和国合同法》第一百二十二条即规定在违约责任和侵权责任竞合时，应当让当事人进行选择。《中华人民共和国合同法》第一百二十二条规定："因当事人一方的违约行为，侵害对方人身、财产权益的，受损害方有权选择依照本法要求其承担违约责任或者依照其他法律要求其承担侵权责任。"

一个诉讼中一并主张。由于上述竞合仅仅是形式上的或者请求权竞合，最终有可能仅构成商标侵权，或者仅构成不正当竞争，需要经过实体审理才能得出最终的结论。如果在起诉时就要求权利人必须选择商标法或者反不正当竞争法，那么在商标法不支持的情况下，权利人必须再另案起诉。故为了减少当事人的讼累，应当允许当事人在一个案件中一并解决，只不过应当采取预备合并之诉⑨的方式，即原告可以在同一案件中先主张适用《商标法》的规定要求赔偿损失，如果《商标法》得不到支持，请求法院适用《反不正当竞争法》，认定使用人构成擅自使用商品名称的不正当竞争行为。司法实践中针对同一侵权或不正当竞争行为确立的"侵害商标权及不正当竞争纠纷"的案由，实际上都属于预备合并之诉，只不过规范的案由应当是"侵害商标权或不正当竞争纠纷"，否则有可能导致对同一行为进行重复评价。

三、临时保护期内库存商品能否继续销售

关于商标临时保护期内库存商品能否继续销售的问题，商标司法实践中对该问题的探讨较少，专利临时保护期的相关探讨或许能够为该问题提供一些借鉴。在再审申请人浙江杭州鑫富药业股份有限公司与被申请人山东新发药业有限公司等发明专利临时保护期使用费纠纷再审案中，最高人民法院认为，在发明专利临时保护期使用费纠纷中，除了权利人只能就使用费问题主张损害赔偿的民事责任而不能请求实施人承担停止侵权等其他民事责任以外，在其他问题上与一般意义上的侵犯专利权纠纷并无本质不同。⑩ 在再审申请人深圳市斯瑞曼精细化工有限公司与被申请人深圳市坑梓自来水有限公司、深圳市康泰蓝水处理设备有限公司侵害发明专利权纠纷再审案中，最高人民法院认为，在发明专利申请公布后至专利权授予前的临时保护期内制造、销售、进口的被诉专利侵权产品不为专利法禁止的情况下，其后续的使用、许

---

⑨ 根据客观预备合并之诉，在请求权竞合时，原告可以同时主张实体法上规定的数个请求权，综合考量自己对各请求权所掌握的证据情况和熟悉情况，以及不同的请求权的构成要件、举证责任与赔偿范围，可以根据胜诉所获利益大小或胜诉几率的大小等将数个请求权排成顺位，请求法院按照先后顺位审判。参见李磊：《请求权竞合解决新论——以客观预备合并之诉为解决途径》，载《烟台大学学报（哲学社会科学版）》2016年第4期，第23页。

⑩ 参见最高人民法院（2008）民申字第81号民事裁定书。

诺销售、销售，即使未经专利权人许可，也不视为侵害专利权，但专利权人可以依法要求临时保护期内实施其发明的单位或者个人支付适当的费用。⑪因此，最高人民法院对上述案件的观点是，专利临时保护期内生产的库存商品在专利授权后仍然可以继续使用、销售，专利权人无权主张停止使用、销售等行为。但也有观点认为，《专利法》所规定的"制造、使用、许诺销售、销售、进口"是五种相互独立的行为，所以，如果实施申请人的发明创造（制造产品）发生在临时保护期内，而这些产品的使用或销售等行为发生在专利授权之后，应当按行为所处不同阶段承担相应的责任，即临时保护期内的使用行为承担支付临时保护期适当使用费的责任，授权后的使用行为承担侵权责任。⑫

笔者认为最高人民法院的观点更具有合理性。不论使用人是否恶意，事后获准注册的商标权对于停止侵权或停止使用均不具有溯及力，即权利人无权禁止使用人销售临时保护期内生产的库存商品。第一，根据《商标法》第五十七条的规定，销售行为之所以构成侵权，是因为销售的系"侵犯注册商标专用权的商品"。但商标临时保护期内，权利人申请的商标尚未获得注册，不论使用人主观上是否善意，该期限内生产的商品均不属于"侵犯注册商标专用权的商品"，故在商标获得授权后继续销售的行为也不构成对注册商标的侵害。第二，从商标使用的角度看，在商标准予注册时，库存商品上的商标使用行为已经实施完毕，库存商品的销售并没有实施新的商标使用行为，而仅仅是临时保护期内商标使用行为的延续。在此意义上，生产行为和销售行为并非完全独立的两种行为，而是销售行为依附于生产行为，二者是源与流的关系。因此，在评价销售行为是否侵权时不能与相应的生产行为割裂开来。只有特定商品的生产行为构成侵权时，销售该商品的行为才可能构成侵权。由于临时保护期内使用人的生产行为不构成侵权，后续的销售行为自然也不

---

⑪ 最高人民法院第 20 号指导性案例，参见最高人民法院（2011）民提字第 259 号民事判决书。

⑫ 参见潘中毅：《论发明专利临时保护的法律效力——兼评最高人民法院（2011）民提字第259—262 号判决》，载中华全国专利代理人协会编：《发展知识产权服务业，支撑创新型国家建设——2012 年中华全国专利代理人协会年会第三届知识产权论坛论文选编》，知识产权出版社 2012 年 3 月版，第 517 页。

存在侵权的问题。

因此，商标临时保护期内生产的库存商品在商标注册后可以继续销售，权利人取得的注册商标专用权对此不具有溯及力。当然，由于服务商标的使用行为具有持续性，商标权人在获得授权后有权要求使用人停止使用。例如，在店招上使用他人商标发生在临时保护期内，但由于该使用行为一直在持续，故在商标获得注册后，使用人不得继续在店招上使用该商标。此外，有的商标在授权过程中异议程序后如果经过行政诉讼，可能会导致商标临时保护期较长，有的可能会长达十多年，那么如果在此过程中，其他人对商标的使用已经产生了知名度，甚至达到驰名的程度，待商标授权后使用人是否仍应停止使用？笔者认为，此种情况下使用人并不符合《商标法》关于在先使用的规定，但如果使用人确为善意，在其使用行为已经取得较高知名度特别是达到驰名的程度时，一概要求其停止使用，对于使用人过于严苛，对于社会也是一种资源的浪费。因此，可以借鉴《日本商标法》中的中用权制度，赋予此种情形中的使用人在原有范围内继续使用的权利，当然使用人主观上必须为善意，而且商标权人有权要求其附加区别性标识。[13]

（责任编辑：徐卓斌）

---

[13] 《日本商标法》第三十三条规定，在无效准司法审查请求登录之前，不知道注册商标无效事由的存在，注册商标已经在需要者之间被广泛认知的情况下，即使存在他人相抵触的注册商标，也可以排除注册商标的禁止权，继续使用其商标。

指导性案例的运用现状及完善建议

——以 1265 篇全国法院引用指导性案例的裁判文书为研究对象

刘金妫*

指导性案例 ① 是指最高人民法院发布的，对审理类似案件具有普遍指导意义的案例。最高人民法院于 2010 年 11 月出台了《关于案例指导工作的规定》(以下简称《规定》)，初步确立了我国的案例指导制度，并明确指导性案例的"参照"机制，即各级法院在审判类似案例时应参照指导性案例。② 为进一步推进案例指导制度，最高人民法院于 2015 年 6 月颁布了《〈关于案例指导工作的规定〉实施细则》(以下简称《实施细则》)。截至 2018 年 12 月底，最高人民法院已经发布 20 批共计 106 个指导性案例。七年多来，当事人在抗辩理由中如何引述指导性案例，法官在裁判文书中如何阐述和参照指导性案例，以及每个指导性案例被关注的程度和引用的频率等，这些问题的研究对于深入了解指导性案例在司法实践的运用情况以及完善指导性案例制度具有重要的意义。

基于这个出发点，作者通过中国裁判文书网，时间限定为 2011 年 12 月 20 日（最高人民法院发布 1 号指导性案例开始）至 2018 年 12 月 31 日，以"指导性案例"和"指导案例"关键词分别检索，共搜索出裁判文书四千余篇。通过分析，排除串号、重复以及当事人引用非指导性案例等不符合要求的文书，最终确定 1265 篇裁判文书为本文的研究对象。这些裁判文书既包括

---

* 刘金妫，法学硕士，上海市徐汇区人民法院法官。
① 最高人民法院和最高人民检察院均发布指导性案例，本文的研究范围仅针对最高人民法院发布的指导性案例。
② 参见《关于案例指导制度的规定》第七条。

当事人提出的指导性案例，法院未回应的，也包括法院主动援引指导性案例以及当事人和法院均涉及指导性案例的情形。

本文以 1265 篇裁判文书为研究对象，分别从当事人和法院角度，评析指导性案例在实践中的运用情况，并结合司法实践，提出完善指导性案例制度的建议和设想。

一、实证考察：指导性案例的运用现状分析

在司法实务中，当事人和法院是运用指导性案例的两个重要主体，前者主要是引用指导性案例，以增加其观点的说服力；后者则是对指导性案例作出是否参照的判断。两者共同构成指导性案例在司法实践中运用的整体情况。

（一）当事人方面：诉辩意见中引用指导性案例的情况分析

在 1265 篇样本文书中，除了法院主动援引的指导性案例 118 篇外，当事人引用的有 1147 篇。具体情况和存在的问题如下：

1. 从引用数量而言，当事人对指导性案例的知晓度逐年提高

自 2011 年 12 月 20 日最高人民法院发布第一批指导性案例以来，当事人在案件中引用指导性案例的数量逐年提高（详见图 1）。随着社会的广泛宣传以及指导性案例制度的推行，社会大众对指导性案例的关注度和熟悉度不断增加。基于"同案同判"这一朴素的法治理念，当事人在案件审理过程中引用相似的指导性案例进行佐证，这既符合常理，也有助于推动案例指导制度的发展。

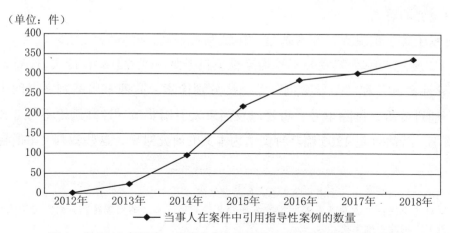

图 1　自 2012 年以来，当事人每年在案件中引用指导性案例的数量

2．从引用方式而言，或作为证据提交，或作为理由佐证

通过分析当事人引述指导性案例的裁判文书，笔者发现，当事人引用的方式可以归纳为以下两种情形：一是作为证据提交。当事人将指导性案例作为证据提交给法院，有的还附带最高人民法院发布的该案例的通知，采用这种方式的比例接近四成。例如，"原告提交证据：最高人民法院指导性案例54号一份"。③有的还将其作为再审新证据进行提交，例如，在一案中，再审申请人提出"按照指导性案例41号，该指导性案例作为新证据足以推翻原判决"。④二是作为理由佐证。当事人在诉辩理由中，将相关指导性案例作为论证的依据进行引用，从而增强其理由的说服力，这是最为常见的方式。引述的内容主要包括两点：（1）引用裁判要旨。裁判要旨是案例最为核心的内容，也是当事人引述最多的。例如，"根据最高人民法院对'跳单'的指导性案例，被上诉人的行为不属于'跳单'，是一种正常的交易行为"。⑤（2）引用裁判要旨以外的内容。少数当事人对指导性案例有误解，认为案例中所有相关内容均对法院有参照作用，故引用裁判要旨以外的内容。例如，"根据最高人民法院公布的指导案例19号判决，原告所支出的律师费应由被告承担"。⑥

3．从引用频率而言，呈现明显不均衡现象

经统计，24号、15号、9号、60号、1号指导性案例被提及的次数最多，占比为70%以上。2号、5号、18号、19号、26号、28号、46号、50号、54号、87号等42个指导性案例被引用频率较少，约为20%。其余的指导性案例几乎未被引用过。

4．从引用表述而言，表述规范的阐述少

仅在少数案件中，当事人能较好地阐述引用的案例，包括裁判要点、本案与指导性案例的相似性以及参照的理由等。而绝大部分案件均表述不规范：一是不阐述理由。这种情况最多，仅引述具体案例，不分析参照的理由。例如，"本案与最高人民法院第24号指导性案例相类似，应当参照处理"。二是笼统指代，没有具体的案例。不少案件中，当事人仅笼统称"指导性案例"，

---

③ 参见（2016）豫0702民初812号判决书。
④ 参见（2015）行监字第928号裁定书。
⑤ 参见（2013）浙温民终字第853号判决书。
⑥ 参见（2015）鄂宜昌中民一终字第00128号判决书。

没有明确哪一个指导性案例。例如，在一案中，原告称"根据最高人民法院指导性案例的相关证明"。有的甚至引用发布案例的通知，例如，"参照《最高人民法院关于发布第六批指导性案例的通知》等规定，请求支持上诉人的诉请"⑦。

（二）法院方面："参照"指导性案例的情况分析

在1265篇样本文书中，法院在"证据认定"和"本院认为"部分中涉及指导性案例阐述的有485篇，其中法院主动援引的有118篇。经分析，法院援引指导性案例呈现"一高、二少、三难"的特点：

1. 特点之一：法院未回应比例"高"

在当事人要求参照指导性案例适用的1147篇中，法院有针对性回应当事人意见的仅367篇，未回应的有780篇，未回应比例高达68%。

法院在裁判文书中未回应当事人意见，不仅不符合案例指导制度的要求，而且不利于服判息诉，当事人易以未予回应为由，提出上诉或申诉。例如，在一案中，上诉人提出"一审人民法院对案件当事人提供的指导案例第41号，应当在裁判理由中回应是否参照了该指导案例并说明理由，而没有回应和阐述，属程序违法"。⑧

2. 特点之二：被援引的指导性案例"少"和参照指导性案例裁判的案件数量"少"

（1）被援引的指导性案例"少"。根据前述分析，当事人在诉辩意见中引用的指导性案例呈现"集中化"的特点，法院援引的案例中也有此特点，而且两者高度重合。法院援引率最高的5个指导性案例（24号、15号、9号、60号、1号）占比超过70%，42个案例引用较少，但仍有不少案例未曾被涉及。产生不均衡现象的原因，主要有两点：一是援引率高的5个案例，从内容上看，与社会大众的生活息息相关，且发生频率高。例如，24号案例反映的机动车交通事故引发的人体特质参与度问题，1号案例反映的二手房交易中"跳单"问题；从类型上看，这些案例都属于解释法律、弥补法律

---

⑦ 参见（2015）粤高法民二申字第1586号判决书。

⑧ 参见（2015）一中行终字第0615号判决书。

漏洞，使得案例具有很强的可参照性。例如，15 号案例明确公司人格否认的认定标准等。二是未被援引以及援引少的案例，有的发布时间并不长，反映到审判实务中尚需一段时间，有的涉及的问题并不是司法实践中常见的问题。当然，也存在指导性案例的宣传以及法院不主动查找指导性案例等原因。

（2）参照指导性案例裁判的案件数量"少"。根据《规定》，法院在审理类型类似案件时要"参照"指导性案例。在 485 篇样本文书中，法院在裁判文书中指出案件事实与指导性案例相似，参照指导性案例裁判的仅 154 篇，比例较低。

3. 特点之三：作为证据提交的认定"难"、裁判理由阐述"难"和规范援引"难"

（1）作为证据提交的认定"难"。根据前述分析，当事人将指导性案例作为证据提交的比例较高。针对这种情形，法院的处理方式主要有两种：一是不予采信。法院多数以案例并非证据范畴为由，对当事人作为证据提交的指导性案例不予认可，占 90% 以上。例如，"案例不属于证据范畴，本院不予采信"。⑨二是予以认可。少数案件中，法院在被告认可真实性的情况下，对证据的真实性予以认可。例如，"被告对其真实性无异议，本院对该份证据的真实性予以确认"。⑩

（2）裁判理由阐述"难"。在"本院认为"部分，法院阐述是否参照指导性案例进行裁判的理由，仅少数文书将案例的裁判要点、本案的事实和法律适用等进行较为深入的阐述，其余绝大多数文书论述均较为简短和笼统。例如，"因本案与最高人民法院指导案例 24 号类似，依照规定，本案应当予以参照"，⑪"本案与朱龙文所引用的最高人民法院指导案例的情形不同，对本案不具指导性"，⑫"对此，最高人民法院指导案例 57 号裁判要旨指出……具体到本案……"⑬

---

⑨ 参见（2015）北民一终字第 387 号判决书。
⑩ 参见（2012）甬东行初字第 17 号裁定书。
⑪ 参见（2016）鲁 0811 民初 5465 号判决书。
⑫ 参见（2016）最高法行申 1243 号裁定书。
⑬ 参见（2017）最高法民终 900 号判决书。

（3）规范援引"难"。法院援引方式不统一，具有一定的随意性：有的采用"发布时间 + 批次 + 案例编号 + 案例名称 + 裁判要点"的方式；有的仅写明编号和裁判要点；有的不写编号，只写案例名称和要点；有的不写编号，只写当事人提供的指导性案例。法院对于指导性案例的阐述绝大多数仅在"证据认定"或"本院认为"部分，但也有少数文书中，法院在裁判依据中，直接参照指导性案例进行判决。例如，在一案中，法院"依照……，参照最高人民法院指导性案例24号之规定，判决：一……；二……"⑭

二、溯本求源：指导性案例应用少的原因分析

根据前述分析，案例指导制度施行以来，指导性案例在司法实践中应用的情况并不乐观，究其原因，笔者从案例、效力、认知以及技术等四个方面进行分析。

（一）案例层面：已发布的指导性案例不能满足司法实践的需求

1. 部分案例形成的规则所起的指导作用不够

《规则》第二条对指导性案例的类型作了细分，有学者将其归纳为五类："影响力案例、细则性案例、典型性案例、疑难性案例和新类型案例。"⑮ 然而，最高人民法院目前发布的106个指导性案例中，有的既没有突破现有法律的规定，也没有对司法解释作出实质性改变，而仅是对现有规定的重申，因而不具有独立于法律和司法解释之外的独立价值，故其形成的裁判规则对法院的裁判指导作用有限。

2. 案例的总量不足

近年来，尽管最高人民法院每年发布的指导性案例数量总体呈上升趋势，但就总量而言，仍不能满足当前的司法实践的需求。

（二）效力层面："应当参照"的强制力不足

关于指导性案例的效力，《规定》及其《实施细则》均明确指出各级法院

⑭ 参见（2016）苏06民终909号判决书。
⑮ 陈兴良：《案例指导制度的规范考察》，载《法学评论》2012年第3期。

审理案件时"应当参照",但如果未参照,将产生什么样的法律后果,最高人民法院并没有作出规定。

1. 对于"应当参照"的理解

一方面,可以将"应当"理解为"必须"。当法官在审理类似案件时,应参照指导性案例而未参照的,必须有能够令人信服的理由;否则,既不参照指导性案例又不说明理由,导致裁判与指导性案例大相径庭、显失公正的,应当承担一定的责任后果。另一方面,可以将"参照"理解为"参考""遵照",即法官在审判案件时,处理相类似的案件时,可以参考指导性案例所运用的裁判方法、裁判规则、法律思维、司法理念和法治精神。

2. 对于不"参照"无约束力

尽管最高人民法院规定"应当参照"指导性案例,但是对"如果没有参照将产生怎样的法律后果"没有规定,这种没有强制力的"应当参照"对于法官而言,实质上没有拘束力。因此,在司法实务中,法官对于是否参照指导性案例有很大的随意性,有的甚至对当事人提出参照指导性案例进行裁判的要求不予回应。例如,经本文统计分析后发现,法院不予回应的比例高达 68%。

(三)认知层面:法官和当事人对于案例指导制度认识仍有不足

理念是行动的先导。只有在充分认识案例指导制度应用的意义、机制、方法以及对各指导性案例内容的准确识别,才能在实践中有效地运用指导案例,但是当前法官和当事人对该制度认识均存在不足。

1. 当事人方面

(1)范围认识错误。不少当事人将公报案例、各高院发布的参考性案例以及各地方法院裁判的案例均等同于指导性案例。只要对其有利,不加以区分地一并向法院提交。(2)内容认识不足。有的当事人对案例并未进行深入的解读,对其内容、裁判要点未能全面认识。(3)说理不够充分。当事人引用案例阐述全面的并不多见,绝大多数都笼统表述,说理分析明显不足。

2. 法官方面

(1)重视度不够。自案例指导制度创设以来,鲜少有法院开展过专门的培训。例如，笔者所在的东部 S 直辖市，高院每年均有针对各条线的培训，而且辐射至每一位干警，但至今未就指导性案例的应用开设过专门课程。再者，无论是上级法院的案件审查，还是各法院的内部自查，几乎未涉及"是否参照指导性案例裁判"评析，这些都导致法官对于指导性案例重视不够。再比如，在一项调查中，14.5% 的法官不知晓最高人民法院发布的指导性案例。[16]（2）接受度不足。我国并非判例法国家，案例也并不是一种法律渊源，因此有的法官在内心上对指导性案例有排斥心理，主观上认为不应推行案例指导制度，从而在案件审理中，往往不主动查询相关指导性案例。

（四）技术层面：裁判思维方式与传统三段论演绎的不同

在法律体系上，我们更接近于大陆法系国家，采用成文法。与之相对应的裁判思维，主要表现为三段论的演绎推理。法官依法按照"大前提＋小前提＝结论"的方式作出裁判。然而，案例的运用思维与这种方式有很大的不同。具体而言，通过对拟应用的指导性案例和目标案例进行事实和法律方面的比较，决定对目标案例是否参照适用指导性案例，这是一种类推，实质上是寻找不同点，有的学者称其为"区分技术"。[17]

由于我们一直沿用演绎推理的思维方式，所以对于案例运用的类推方式掌握能力尚有不足，而《实施细则》也仅对参照的表述方式、标准等格式性要求作出规定，而对于如何识别"类似案件"并未进一步明确，使得法官在实践中往往没有可据参照的比对规则，从而导致法官不主动甚至回避指导性案例应用的现象发生。

三、机制建设：推动指导性案例在实践中运用的对策和建议

通过本文的实证研究发现，案例指导的实践效果远未达到制度创设的预期。如何进一步发挥案例指导制度在统一法律适用、提升审判质效作用，笔

---

[16] 杨会、何丽萍：《指导性案例供需关系的实证研究》，载《法学适用》2014 年第 2 期。
[17] 赵瑞罡、耿协阳：《指导性案例"适用难"的实证研究》，载《法学杂志》2016 年第 3 期。

者将从以下三个方面提出完善建议。

（一）前提条件：健全案例指导制度的生成机制

1．数量上，增加指导性案例的总量

尽管近年来最高人民法院发布的指导性案例数量总体上呈上升趋势，但总体数量上并不能满足司法实践的需求。只有在源头上增加案例的数量，才能形成一定的规模，从而拓展指导性案例的应用广度和深度。当然，要增加案件的总量，仅依靠最高人民法院是远远不够的，因为案件的产生、推荐更多源于各级法院，需要全体法官的共同努力。

2．质量上，提高指导性案例的可参照性

具有指导性和可参照性是案例得以应用的重要前提，主要着重于两点：

（1）增强规则的可援引性。根据前述分析，现有的指导性案例中，有的仅仅是对现有规则的重申，这类案例往往得不到应用。以后要更多地选编一些可以弥补法律漏洞、补充法律解释、解决疑难复杂问题的案例，同时涉及面上要尽可能地覆盖行刑民各类型，并向基层法院法官倾斜，因为绝大多数纠纷要化解在基层，基层法官的需求大。

（2）强化指导性案例编写的说服力。最高人民法院当前编写指导性案例采用"关键词＋裁判要点＋相关法条＋基本案情＋裁判结果＋裁判理由"的体例。但为了增强说服力，可以增加一点，即"选择理由"，具体阐述选编为指导性案例的理由，并附上裁判文书全文，有利于全面了解案情。

3．强制力上，赋予"应当参照"一定的事实拘束力

要在效力上，明确不予参照或不回应指导性案例应承担的法律后果。

（1）主动查询义务。案件审理和判决时，法官负有查询与待决案件类似的指导性案例的义务。这同时也是对法官主动应用指导性案例提出要求。这一点在《实施细则》第十一条中已进行了明确规定。

（2）强制回应机制。对于当事人在案件审理过程中提出要求参照或不参照相应指导性案例进行裁判的观点，即使有的当事人是将案例作为证据进行提交，也不能以"案例并非证据范畴为由"，简单地认定为"不予认可"，而是要从根本上了解其提交案例的目的以及表达的观点。当事人将案例作为证

据提交，往往是为了通过案例印证其观点，本质上也是将案例作为其理由进行引述。因而，无论是当事人作为证据还是作为理由引用案例，法官都应在裁判文书中进行回应，阐述参照或不予参照的理由。虽然《实施细则》第11条对此也有明确的规定，但是实践中还存在着大量法官不予回应的情形。对此，应将不予回应视为瑕疵裁判，如果不影响裁判结果，则交由本院审判监督部门处理；如导致裁判结论错误，则启动监督机制，这一点将在本节第四点中具体阐述。

（3）不参照或背离指导性案例裁判的说明报告机制。如果当事人提出应当参照某指导性案例，或法官已经注意到存在类似的指导性案例，但法官决定不予参照甚至背离指导性案例作出判决的，法官负有向合议庭或主审法官联席会议作出说明的义务，如对此未能取得一致意见，应当报请本院审判委员会决定。有学者指出，排除指导性案例的适用应建立"报告制度"，类似德国的"背离报告制度"，即"如果待决案件要做出与指导性案例相悖的判决，必须书面报告上级法院，写明本案在事实和法律上与指导性案例的差别，或者指导性案例应当被推翻的原因"。[18]

背离指导性案例的，法官不仅要进行充分论证，还应通过上级法院逐级上报最高人民法院相关部门备案，从而确保指导性案例的权威性，并且为指导性案例的及时更新提供实践素材。在无正当理由且不事先进行沟通说明事由的情况下，不参照指导性案例作出判决的，上级法院可以进行改判或者发回重审。[19]

（4）判后的监督机制。案件判决后，在二审程序或审判监督程序中发现，案件判决错误，且存在指导性案例但法官未予参照的，法官应当就此向本院的审判委员会作出说明。经审委会确认，应当参照而没有参照，造成严重后果的，按有关规定追究相关人员行政或法律责任。河南省郑州市中级法院实行的指导性典型案例制度对此已经进行了探索。

⑱　王玖：《判例在联邦德国法律制度中的作用》，载《人民司法》1998年第7期。
⑲　北京市高级人民法院课题组：《最高人民法院关于完善和规范案例指导制度的规定（建议稿）》。

（二）内在条件：健全案例指导制度的运用机制

1．理念上，要充分认识案例指导制度的重要性

由于立法技术的高度概括性和原则性，以及语言本身的弹性，现行法律难免存在一定的制度漏洞，难以涵盖所有的社会纠纷情形，无法为社会上所有矛盾纠纷都提供精准的"法律答案"。案例指导制度有助于填补这一不足。它不仅有效弥合法律与社会之间的间隙，为人们社会生活提供补充性指引，同时还为法官处理相关纠纷提供有益的参考。因而，案例指导制度作为成文法的补充，两者之间并不冲突，法官要在理念上充分认识该制度的重要性，将查询指导性案例作为自觉的行动。

2．识别上，掌握案件相似性对比规则

法官必须对目标案件与指导性案件进行案件事实的比对，并对两个案件的相似度作出判断，这是参照指导性案例的重要前提。类似是指相似或相同，包括行为、性质、争议、结果、数额以及某一情节类似，[20] 这需要综合各种因素进行认定。

案件比对的主要内容是案件事实，关于案件事实的范畴目前主要有两种观点：一是基本事实学说。该观点将案件事实分为基本事实和非基本事实。涉及案件性质、责任构成以及责任程度为基本事实，此外的都为非基本事实。二是必要事实学说。该观点将案件事实分为必要事实、非必要事实和假设事实。对于形成判决结论有必要的基础事实为必要事实，除此之外的均为非必要或假设的事实。[21] 经分析发现，上述两种观点本质上是一致的，即有实质意义的事实为基本事实或必要事实，这是指导性案例应用中要比对的案件主要事实。

3．技术上，参照要准确、规范

《实施细则》对参照规则作了具体的规定，包括不得将指导性案例作为裁判依据援引、应在裁判理由部分引述指导性案例的编号和裁判要点等。但实

[20] 蒋安杰：《最高人民法院研究室主任胡云腾——人民法院案例指导制度的构建》，载《中国审判》2011年第1期。

[21] 刘作翔、徐景和：《案例指导制度中的案例适用问题》，载《湘潭大学学报（哲学社会科学版）》2008年第3期。

践中，法官阐述和参照指导性案例可谓五花八门（具体本文前述分析已经列举），除了要对细则明确的参照规则予以遵守外，笔者认为还应当增加两点：（1）说理要充分。应避免采用"案例事实和法律适用不相同或相同"这样笼统的归纳，而是要将待决案件和指导性案例是否存在相似性进行严密论证，从而增加裁判文书的说理性，体现指导性案例的价值。（2）文书末尾要记载指导性案例的案号。裁判文书后可以附加记载指导性案例的案号，以利于当事人了解同案同判的情况，实现服判息诉。

4. 培训上，设立案例指导的必修课程

要全面推动指导性案例的运用，就必须对法官进行全面培训，因为有必要在法院的常规培训系统中增设关于案例指导的课程，而且是必修课程，每一位法官都应参加。课程的设置主要包括两大类，一是基础性培训，包括指导性案例的重要意义、价值、效力的认识以及参照规则的运用；二是每个指导性案例的解读。最高人民法院不定期发布指导性案例，对于每一个案例，法官都应熟知且掌握其裁判要点。这些内容也可以融入到各法院日常培训中，其根本目的就是让每一位法官均掌握指导性案例的应用要求、规则以及及时了解每一个案例。

（三）外在条件：健全案例指导制度的宣传机制

1. 加大宣传，强化社会大众的认识

案例是法制宣传教育的"活教材"，具有生动鲜明，易于理解接受的特点。加大指导性案例的宣传，一方面，有利于提高社会大众对案例指导制度的认识度，形成对法院处理类似案件的制约，从而推动该制度的发展；另一方面，可以通过案例的指引，增强社会大众的法治意识，使其对自己的行为有准确的预估，避免触犯法律的底线或引起纠纷。

2. 正确引导，提高当事人引用的有效性

在案件审理过程中，当事人准确、有效地引用指导性案例有助于提高审判质效，包括避免引用非指导性案例，参照或不参照理由的充分论证等，这些都需要法官在裁判过程中进行合理的引导，尽可能减少本文在实证分析中发现的各种不规范引用的情形。

四、延伸探讨：与指导性案例相关问题的阐述

（一）指导性案例与公报案例、地方法院发布的参考性案例的关系

当前，除了最高人民法院案例指导制度之外，各地方法院也相继推行了案例参考制度，如天津市高院的《关于在民商事审判中实行判例指导的若干意见试行》，山东省高院的《关于完善案例指导制度的规定》、重庆市高院的《关于加强参考性案例工作的意见》、成都市中级法院的《成都市中级人民法院示范性案例评审及公布实施办法》以及郑州市中原区法院的《关于实行先例判决制度的若干规定》。在各级法院案例参考制度的推动下，发布了一系列参考性案例。指导性案例与这些案例以及公报案例之间的关系如何处理，应把握以下两点：

1. 效力不同

最高人民法院发布的指导性案例在全国范围均有指导性，各级法院"应当参照"，而对于其他案例，法官以"参考"为主，无需在裁判文书中载明。

2. 其他参考性案例有条件地转化为指导性案例

无论是公报案例还是地方各级法院发布的参考性案例，均是根据一定要求，经过一定程序筛选后产生的，可以逐级上报至最高人民法院，进入指导性案例的甄选程序，一旦符合要求，依法进行发布。

（二）指导性案例与司法解释的关系

普遍观点认为，指导性案例是解释和适用法律的结果，而最高人民法院享有解释法律的权力。为了提高指导性案例的效力，笔者认为，当条件成熟时，可以将指导性案例中的裁判要点上升到司法解释，以"解释"的方式予以确认。有的学者还提出，在司法解释的种类中，增设"指导性案例"形式，从而从根本上改变指导性案例的应用情况。

结　语

案例指导制度作为司法改革的重要内容之一，其效果要在司法实践中加以检验。从目前的实证分析来看，指导性案例在司法实践中的运用还存在不

少问题，需要在实践中不断探索和深化。众所周知，任何制度的建立和完善都不是一朝一夕、一蹴而就，案例指导制度也不例外。作为一项长期性、系统性工程，该制度的完善需要法院、当事人等各方共同努力，只有将案例指导制度的活力激发出来，才能真正实现统一法律适用和提升司法公信力的价值。

（责任编辑：张俊）

聘任制技术调查官选任、管理、培养机制研究

吴登楼　陈　立[*]

2017 年 8 月 14 日，最高人民法院印发的《知识产权法院技术调查官选任工作指导意见（试行）》第二条规定："知识产权法院可以按照聘任制公务员管理有关规定，以合同形式聘任技术调查官。" 2018 年 2 月 6 日，中办、国办印发《关于加强知识产权审判领域改革创新若干问题的意见》，明确提出要"探索在编制内按照聘任等方式选任、管理技术调查官，细化选任条件、任职类型、职责范围、管理模式和培养机制"。聘任制技术调查官对于目前知识产权法院来说还是一项全新的人事制度。本文结合上海知识产权法院技术调查实践，对聘任制技术调查官的选任、管理、培养机制等方面进行前瞻性研究，探讨技术调查官的职业生涯规划，促进技术调查官队伍健康稳步发展。

一、聘任制技术调查官的选任

（一）聘任制技术调查官的类型

聘任制技术调查官类型主要有两种：一种是具有公务员资格的聘任制技术调查官。该类型技术调查官在合同期内具有公务员资格，享受公务员待遇。公务员期满未续聘的，公务员资格自动终止。最高人民法院《知识产权法院技术调查官选任工作指导意见（试行）》中规定的聘任制技术调查官就是这种类型。目前上海知识产权法院正在积极推进相关的聘任工作。另一种是不具有公务员资格的纯合同制聘任制技术调查官。这种模式的技术调查官以合同制方式进行聘任和管理，聘任的技术调查官不享有公务员待遇。目前南京

* 吴登楼，法学硕士，上海知识产权法院技术调查室副主任。陈立，硕士，国家知识产权局专利局广电部副处长。

市中级人民法院聘任的技术调查官即为该种模式。①

（二）选任条件

首先要考虑政治素质。选任技术调查官，要坚持党管干部原则，坚持德才兼备、以德为先，坚持注重实绩、业内认可、以用为本、平等、竞争、择优原则，依照法定的权限、条件、标准和程序进行，并突出知识产权审判工作的专业特点。技术调查官是法官的技术助手，要求处事客观、公正、中立，因此对其品行有较高的要求。技术调查官必须政治素质过关、品行端正。同时，曾因犯罪受过刑事处罚的、曾被开除公职的或者因违纪违法被解除聘用合同和聘任合同的、涉嫌违法违纪问题正接受审查尚未作出结论的、受处分期间或者未满影响期限的等其他不适合担任技术调查官情形的，均不得选任为技术调查官。

其次要考虑聘任制技术调查官的文凭和工作经历要求。对聘任制技术调查官的文凭和工作经历一般要求具有普通高等院校理工专业本科及以上学历；获得该技术领域中级以上技术资格，拥有五年以上相关技术领域生产、管理、研究经验。尽管聘任制技术调查官报名的文凭要求不宜太高，但笔者考查了类似岗位招聘实践，② 实际招聘人员基本具有硕士以上文凭，拥有在相关领域的实践和理论经验。特别是要有一定工作经历还是非常重要的。刚刚毕业的学生专业知识仅限于书本知识，对专业技术的认识还比较粗浅，缺乏实践经验，难以胜任技术调查官工作。只有经过相关技术领域的实践，对相关专业知识的把握和了解才能更准确，为法官提供的技术服务才更贴近实践与理论标准。对于拥有专业技术背景的法律硕士、专利审查员、专利代理人和鉴定人等复合型人才应当优先考虑，有这些专业背景的人才，与技术调查官的工作内容比较接近，可以更快、更好、更高质量地进入角色并胜任技术调查官工作。

---

① 2018 年 10 月 17 日访问，http://www.gaoxiaojob.com/zhaopin/shiyedanwei/20170727/258523.html。《南京市中级人民法院 2017 年 7 月公开招聘 6 名技术调查官公告》。

② 2018 年 10 月 17 日访问，http://www.offcn.com/zhaojing/2017/1012/37627.html，《南京市中级人民法院 2017 年拟聘名单公示》。2018 年 10 月 17 日访问，http://www.zgsydw.com/shanghai/20170922/326279_1.html，《2017 中国（浦东）知识产权保护中心专利预审员招聘公告》。

最后要考虑聘任制技术调查官的年龄段。我们认为，技术调查官的年龄一般优选在 30—45 周岁之间为宜。这个年龄段的技术人员专业能力强，精力充沛，有利于开展技术调查工作。有人提出，年龄宜放宽到 55 周岁，临近退休的专业技术人员更安心从事技术调查工作，有利于技术调查官队伍的稳定。但考虑到聘任制技术调查官合同期间享受公务员待遇应符合公务员招聘相关规定，同时，技术调查官需要参加保全、勘验等繁重的工作，年轻的技术调查官在工作中更有优势，因此年龄不宜过大。

（三）选任对象的专业

受名额限制，技术调查官的专业不可能全面覆盖各个学科，选任时应当结合各个法院知识产权案件的实际需求来考虑，以上海知识产权法院为例，涉及专利侵权纠纷案件和计算机软件纠纷数量较多，而专利侵权纠纷案件中涉及机械领域的案件尤为明显。据统计，上海知识产权法院截至 2018 年 9 月底，专利纠纷案年件共有 1906 件，占全部案件数量（包括一、二审案件）的26.45%；软件案件共有 1218 件，占全部案件数量（包括一、二审案件）的16.90%。所以，上海知识产权法院首选的专业应当是软件以及与专利相关的机械、电信等专业。客观地讲，每个法院拟选任的技术调查官跟各个法院的案件构成相关。不同法院因地区产业和区域优势不同，主要案件构成类型不同。所以，要分析当地案件主要构成以及需要解决的主要技术类型，并在征求审判业务庭、甚至有关法院审判业务庭意见的基础上，确定拟招聘的技术调查官专业领域，把有限的公务员指标利用好，充分发挥技术调查官的专业技术作用。

二、聘任制技术调查官的管理和考核

（一）聘任制技术调查官的管理

根据最高人民法院的相关规定，知识产权法院的技术调查官由技术调查室管理。[③] 审判业务庭和执行部门需要技术调查官出庭或者保全、勘验的，

---

③ 最高人民法院《关于知识产权法院技术调查官参与诉讼活动若干问题的暂行规定》第一条第二款规定，知识产权法院配备技术调查官，技术调查官属于司法辅助人员。知识产权法院设置技术调查室，负责技术调查官的日常管理。

应当书面向技术调查室申请。技术调查室根据案件的专业类型指派专业对口的技术调查官辅助法官查明、保全或者勘验相关技术事实。在紧急情况下，技术调查官可以根据法官的要求先出庭或者辅助法官进行保全、勘验，事后及时补办相关申请。法官在案件审理中需要口头咨询技术调查官相关技术问题的，出于方便审判、服务审判的宗旨，不需要法官办理任何手续，法官直接咨询，由技术调查官备案登记即可。聘任制调查官的日常管理原则上由技术调查室负责。

（二）绩效管理与考核

聘任制技术调查官由于其聘任形式，平日的工作表现、考核结果与绩效、薪酬、聘任期限等密切相关，因此它与在编、常驻交流和兼职这三种形式的技术调查官管理考核方式存在一定的不同。聘任制技术调查官既有公务员属性又有合同制工作人员的属性。为了更好地激励他们，合理设定考核方式、内容以及评价标准就显得尤为重要。

聘任制技术调查官考核方式应包括试用期考核、季度考核、年度考核和聘任期满考核。试用期考核是对经过3—6个月试用期的新聘任技术调查官能否胜任本岗位工作职责的考核，据此作出是否正式聘任的决定。季度考核则由技术调查官向技术调查室述职，由技术调查室出具初步考核意见，报职能部门审核，并结合聘任合同的约定与季度奖金的核发挂钩。年度考核由技术调查官在技术调查室述职后，按照年度考核要求，由技术调查室拟定年度考核次级，报职能部门审核，并由法院考核领导小组审定。年度考核要参照公务员考核相关规定，从"德、能、勤、绩、廉"五个方面确定为优秀、称职、基本称职或不称职等次。聘任期满考核是在聘任合同期满时，对技术调查官三年工作绩效进行考核，根据工作需要、技术调查官工作表现以及本人意愿，对技术调查官合同期内的工作进行全面考核，拟初步意见后报职能部门决定是否续聘。

考核的主要内容包括：业务技能、出勤情况、纪律作风、工作数量、工作质效、廉洁自律等，突出工作业绩考核。根据以往的经验，由于技术调查官收案数量具有被动性，故单纯以月、季度或者年度技术咨询的案件数量以及出庭、勘验、保全次数来衡量技术调查官的工作业绩不全面也不科学。每个技术调查官的专业技术领域不同，参与案件的数量跟法院受理的不同技术领域的案件数量有关。尽管在选任时已经考虑到技术领域的分布，但是在实践中不同领域案件仍然存在数量不均匀的问题。因此对技术调查官工作评价要多角度、多维度进行，既要考虑咨询案件数量与出庭、保全、勘验等数据，也要考虑法官对技术调查官参与咨询服务的工作时效和工作态度的反馈，还要对技术调查官其他综合性工作、廉洁守纪等情况作出评价。

（三）聘任合同薪酬确定标准

首先要考虑技术调查官的性质及工作量情况。聘用的技术调查官作为审判辅助人员为审判工作提供稳定、可靠、专门的技术事实查明支持，其工作职责贯穿案件审理的主要过程，最终提出技术审查的书面意见。薪酬水平受其工作职责、工作量及同一地区、同类技术人员的市场薪资水平等因素影响，因此在预先设定的薪酬标准中需要综合考虑以上因素。

其次要参考同类别技术人员的市场薪酬水平。如果薪酬不具有吸引力，将无法向法院引进社会上较为优秀的技术型人才，不利于建立一支高业务水准的技术调查官队伍。以南京市中级人民法院为例，他们在确定聘任制技术调查官时，以南京市高层管理人才交流服务中心人才库和智联招聘人才库的人才信息数据作为基础，进行了初步市场调查，调研出同类别技术人员的市场薪资水平，并最终确定聘任制技术调查官的年薪标准。具体到知识产权法院，还可以横向参考聘任制公务员或者事业编的技术人员的薪酬标准，例如浦东知识产权保护中心聘任的预审员，这些预审员均来自某一专业领域的技术人员并从事技术与法律相结合的工作，类似职位的薪酬标准具有较高的参考价值。

最后要考虑在法院里共同工作的法官、法官助理和其他人员的薪酬水平。如果聘任制技术调查官的薪酬标准设定过高，可能会影响一起从事工作的法官、法官助理、书记员的工作热情和积极性。因此，综合考虑以上各方面的因素，技术调查官的薪酬标准设定在法官与法官助理之间为宜。

三、聘任制技术调查官的培养和职业生涯设计

（一）培养机制

从实践来看，技术调查官不仅仅是技术方面的能手，也需要掌握必要的

知识产权法律知识，才能更好地适应技术调查官工作。就上海知识产权法院而言，技术调查官可以通过参加上海市高级人民法院每年组织的菜单式培训以及专门法律培训等方式掌握必要的法律知识。尤其是知识产权法院专利案件均集中管辖，如果技术调查官掌握必要的专利知识，特别是如何解读专利权利要求、专利等同认定以及功能性特征的认定等法律知识，会大大提高其参与专利案件技术调查的质量和效率。

同时，法院也要有一定的途径让聘任的技术调查官适时学习了解相关专业领域的最新技术动态。法院并非技术应用的一线单位，在编技术调查官在此环境中难以及时进行知识更新和实践应用，技术调查官在法院工作后，由于不处在所属专业技术领域的应用一线，可能出现与技术发展脱节的现象，难以一直保持"本领域技术人员"的技术水平要求，不利于发挥技术调查官在技术事实查明中应有的作用，为了避免上述问题，提高协助调查办案的技能，对技术调查官进行及时的培训必不可少。可以定期安排技术调查官参加所在法院以及上级法院举办的法律知识培训，鼓励技术调查官报名参加本地高校开办的某一门专业课程的学习或者到具有专业特点的科研院所进行短期的交流学习，有选择地出席某一领域的专业学术会议，关注该行业最新研究进展和学术研究动向，这些都不失为提升专业技术水平的好途径。当然，技术调查官专业知识的更新更依赖于在工作中学习，在实践中进步。

（二）职业生涯规划和设计

聘任制技术调查官是合同制的，聘期三年，聘期内工作表现良好的可以根据工作需要和个人意愿续聘三年，因此聘任制技术调查官并非传统意义上的"铁饭碗"。为了能够吸引社会上优秀的人才，除在管理过程中坚持贯彻"使用与培养相结合"的机制外，还应兼顾考虑个人的长远发展，合理规划好技术调查官的职业生涯。特别是在聘任合同即将到期的最后一年，对于那些工作表现优秀的技术调查官，可以提前续聘，这样做有利于消除个人对未来的不确定感，消除聘期最后一年可能会出现的临时工思想，有利于他们安心做好本职工作。

人的职业生涯有时是动态的。实际上技术调查官也不排除通过自己的学习通过国家统一司法考试，朝着法律与技术相结合复合型人才方向发展。此外，也不排除优秀的聘任制技术调查官转为委任制公务员的可能。通过上级部门的支持与批准，给予那些在聘任期间经考核特别优秀的技术调查官转为委任制公务员提供机会，一来有利于建立一支相对稳定的优秀技术调查官队伍，二来有利于充分发挥他们的能力和主观能动性。

《关于加强知识产权审判领域改革创新若干问题的意见》中指出"加大知识产权审判人才培养选拔力度"，"在保持知识产权审判队伍稳定的前提下，建立知识产权法院之间、知识产权专门审判机构之间、上下级法院之间形式多样的人员交流机制……可以从工作者、律师、法学专家中公开选拔知识产权法官"。为了更加深入地贯彻创新驱动发展战略和国家知识产权战略、破解制约知识产权审判发展的机制体制障碍，进一步激发知识产权审判队伍的积极性、主动性和创造性，可以更加大胆地设想，培养那些通过国家统一司法考试、工作成绩特别出色的技术调查官承担法官助理的工作，并将他们朝着知识产权法官的方向培养。

（三）晋级激励机制

对于聘任制技术调查官而言，其薪酬标准在签订合同时就已经确定了。除了帮助他们合理规划职业生涯发展方向，提供各类培训的机会，如何激励他们、设计配套的晋级激励制度，也值得我们深思。

由于技术调查官制度设立时间不长，目前并没有针对技术调查官设立特别的职称评定办法。现有的在编人员按公务员年限晋级，与相应的行政级别对应，然而这类职称评定办法的缺点是没有反映出专业技术特点；与之相应的科研单位的工程师、高级工程师职称评定办法虽然能够体现专业特点，但是当前该评定并不对公务人员开放。

聘任制技术调查官虽然按照聘任合同，任期最长不超过六年，考虑到未来不同法院设立的技术调查室存在人员流动的可能，以及本人合同期满仍有机会转成委任制公务员继续担任技术调查官的可能，为了充分调动技术调查官的工作积极性，突出知识产权审判工作的专业特点，促进技术调查官队伍稳定可持续发展，笔者经过调研认为，参照国家知识产权局专利局、专利复审委员会《专利审查员资格评审办法》设立技术调查官等级评价办法是可行的，专利局审查员资格评审办法将审查员资格分为七级，晋升非领导职务时一般应具有的相应专利审查员资格如下：

非领导职务	专利审查员资格等级
巡视员	一级专利审查员资格
副巡视员	二级专利审查员资格
调研员	三级专利审查员资格
副调研员	四级专利审查员资格
主任科员	五级专利审查员资格
副主任科员	六级专利审查员资格
科　员	七级专利审查员资格

　　由于聘任制技术调查官选用的是中级以上技术资格、拥有五年以上技术领域生产、管理、研究经验的技术人员，因此不必设计与科员对应的等级资格，此外巡视员的等级过高，暂时也不必设置。初步方案是将技术调查官资格分为五级，从高到低依次为：一级技术调查官资格；二级技术调查官资格；三级技术调查官资格；四级技术调查官资格；五级技术调查官资格。首次参评技术调查官资格的资历条件为须进入法院技术调查室工作一年以上（含试用期）。建议参评对应的条件如下：

技术调查官资格等级	参评条件
一级技术调查官资格	具有大学本科以上学历和二级技术调查官资格五年以上
二级技术调查官资格	具有大学本科以上学历和三级技术调查官资格三年以上
三级技术调查官资格	具有大学本科以上学历及四级技术调查官资格，在法院技术调查室工作三年以上
四级技术调查官资格	大学本科毕业，参加工作时间七年以上；获得硕士研究生学位参加工作时间四年以上；进入技术调查室工作前具有高级职称
五级技术调查官资格	大学本科毕业，参加工作时间满四年但不满七年；获得硕士学位参加工作时间不满四年；获得博士学位，工作时间满一年

　　笔者建议技术调查官的技术等级与公务员行政级别的对应关系如下：一级对应正副厅（局）级；二级对应正处级；三级对应副处级；四级对应正科级；五级对应副科级。

　　进行技术调查官等级评审时，需要综合考虑任职技术调查官的年限、工作成效、参与技术调查案件的数量、参与课题研究、发表的文章等。今后发展方向是职称评定与薪酬挂钩，激励技术调查官走专业技术发展方向。从更长远的角度考虑，如果是委任制公务员，这样的晋级激励制度就显得更为重要。当然，这项制度的推行要经过进一步的论证并得到上级主管部门的支持，更详细的技术调查官等级评价标准还有待在实践过程中进一步建立和健全。

随着知识产权案件数量进一步增长，为提高技术事实查明的准确性和高效性，技术调查官队伍将逐渐成为一支不可或缺的力量。应在实践中不断探索和完善聘任制技术调查官选任、管理模式，设计好技术调查官的职业生涯，进一步稳定和充实这支法庭上的新生力量。

（责任编辑：徐卓斌）

中级人民法院推进多元化
调解机制改革的实践思考
——以上海市第一中级人民法院为研究对象

王剑平　　敖颖婕　　胡　哲*

2004 年，最高人民法院制定《人民法院第二个五年改革纲要（2004—2008）》，拉开了多元化纠纷解决机制改革的序幕。[①] 对于人民法院而言，多元解纷机制改革工作的主要内容还是集中在促进调解主体及调解方式的多元化方面。由于基层人民法院具有独特的层级优势和紧迫的现实需求，多元化调解改革工作首先在广大基层人民法院铺开，形成相对较为成熟的工作模式。相比较而言，中级人民法院的改革则起步较晚，很多工作机制有待完善。中级人民法院应将力量集中在改革的重心之处，以重心工作中存在的问题为导向，推进多元化调解机制的改革。

一、中级人民法院推进多元化调解的实践重心

对于人民法院而言，多元化调解机制改革的司法实践可以分为三个层面。一是技术层面，即通过制定具体的调解策略，以提高调解的成功率。但实际上，每一位法官或者调解员都会形成一套适合自己的调解技术，这些技术本身并不存在固定的标准，也不存在孰优孰劣的问题。站在法院角度上，就很

---

* 王剑平，法律硕士，上海市第一中级人民法院立案庭副庭长。敖颖婕，法律硕士，上海市第一中级人民法院诉讼服务中心办公室主任。胡哲，法学硕士，上海市第一中级人民法院法官助理。

① 龙飞：《论国家治理视野下我国多元化纠纷解决机制建设》，载《法律适用》2015 年第 7 期。

难去确定一个合适的方案。二是管理层面，即通过调整法院系统内的指导监督模式和法院内部机构人员设置、案件分流机制、案件调解机制，促进调解模式多样化、调解主体多元化，提高法院案件的调解率。比较普遍的做法是在法院内设专门的调解部门，并配备专职调解员，集中力量对大批量有调解可能的案件进行调解，并设定调解指标。三是制度层面，也可称为立法层面。即推动全国性和地方性立法，完善调解制度。目前，民事诉讼法及司法解释只规定了两类调解制度，即法院主持调解和法院确认调解协议，而且规定得较为原则，并未明确具体制度。所以推进调解多元化机制改革，必然会涉及立法的细化问题。然而除个别经济特区、较大的市等的人大对调解制度享有地方立法权外，绝大部分与中级人民法院对应的人大并无相关立法权。[②] 所以在制度层面改革，更多地应由最高人民法院以及高级人民法院去主导推动，中基层人民法院配合上级法院提供相关实践经验。

从上述理论分析中我们不难得出结论，中级人民法院的多元化调解机制改革的实践重心应当放在管理层面。再以上海市第一中级人民法院（以下简称上海一中院）的改革实践为例，我们也可以看出调解改革重心所在。该院对调解机制的改革起步于 20 世纪 90 年代，至今经历了五个阶段：

第一阶段为 20 世纪 90 年代初。这个时期经济纠纷逐渐增多，法院案多人少的矛盾初显，各地人民法院兴起了设立经济调解中心的热潮。[③] 上海一中院也在经济审判庭内部设立经济调解中心，集中受理经济纠纷并及时调解。

第二阶段为 1995 年至 2008 年。撤销经济调解中心，案件的调解工作由各个合议庭在审理案件的过程中开展，并鼓励合议庭调解结案，重视对调解率的考核。

第三阶段为 2008 年至 2014 年。开始探索多元化调解机制，同时强调审调适当分离。[④] 于立案庭设立调解组，合适的案件在移送至审判业务庭之前，先由调解组进行调解。调解人员除了在职法官，还聘请了退休法官、人民陪

---

② 尽管最新修订的《立法法》赋予设区的市的人大地方立法权，然而也仅限城乡建设与管理、环境保护、历史文化保护等方面，并不包括调解制度。

③ 吴庆宝：《论经济纠纷调解中心的规范化》，载《法律适用》1994 年第 5 期。

④ 陈福民、胡永庆：《审前程序与多元化调解机制》，载《中国审判》2007 年第 9 期。

审员、辖区街道司法助理等。

第四阶段为 2014 年至 2016 年。开始探索商事案件的多元化纠纷解决机制，并与上海商事经贸调解中心等多家组织签约，由立案组负责委托调解，引入社会力量化解商事纠纷。

第五阶段为 2017 年初至今，为落实最高人民法院多元解纷改革意见，撤去原有调解组，成立诉调对接中心，依托长宁区人民联合调解平台，优化常驻调解力量，扩展特邀调解力量，建立起开放式大调解体系。

从上述发展演变的过程可以看出，上海一中院在管理层面的调解机制，由于没有相关法律予以明确约束，会因管理理念的变化而产生相应的变动和调整，甚至出现反复的情形。综上，中级人民法院推进调解机制改革的重心应落脚于管理层面。

二、中级人民法院推进多元化调解之现实困境

各中级人民法院在推进多元化调解管理层面的改革时，或多或少会遇到一些问题，有些是各级人民法院均会遇到的问题，有些则是中级人民法院所面临的特有问题，主要有以下几个方面。

（一）辖区改革工作有待协调

目前，多元化调解改革不仅在试点法院中推行，在其他法院中也如火如荼地开展着，但大部分法院都面临着一个问题，就是有关辖区法院的指导监督机制尚未形成。一是缺少改革措施指导交流机制。如各基层法院在前期联建各调解组织的时候，往往是各自为政，相互之间的沟通并不是很多，重复联建或遗漏联建的情况时有发生，影响了联建的效率性。二是缺少改革成效的考核监督机制。各基层人民法院关于多元化调解的均是喜报连连，但是实际的效果究竟如何，需要建立统一的指标去进行考核。

（二）缺少编制与经费保障

多元化调解改革推进后，根据最高人民法院的意见，各基层人民法院都纷纷设立了诉调对接平台，大多数有独立编制和经费保障，这就为基层诉调对接工作开展提供了良好的基础。但是对于中级人民法院来说，没有发文依

据去落实上述保障，如何扩充调解队伍并有相应经费支持成为一个亟待解决问题。

（三）案件调解难度大

首先，中级人民法院受理的一审案件具有标的额大、案情复杂、专业性强等特点，因此调解难度很大。

其次，与基层人民法院的一审案件相比，中级人民法院受理的二审案件的调解难度相对较大。究其原因有以下几点：（1）经过一审长时间的对抗，二审案件中双方矛盾更加激化；（2）之所以进入二审，案件事实及其法律适用通常较为复杂；（3）由于已经有判决结果，当事人一般倾向于继续走司法程序，且被上诉一方也不愿意让步。

最后，上述案件调解难度大还可能带来一个衍生问题，就是出于调解率指标的考量，调解组织会不太愿意接受中级人民法院的委派委托。

（四）案件调解时间短

二审案件审理期限只有三个月，诉讼中委托调解并不能构成审限中止的理由，所以与一审案件相比，二审案件中留给委托调解的时间要少很多。即便是二审立案前的委托调解，由于案件进入二审程序时，双方之间为此耗时已久，此时调解也不宜时间过长，不可因片面追求调解率而放弃纠纷解决的效率性。

三、中级人民法院多元化调解管理模式之实证分析

中级人民法院多元解纷困境突破的关键在于调解管理模式的选择，目前实践中有多种调解管理模式，但不论何种调解管理模式，都可以视为由三个要素组成，即调解机制、调解力量、选案类型，也就是涉及怎么调、谁来调、调什么的问题。本节以上海一中院近十年的相关调解数据为样本进行实证分析，为中级人民法院调解管理模式之选择提供参考。

（一）调解机制比较分析

调解机制之选择即是涉及怎么调的问题。如前文所述，上海一中院自

2008年起就开始探索多元化调解改革，其调解制度及机构设置也几经变化，历年调解率变化详见图1。

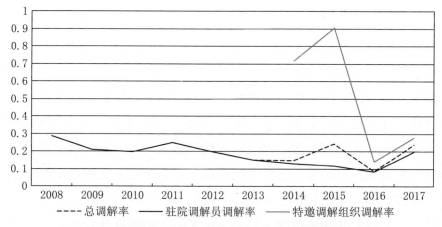

图1 调解组/诉调对接中心近十年调解率变化趋势

2008—2012年间，调解组调解率维持在20%左右；2013年起，新《中华人民共和国民事诉讼法》施行，小额诉讼适用一审终审制，不再上诉至中级法院，中级人民法院收案总体难度上升，调解难度也随之上升，调解率有明显下降，特别是驻院调解员的调解率下降明显，平均只有12%左右。2017年，新调解机制引入后，驻院调解员积极性得到极大提高，其调解率大幅上升至20%；此外，加大了特邀调解力量的引入力度，特邀调解比例上升至50%，将2017年总调解率再提升至24%。可以看出，开放型调解体系具有较为明显的比较优势。

（二）调解力量比较分析

调解力量的选择即是谁来调的问题。目前，特邀调解率虽然总体高于驻院调解率，但是由图1可以看出，仍处于不稳定的状态，数据参考意义不大。因此，本文对于驻院调解的常见三种调解力量，即人民调解员、人民陪审员、退休法官，根据上海一中院近十年的数据进行了统计分析，详见图2。

由图2可以看出，三种调解力量各有优缺点。退休法官的平均在职期间较长，即人员构成稳定，但工作积极性不高，调撤率较低，只有14.4%。人民陪审员的调撤率和平均在职期间居中，但由于还要从事陪审工作，月均收

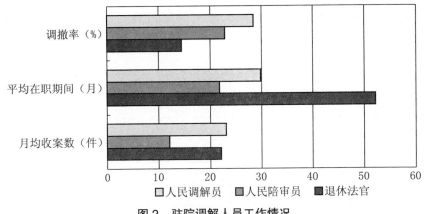

图2　驻院调解人员工作情况

案数较少，只有 15 件。人民调解员调撤率最高，达到 28.4%，月均收案数也最高，达到 23 件，其平均在职期间较短，即人员流动性大，平均在职期间不到 30 个月，但也基本满足用工需求。总体而言，人民调解员的工作效率是最高的，符合多元化调解改革的目的，宜作为驻院调解力量的首选人员。

此外，图 1 中驻院调解员的调解率变化情况也能够反映人民调解员的比较优势。2008—2011 年，驻院调解员由人民调解和退休法官组成，其调解率基本能维持在 20% 以上，2012—2016 年，驻院调解员仅由退休法官组成，其调解率下降至 15% 左右。2017 年重新引入人民调解员，调解率再次回升至 20% 以上。

（三）选案类型比较分析

选案类型即是涉及选什么的问题。本文就上海一中院调解组或诉调对接中心近十年调解案件的类型及相应的调解率进行分析，为调解选案提供参考。

其中，劳动纠纷、离婚纠纷、机动车交通事故责任纠纷、房屋租赁合同纠纷这四类案件收案量最大，占十年调解收案总数的 50%。但从下述图中也可以看出，收案量较大的如房屋租赁合同纠纷、房屋买卖合同纠纷调解率并不是非常理想，均不超过 15%，甚至是收案量最大的劳动合同纠纷，调解率也仅有 17%。同时，从图 3 及图 4 可以看出，某些收案量不大的案件，调解率却相对较高，比如委托合同纠纷、工伤保险待遇纠纷等。因此，房屋租赁及买卖合同纠纷等案件的选案标准可以适当提高，委托合同、工伤保险待遇等纠纷案件应当成为调解选案重点关注的对象，进一步提升驻院调解力量的调解成效。

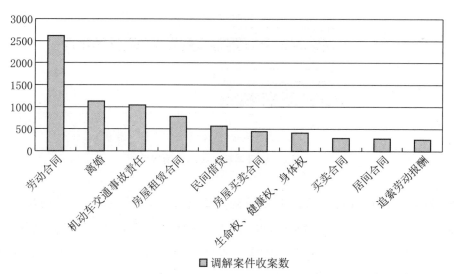

图 3　收案数前十案件调解率分布

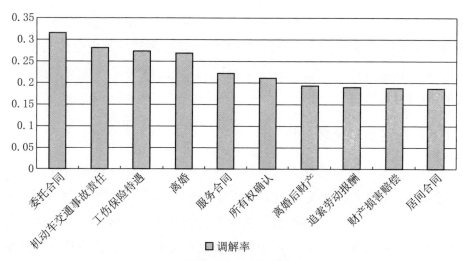

图 4　调解率前十案件案由分布

四、完善中级人民法院多元化调解机制的实践思考

中级人民法院调解机制多元化管理层面的改革，一方面要对外做好指导监督工作，另一方面要对内完善本院的调解机制，两方面工作要同步推进，

不可偏废其一。结合上文所析管理层面存在的问题，笔者对于中级人民法院如何完善多元化调解制度有如下几点思考。

（一）对外指导监督方面

在全国范围内开展多元化调解改革，依管理层次理论来看，从最高人民法院到高级人民法院，再到中级人民法院，则分别负责改革的战略规划、战术计划和运行管理。中级人民法院作为最低一级的管理层，就是负责解决怎么样把具体的事情做好的问题。中级人民法院作为推进改革的最牢抓手，能将改革的精神和方案贯彻落实到广大的基层人民法院中去。同时，《最高人民法院关于人民法院进一步深化多元化纠纷解决机制改革的意见》（以下简称《多元解纷意见》）也明确了中级人民法院在改革中的指导监督职责。中级人民法院开展对外工作的重心不宜落在自身平台对接建设方面，而应着力扮演一个管理者的角色，推动辖区内多元化调解工作的开展。

1. 积极争取地方党委和政府的支持

人民法院作为司法部门，其职能具有一定的被动性，[⑤] 中级人民法院在对外联动各组织机构推进多元化调解改革时，或多或少会遇到一些阻力，如果有当地党委和政府的支持则能顺利化解上述阻力。在过去的实践中，眉山中院、潍坊中院和马鞍山中院在推进多元化调解改革时首要的一条，也都是坚持党政主导第一位、全市一盘棋。[⑥]

2. 牵头协调联建事宜

《最高人民法院关于人民法院特邀调解的规定》规定，上级法院建立的名册，下级法院可以使用。对于服务范围为本市的调解组织，中级人民法院应积极牵头与之建立合作关系，将其纳入中级人民法院特邀调解组织名册，避免各基层人民法院重复联建与遗漏联建。对于某基层人民法院调解名册中特有的区县地方性调解组织，中级人民法院也可以在条件允许的范围内，在各

---

⑤ 齐崇文：《浅议法院在多元化纠纷解决机制构建中的角色定位——以"能动司法"与"被动司法"之争为视角》，载《东岳论丛》2011年第3期。

⑥ 李少平：《示范带动创新发展、不断提升多元化纠纷解决机制改革法治化水平》，载中国法院网，http://www.chinacourt.org/article/detail/2017/02/id/2545815.shtml，访问日期：2017年7月。

基层人民法院之间进行沟通，为辖区内其他基层人民法院与之共建提供渠道，拓宽其他法院的解纷途径。特别是很多地方性的行业协会等人民团体往往极具地方特色，而且在当地具有较大的影响力，此时中级人民法院出面协调统一对接显得尤为必要，如眉山中院在泡菜行业协会中发掘调解组织。⑦

3. 建立定期汇报交流制度

中级人民法院应在辖区内建立定期汇报交流制度，各基层人民法院就近期改革情况进行上报，包括案件多元化调解情况，驻院、特邀调解人员流动和培训情况，特邀调解组织培养和联建情况等。同时，定期召开研讨会交流和总结改革经验，可以将改革过程中出现的新情况和新问题予以探讨解决，也可以对多发纠纷进行有关调解技能的交流。如上海一中院诉调对接中心邀请相关的专家、法官、调解员，以讲座或者法官沙龙的形式对婚姻家庭纠纷、劳动纠纷等多发类型纠纷的调解经验予以交流探讨。

4. 定期监督考核

中级人民法院应定期对基层法院改革推进情况进行考核，考核主要包括两部分，一是法院内部调解的质效考核，二是辖区内纠纷多元化解情况的考核。前者主要通过法院内部案件的分流比例和成功率可以看出，比如浙江高级人民法院的"诉前化解率"指标。后者则需中级人民法院与综治部门相互协调配合，如眉山中院的"地区万人起诉率"指标。

（二）中级人民法院机构设置和人员配备

如前所述，中级人民法院的诉调对接平台在编制和经费保障上还存在一定困难，因此需要借用社会组织的调解力量，这也成为解决上述困难的有效途径。

根据相关规定，法院调解工作室的组成人员可以由司法行政部门派驻法院的人民调解员以及法院内部的专职调解员组成。⑧在实践中，各个法院往往根据本院的实际情况，自行调整调解队伍的构成。由于中级人民法院诉调

---

⑦ 刘楠：《多元化纠纷解决机制改革的"眉山经验"》，载《法律适用》2015年第7期。

⑧ 《关于深入推进矛盾纠纷大调解工作的指导意见》指出司法行政部门要在人民法院等部门设立调解工作室。《多元解纷意见》中规定，建立法院专职调解员制度，由擅长调解的法官或者司法辅助人员担任。

对接平台没有独立的编制和经费保障，组建专职调解员的难度较大，所以尽可能借用其他组织机构的调解力量。但是对中级人民法院来说，还有一个问题就是没有对应层级的基层司法行政部门与之联建进而提供驻院调解员。笔者认为中级人民法院所在地基层司法行政部门不失为联建的最佳选择。以上海一中院为例，组建诉调对接中心后，与其所在地的长宁区司法局建立合作关系，长宁区司法局派人民调解员入驻上海一中院诉调对接中心，并负责驻院人民调解员的考核与补贴发放，既解决了编制与经费不足的问题，也极大地丰富了调解员的来源。

（三）中级人民法院案件分流机制

案件分流是指将涌向法院的案件划分至不同的纠纷解决渠道的过程，当前的纠纷解决机制主要包括快速审理程序、驻院调解、特邀调解等。面对众多纠纷解决机制，有两个问题亟待解决。

1. 谁先选的问题

一批案件进入法院后，法院内部哪一个纠纷解决组织享有优先选择案件的权利是必须考虑的问题。一般情况下，简审团队（即速裁团队）和调解团队享有优先选择案件权利，前两个团队选完案件后，剩余的案件再流向正常审理程序，各个法院已就此达成共识。然而，对于简审团队和调解团队孰先孰后的问题，在实践中尚有不同的做法。

中级人民法院对于不同审级的案件应采取不同的分流模式。（1）一审案件。中级人民法院受理的一审案件一般较为复杂，不可能采取快速审理的模式。与审理相比，调解有其先天优势，往往可以绕过复杂的案件事实和法律，直接达成折中意见，化繁为简高效解纠。故只有调解团队会去选择该类案件。（2）二审案件。首先，大部分二审案件的事实认定和法律适用都是正确的，法官仅需围绕二审的争议焦点，判断一审对案件的事实认定和法律适用是否正确。此时，调解能化繁为简的优势就不再明显。其次，如前文分析，中级人民法院二审案件调解难度较大，其成功率远远低于基层人民法院一审案件。故从效率性的角度看，尤其是对简单的二审案件来说，快速审理的解纠效率比调解更高。当然，从彻底化解双方矛盾的角度来说，调解的优点是快速审理不可替代的。

综上，就二审案件而言，对于案件受理量不是很大的中级人民法院来说，如一些偏远地区的中级人民法院，调解团队宜优先选案。但是，对于中东部一些收案量巨大的中级人民法院来说，简审团队优先选案则是必要的选择。目前，上海一中院采用的就是简审团队优先于调解团队选案的模式，

2. 选什么的问题

选什么的问题也就是各个纠纷化解团队如何选择适合自己处理的案件的问题。选择合适的案件对能够尽可能避免同一案件多团队先后重复处理的情况，节约解纷资源，提高案件处理效率。调解团队如何选案，我们有如下几点建议。

（1）对于调解选案的一般做法，中级人民法院继续适用。一般来说，都是选取案情简单、争议不大的案件，倾向于选择当事人之间有亲友纽带的案件，避开当事人为国企、政府或当事人众多的案件。

（2）鼓励选取一审案件，选案时侧重联建调解组织的专长。尽管中级人民法院一审案件的调解难度很大，但相对于一审案件的审理难度来看，调解则有化繁为简直奔结果的优势，如能调解成功则是极大地节约了司法资源，所以应当鼓励调解团队对一审案件开展调解工作。同时，鉴于一审案件调解耗时较长，宜尽量实现案件委派委托调解，所以在案件类型选择方面应考虑特邀调解组织的专长。

（3）重点选取二审案件，选案时需考虑上诉动机。二审案件的调解难度相对较低，应当成为选案的主要对象，但选案时需要根据案件类型初步判断上诉动机。譬如，有的案件上诉只是为了走形式，这类案件调解成功的概率并不是很大，如保险公司与房屋居间公司上诉的案件；有的则是为了拖延履行，对这类案件进行调解就有较好的切入点，如民间借贷、房屋租赁。

（4）建立调解难度评价机制，提高选案准确性和效率性。对于经过了一审程序的上诉案件来说，一审的主审法官比较清楚该案是否适合调解，建议一审主审法官在当事人提出上诉后，对案件的调解难度进行评价，并提示调解工作的切入点和难点，以解决一二审法院之间虽然法律分析延续，但调解思路断开的问题。就一审的案件而言，其数量并不是很多，建议在每件一审案件立案时询问当事人调解意愿并就案情调解难度作出评价，为调解团队选案提供依据。通过调解难度评价机制，尤其是一审法官的评价极具参考价值，

中级人民法院调解团队在选案时就可以通过评分迅速将适合调解的案件分流出来，并参照一审思路针对性开展调解工作。

（四）中级人民法院案件调解机制

1. 一审案件宜以特邀调解为主，实现解纷资源优化配置

中级人民法院一审案件调解难度大、耗时长，而且涉及很强的专业性，如建设工程、知识产权、金融等。法院驻院调解人员精力有限，且对相关专业领域并不是非常了解，安排其调解一审案件则效果欠佳。而与法院联建的特邀调解组织，特别是解决类型化纠纷的行业调解组织，则对自身领域内情况较为熟悉。所以，一审案件宜以特邀调解为主，以减小驻院调解的工作量，特别是对于一些专业性很强的案件，尽量委托委派给专业调解组织，以实现解纷资源的优化配置。

2. 二审案件应注意把握调裁关系，兼顾司法效率

一方面，二审案件调解时间不宜长。二审案件审理期限只有三个月，调解并不能构成审限当然中止的理由，与一审相比，二审留给委托调解的时间要少很多。此外，由于案件进入二审程序时，双方之间为此耗时已久，此时调解也不宜耗时过长。另一方面，与一审相比，中级人民法院的二审案件平均难度较低，一般来说适用审判程序作出裁判并不复杂。故调解在节约司法资源方面的优势并不突出，适时作出裁判是快速化解纠纷的一个有效方式。所以，从司法效率的角度来看，在调解二审案件时要合理把握调裁关系，不可因片面追求调解率而放弃了纠纷解决的效率性。

3. 引入多平台网上调解机制，落实司法便民

早在 2007 年杭州市西湖区人民法院就开始探索"互联网＋调解"的工作，⑨ 上海也已经在全市范围内开通了在线调解平台。此外，可以考虑引入市场化网约调解机制，即依托市场已有的互联网平台，与之合作嵌入在线调解功能，法院不再管理平台的具体事务，而是交由市场运作，打造一个方便快捷、多方互动、自由竞争的市场化网约调解平台。官方在线调解平台和市场

---

⑨ 陈辽敏：《创新型多元化纠纷解决机制的构建与发展——以浙江省杭州市西湖区人民法院为例》，载《中国应用法学》2017 年第 3 期。

化网约在线调解平台形成互补，实现法院引导、市场参与的多平台网上调解机制。中级人民法院辖区范围较广，当事人居住地与法院所在地距离相对较远，来法院调解时间和经济成本都较高，在多个平台同步推进网上调解则能有效地化解这一矛盾，落实司法便民利民。

4. 推广嵌入式调解，提高调解率

中级人民法院的案件调解难度较大，原因之一就是案件进入法院初期，当事人希望通过审判程序实现自己的权益，对调解往往不是十分配合。因此中级人民法院应积极推广嵌入式调解，即审判业务庭在审理案件过程中可以将案件委托给诉调对接平台进行调解，将调解融入整个审判过程中。当当事人发觉审判程序并非其实现权益的最优选择时，调解难度会大为降低。同时，嵌入式调解实现了调解的人员分离、角色分离、程序分离和地点分离，确保了司法公正。⑩

5. 商事案件有偿调解，解纷方式市场化

由于中级人民法院在调解人员的配备上并不是非常充裕，所以应尽可能多地实现委派委托调解。由于商事案件纠纷本身就是从市场中来，那么其解纷方式也可以放到市场中去。目前，上海一中院就是与商事调解组织建立委托委派调解机制，通过有偿调解的方式激励商事调解组织的积极性，提高商事案件调解率。

五、中级人民法院案件调解的后续机制

中级人民法院案件的调解率一般在 20% 左右，案件分流进入调解团队后，必然有大量没能调解成功的案件，对这类案件进行分流需妥善处理，下一步流向哪个部门，应分情况而定。

对于有新证据、事实以及上诉理由，案情较为复杂的案件，或者一审判决可能存在问题的案件应当立即移送至审判业务庭，案件进入普通审理程序。

对于一审事实认定清楚、法律适用正确、案情简单的案件，可以移送至调解团队的合议庭。调解团队合议庭日常工作中主要有两方面职责，一是对

⑩ 李浩：《调解归调解，审判归审判：民事审判中的调审分离》，载《中国法学》2013 年第 6 期。

调解团队调解成功的案件以及对本院委派委托调解成功的案件，就其调解协议的内容进行司法审查，审查确认调解协议的内容符合法律规定的，出具调解书。二是快速处理一部分调解不成功的案件。由于二审案件审理周期短，若调解不成后移送至审判业务庭则耗时过长；而且，调解团队合议庭成员与调解人员经常接触，对案件情况较为熟悉，能就案件快速作出裁判，提高调解团队的分流力度。故对于案情简单且一审判决正确的案件，宜直接移送至调解团队合议庭。实践中，在调解团队合议庭工作量饱和的情况下，也可以考虑将部分调解不成，但适合快速审理的案件分流至简审团队，节约简审团队选案时间，实现部分简案的二次分流。

六、结语

多元化调解机制改革需要各级人民法院共同参与，不同级别的人民法院在改革中都有不同的定位，扮演着不同的角色。中级人民法院作为自上而下贯彻改革意见的抓手，需要将改革的重心放在管理层面，既要承担起一定的指导监督职责，抓好基层人民法院的改革工作，也要积极探索中级人民法院内部的多元化调解管理机制，形成可复制可推广的管理实践，推进多元化调解机制改革进程。

（责任编辑：俞小海）

新时代城乡融合背景下基层人民法庭的法治保障机制研究

——以上海法院 36 个人民法庭的运行情况为视角

卢腾达　唐　新[*]

一、问题提出——基层人民法庭的未来去往何处？

（一）人民法庭的发展历程

中国历史上人民法庭的雏形最早可追溯至第一次国内革命战争时期。随着农民运动的蓬勃发展，很多农村地区建立了以农民为主体的革命政权——农民协会。同时，以惩处、审判土豪劣绅等反革命分子的特别法庭也大范围建立，比如，湖南省1927年1月成立审判特别法庭就是典型代表，[①] 这成为此后革命斗争中专门人民法庭及新中国成立后人民法庭雏形。

土地革命时期，为保证党的土地改革顺利进行，中共中央1947年10月10日颁布施行由全国土地会议通过的《中国土地法大纲》，规定"对于一切违抗或破坏本法的罪犯，应组织人民法庭予以审判及处分。人民法庭由农民大会或农民代表会所选举及由政府所委派的人员组成。"[②] 这是最早有关于人民法庭的规定。据此，各解放区先后成立人民法庭，但其主要是基层农会或农联会组织，贫雇农为骨干，并有政府代表参加的群众性临时审判机关，性

---

[*] 卢腾达，法律硕士，上海市第二中级人民法院法官助理。唐新，法学硕士，上海市青浦区人民法院法官助理。（本文荣获最高人民法院举办的"第二届人民法庭高层论坛"主题征文活动二等奖）

[①] 张晋藩：《中国法制史》，群众出版社1991年版，第718页。

[②] 参照张希坡、韩延龙：《中国革命法制史（上）》，中国社会科学出版社1987年版，第456—561页。

质和任务不同于地方各级人民法院。新中国成立后，1950 年颁布的《人民法庭组织通则》再次明确规定了人民法庭设置。保障革命秩序及政府各项土地政令顺利实施，是当时设置人民法庭主要考量。此时的人民法庭是县市法院的民庭、刑庭外的特别法庭，审理与政治运动有关的案件，当特定任务完成后，又由省或省以上人民政府以命令方式撤销。③

现行人民法庭制度由 1954 年《人民法院组织法》正式确立，该法第十七条规定："基层人民法院根据地区、人口和案件情况，可以设立若干人民法庭。人民法庭是基层人民法院的组成部分，其判决和裁定就是基层人民法院的判决和裁定。"那时起，人民法庭又称"派出法庭"或"基层法庭"。经中央政法小组审定同意，最高人民法院 1963 年制定施行的《人民法庭工作试行办法（草稿）》确立了人民法庭职责：负责审理一般民事案件和轻微刑事案件；指导人民调解委员会工作，对人民调解委员会调解达成的协议，如果违背政策、法律、法令的，应当纠正或撤销；进行政策、法律、法令宣传；处理人民来信，接待人民来访；办理基层人民法院交办事项。同时规定，人民法庭的工作分驻庭办案和巡回审判两种，设置数量根据辖区面积和人口确定，对人口特别少的县，可不设法庭，实行巡回审判。④

"文革"期间，人民法庭建设停滞。1979 年《中华人民共和国法院组织法》恢复了此前的人民法庭制度。为积极促进人民法庭建设，1985 年至 1992 年，最高人民法院先后四次召开全国法院"两庭"建设会议，全国再一次兴建人民法庭。据统计，1998 年全国人民法庭达 17411 个，法庭干警有 75553 人。⑤

（二）新时代人民法庭的时代使命与未来发展定位

1998 年，第一次全国人民法庭工作会议召开，根据会议精神，新形势下人民法庭要向规范化、制度化、规模化方向发展，凡不利统一执法、与人民法院依法独立行使审判权的原则不相符的都应撤销，人民法庭的转型由此拉开序幕。1999 年 7 月 15 日，最高人民法院印发《关于人民法庭若干问题的规定》的通知，标志着全国大规模撤并优化改革开始进行，人民法庭的建设

③ 邵俊武：《人民法庭存废之争》，载《现代法学》2001 年第 5 期。
④ 胡夏冰，陈春梅：《我国人民法庭制度的发展历程》，载《法学杂志》2011 年第 2 期。
⑤ 刘嵘：《全国人民法庭工作会议综述》，载《人民司法》1999 年第 1 期。

标准从数量衡量转向重视审理案件质量。2005 年第二次全国人民法庭工作会议后，最高人民法院颁布《关于进一步加强人民法院基层建设的决定》《关于全面加强人民法庭工作的决定》，确定以人民法庭的建设为基层司法建设的重心，强化基层人民法庭各项工作配置。

2014 年 7 月 8 日，第三次全国人民法庭工作会议在山东济南召开，时任中央政治局委员、政法委书记孟建柱，最高人民法院院长周强发表了重要讲话。会议对 2006 年以来人民法庭工作情况进行了总结，对深化人民法庭各项改革提出明确要求，指引了方向：基层稳，则天下安，人民法庭作为基层法院的派出机构，是人民法院"基层的基层""关键的关键"，是社会主义司法制度的一大创造，在国家和社会治理中承担的责任特别重大。人民法庭工作不但不能削弱，而且必须加强。⑥

本次会议确立的原则和方向无疑是新时期里今后很长一段时间内，人民法庭的时代使命与未来发展定位：探索符合审判规律、简单易行、便民利民的方式，满足群众多元化司法需求；发挥人民法庭贴近群众的优势，创新便民利民机制，强化诉讼指导；优化人民法庭区域布局，推行巡回审判等方式，完善便民服务网络，减轻当事人讼累；积极参与基层社会治理创新，推动完善人民调解、行政调解、司法调解联动工作体系，加强与属地公安派出所、司法所、基层检察室等的联系；发挥普法优势，以案说法开展法治宣传教育。2014 年 12 月 4 日，最高人民法院颁布《关于进一步加强新形势下人民法庭工作的若干意见》，对第三次全国人民法庭工作会议精神在法律上予以了确认。

二、实证研究——上海法院 36 个基层人民法庭的运行状况

（一）上海法院人民法庭的基本情况

近年来，随着上海城乡经济、社会一体化进程深化，为充分发挥人民法庭的基层基础作用，上海根据各基层法院实际情况，统筹兼顾辖区面积、人口数量、案件数量及与法院所在地距离远近等因素，调整部分法庭布局并酌

---

⑥ 参照最高人民法院内网的"法院新闻摘报 2014 年第 10 期（第三次全国人民法庭工作会议和全国高级法院院长座谈会）"一文。

情增设部分法庭，先后在浦东、闵行、松江、嘉定等地区的城乡接合部、人口导入量大的街镇增设 12 个人民法庭。截至 2017 年 8 月底，上海市 16 个基层人民法院中有 9 个基层人民法院设有人民法庭，全市共设有人民法庭 36 个。⑦ 具体如下表：⑧

表 1　上海基层法院人民法庭所辖街镇区域分布情况

各区	总面积（km²）	法庭名称	所辖街镇名称	辖区面积（km²）	面积占比
闵行	370.75	颛桥法庭	颛桥镇、马桥镇、江川路街道、莘庄工业区	126.87	97.21%
		七宝法庭	七宝镇、古美街道	28.8	
		新虹桥法庭	新虹街道、虹桥镇、华漕镇	60.59	
		浦江法庭	浦江镇	78.51	
		梅陇法庭	吴泾镇、梅陇镇	65.62	
浦东	1210.41	陆家嘴法庭	陆家嘴街道、花木街道、洋泾街道、塘桥街道、潍坊街道	41.37	100%
		川沙法庭	川沙新镇、张江镇（含张江高科技园区）、合庆镇、唐镇	212.84	
		六里法庭	三林镇、周家渡街道、上钢街道、南码头街道、东明街道	57.37	
		金桥法庭	沪东街道、金杨街道、浦兴街道、金桥镇、曹路镇	91.65	
		外高桥法庭	高桥镇、高东镇、高行镇	97.82	
		周浦法庭	北蔡镇、康桥镇、周浦镇、航头镇、新场镇、六灶镇、原医学园区、原康桥工业区	221.82	
		南汇新城法庭	芦潮港、书院镇、泥城镇、万祥镇、申港	206.66	
		惠南法庭	惠南镇、祝桥镇、宣桥镇、老港镇、大团镇	355.98	

⑦ 相关数据系笔者从上海法院内网、通讯录、即时通信等综合统计而来。其中，因浦东新区的自由贸易区法庭为专业性法庭，且与外高桥人民法庭合并统计数据，故本文中不予单独列出。
⑧ 该表格中人民法庭所辖街镇的面积等数据，系笔者从上海市政府、各区、各街镇官方网站综合统计而来。

续表

各区	总面积 （km²）	法庭名称	所辖街镇名称	辖区面积 （km²）	面积 占比
奉贤	687.39	奉城法庭	奉城镇、四团镇、海湾镇、海港综合开发区	226.25	90.82%
		南桥新城法庭	金汇镇、青村镇、金海社区	163.36	
		柘林法庭	柘林镇、庄行镇、海湾旅游区	234.66	
松江	605.64	泗泾法庭	泗泾、九亭、洞泾	74.3	74.23%
		浦南法庭	泖港（五库）、叶榭（张泽）、新浜、石湖荡（李塔汇）	218.66	
		车墩法庭	车墩、新桥、东部工业区	101.36	
		佘山法庭	佘山	55.23	
金山	586.05	朱泾法庭	朱泾镇、吕巷镇	135.41	59.62%
		枫泾法庭	枫泾镇	91.66	
		亭林法庭	亭林镇、金山工业区	122.34	
宝山	270.99	淞南法庭	淞南镇、张庙街道、高境镇、庙行镇、大场镇	63.25	74.71%
		月浦法庭	月浦镇、罗店镇、罗泾镇	139.21	
嘉定	464.2	南翔法庭	南翔镇、江桥镇、真新街道	81.02	99.93%
		安亭法庭	安亭镇、外冈镇	140.29	
		嘉中法庭	嘉定镇街道、新城路街道、马陆镇	66.47	
		嘉北法庭	嘉定工业区、菊园新区、徐行镇、华亭镇	176.11	
青浦	670.14	朱家角法庭	朱家角镇、金泽镇、练塘镇	339.39	85.92%
		青东法庭	徐泾镇、华新镇、白鹤镇、重固镇、香花桥	236.41	
崇明	1411	庙镇法庭	庙镇、三星镇、绿华镇、新海镇、新村乡	345.04	79.32%
		堡镇法庭	堡镇、新河镇、港沿镇、竖新镇、东平镇（除前哨社区）	333.44	
		中兴镇法庭	中兴镇、陈家镇、向化镇、东平镇前哨社区	228.32	
		长兴法庭	长兴镇	160.6	
		横沙法庭	横沙乡	51.74	

从上表可看出，上海的基层人民法院中，已设置人民法庭的区包括闵行、浦东、奉贤、松江、金山、宝山、嘉定、青浦、崇明，这些区的相关街镇均有一个共同特征：位于城乡接合部、地理位置较为偏远，且地域总面积较大、人口导入量迅速上升，案件数量也逐年增长，社会矛盾较为突出。统计显示，上海市共有 105 个街镇、107 个镇和 2 个乡，⑨ 其中 9 个基层法院设置的 36 个人民法庭共覆盖了 123 个街道、乡镇或各类园区，区域覆盖率 57.48%。其中，9 个区人民法院所设立的人民法庭管辖合计面积占各区辖区总面积大都在 70%—90% 左右，浦东新区甚至达到全覆盖，最低的如金山区也占 59.62%，说明人民法庭布局从整体上来说还是合理的，应当说从很大程度上保障了群众的就近行使诉权的便捷性。

（二）人民法庭的所辖区域人口分布

区域人口分布也是人民法庭具体设置和选址的重要考量因素，遵循面向农村、面向基层、面向群众，坚持便于当事人诉讼、便于人民法院依法行使审判权的原则，上海在巩固原有法庭撤并成果的基础上，通过合理规划与调整，实现布局的进一步优化。根据全国第六次人口普查结果，上海常住人口 23019148 人，其中 36 个人民法庭所辖区街镇人口约 1298 万人，即人口覆盖率 56.39%，其中占 9 个区总人口数 80.96%，说明人民法庭的便利性已涵盖各区的大部分人民群众。具体如下表：⑩

表 2　上海基层法院人民法庭所辖街镇人口分布情况

各区	辖区总人口（人）	法庭名称	所辖街镇名称	所辖街镇人口（人）	人口占比
闵行	2429372	颛桥法庭	颛桥镇、马桥镇、江川路街道、莘庄工业区	535687	88.56%
		七宝法庭	七宝镇、古美街道	432493	
		新虹桥法庭	新虹街道、虹桥镇、华漕镇	424910	
		浦江法庭	浦江镇	292750	
		梅陇法庭	吴泾镇、梅陇镇	465598	

⑨　参照上海市政府微博"上海发布"2017 年 8 月 23 日信息《上海最新行政区划名称表公布》。
⑩　该表格中人民法庭所辖街镇人口数据，系笔者从全国第六次人口普查结果、上海市政府网站综合统计而来。

续表

各区	辖区总人口（人）	法庭名称	所辖街镇名称	所辖街镇人口（人）	人口占比
浦东	5044430	陆家嘴法庭	陆家嘴街道、花木街道、洋泾街道、塘桥街道、潍坊街道	580619	97.98%
		川沙法庭	川沙新镇、张江镇（含张江高科技园区）、合庆镇、唐镇	795634	
		六里法庭	三林镇、周家渡街道、上钢街道、南码头街道、东明街道	838695	
		金桥法庭	沪东街道、金杨街道、浦兴街道、金桥镇、曹路镇	768579	
		外高桥法庭	高桥镇、高东镇、高行镇	432663	
		周浦法庭	北蔡镇、康桥镇、周浦镇、航头镇、新场镇、六灶镇、原医学园区、原康桥工业区	843804	
		南汇新城法庭	芦潮港、书院镇、泥城镇、万祥镇、申港	194765	
		惠南法庭	惠南镇、祝桥镇、宣桥镇、老港镇、大团镇	487789	
奉贤	1083463	奉城法庭	奉城镇、四团镇、海湾镇、海港综合开发区	281259	59.95%
		南桥新城法庭	金汇镇、青村镇、金海社区	214137	
		拓林法庭	拓林镇、庄行镇、海湾旅游区	154128	
松江	1582398	泗泾法庭	泗泾、九亭、洞泾	405250	67.27%
		浦南法庭	泖港（五库）、叶榭（张泽）、新浜、石湖荡（李塔汇）	199368	
		车墩法庭	车墩、新桥、东部工业区	384340	
		佘山法庭	佘山	75507	
金山	732410	朱泾法庭	朱泾镇、吕巷镇	172892	51.56%
		枫泾法庭	枫泾镇	82477	
		亭林法庭	亭林镇、金山工业区	122265	
宝山	1904886	淞南法庭	淞南镇、张庙街道、高境镇、庙行镇、大场镇	721322	54.24%
		月浦法庭	月浦镇、罗店镇、罗泾镇	311980	

各区	辖区总人口（人）	法庭名称	所辖街镇名称	所辖街镇人口（人）	人口占比
嘉定	1471231	南翔法庭	南翔镇、江桥镇、真新街道	502227	100.00%
		安亭法庭	安亭镇、外冈镇	313399	
		嘉中法庭	嘉定镇街道、新城路街道、马陆镇	309941	
		嘉北法庭	嘉定工业区、菊园新区、徐行镇、华亭镇	345664	
青浦	1081022	朱家角法庭	朱家角镇、金泽镇、练塘镇	230663	69.46%
		青东法庭	徐泾镇、华新镇、白鹤镇、重固镇、香花桥	520162	
崇明	703722	庙镇法庭	庙镇、三星镇、绿华镇、新海镇、新村乡	104141	76.55%
		堡镇法庭	堡镇、新河镇、港沿镇、竖新镇、东平镇（除前哨社区）	197757	
		中兴镇法庭	中兴镇、陈家镇、向化镇、东平镇前哨社区	108064	
		长兴法庭	长兴镇	100809	
		横沙法庭	横沙乡	27921	

（三）人民法庭的法官配置、审判工作情况

近些年来，从各人民法庭办结的民事案件数量看，审理的案件数量呈现逐年递增态势。根据此前统计数据，从 2006 年至 2013 年的七年间，上海全市人民法庭共受理各类案件 409222 件，审结 405417 件。其中，2006 年全市人民法庭受理 31619 件、审结 30929 件，2013 年全市人民法庭受理 73032 件、审结 72318 件，同比分别上升 130.98% 和 133.82%。[⑪]从各相关法院结案量看，人民法庭以很低的法官员额配置却审理办结了相当比例的民事案件。具体如下表：

---

⑪ 参照原上海市高级人民法院邹碧华副院长 2014 年 10 月 30 日在上海法院人民法庭工作会议上的讲话《便民利民 规范创新 努力实现新时期人民法庭工作的新跨越》。

表3 2016年度上海部分法院人民法庭审结案件、法官配置情况

区法院	各法院民事结案总数（件）	法庭名称	法庭结案数	法庭结案数占全院比例	法官人数（人）	法官人均结案数（件）	总人均结案数（件）
闵行区法院	29616	颛桥法庭	4237	57.54%	9	471	396
		七宝法庭	3133		8	392	
		新虹桥法庭	3039		7	434	
		浦江法庭	1983		6	331	
		梅陇法庭	4649		13	358	
松江区法院	18336	泗泾法庭	4396	55.27%	7	628	621
		浦南法庭	762		3	254	
		车墩法庭	1178		5	236	
		佘山法庭	3800		8	475	
青浦区法院	13099	朱家角法庭	1022	18.53%	5	204	221
		青东法庭	1405		6	234	
崇明区法院	8157	庙镇法庭	714	64.99%	6	119	183
		堡镇法庭	2676		11	243	
		中兴镇法庭	781		5	156	
		长兴法庭	841		5	168	
		横沙法庭	289		2	145	

从上表可以看出，2016年大部分区人民法院的人民法庭均办结了全院50%以上的一审民事案件，充分发挥了处于司法为民最前沿、化解矛盾的第一线的巨大作用。其中，松江区4个人民法庭配置的法官人数仅23人，但却审理办结案件10135件，占全院结案数55.27%，法官人均结案数高达621件。闵行区5个人民法庭共有法官43人，审理办结案件17041件，人均结案数396件。崇明区的人民法庭则化解了全院64.99%的民事案件，青浦区的2个人民法庭人均结案量也达到221件。

（四）上海法院人民法庭的特色措施

1. 注重通过诉调对接、简易程序等灵活方式，就地化解矛盾

大多数法院将诉调对接中心的分中心设在人民法庭，在人民法庭设立诉调对接窗口，并以此为载体，探索法庭调解与就地化解相结合，诉前、审前和审中调解相结合，诉讼和人民调解相对接，以多元化方式解决矛盾。例如，崇明区人民法院中兴镇法庭通过设立审判站、点等方式，每月选派经验丰富的法官前往审判站，就近立案、调解、开庭，做到一站式服务。普陀区人民法院通过与街镇合作，在人民群众工作生活的社区设置法官工作室，让法官于固定时间地点在社区办公接待群众。有的法庭通过设立圆桌调解室、在调解区域布置群众喜闻乐见的倡导良好社会风尚的漫画等形式，营造良好的调解氛围。

2. 有针对性确定各法庭收案范围，实行类别化、集中管辖等区分

各法院从本区实际情况出发，结合本部法院与法庭的地理位置、人员结构、历史传统等因素，有针对地制定区别化的收案标准，或规定某些法庭仅受理个别案由的案件，或规定全区某类案件全部由某法庭集中管辖，以更好服务全局。例如，青浦区人民法院规定，民一庭与派出法庭按以下标准分案：涉及两个以上被告户籍地或注册地在不同的庭管辖区域的，由立案庭根据最密切联系原则确定受理部门。民一庭辖区为夏阳街道、盈浦街道、赵巷镇，朱家角法庭辖区为朱家角镇、练塘镇、金泽镇，青东法庭辖区为徐泾镇、华新镇等。奉贤区人民法院则规定，奉城法庭负责辖区内的普通民事案件、标的额 100 万元以下的买卖合同、加工承揽合同及房产类案件，并从 2015 年 9 月起，奉城法庭集中承办奉贤区内所有道路交通案件。⑫ 松江区人民法院 2012 年底成立的佘山法庭，作为全区审理机动车交通事故责任纠纷专业化审理部门，在 2016 年受理的 3800 件中，交通事故类案件 3543 件，占比 93.24%，佘山镇辖区案件仅 257 件。⑬ 松江区人民法院以此为基础，专门发布《上海市松江区人民法院机动车交通事故责任纠纷案件审判白皮书

---

⑫　参照上海市奉贤区人民法院内部网站签的法院简介、新闻信息后综合而来。
⑬　参照上海市松江区人民法院佘山法庭编印的《佘山法庭情况》2016 年第 1 期、第 2 期。

（2013—2015 年）》，延伸审判职能。

3. 参与社会基层治理、源头治理，强化预防和化解的结合

人民法庭贴近乡村群众，熟悉社情民意，能及时发现基层不稳定因素的迹象和动态，上海的人民法庭充分发挥在预防纠纷"天时、地利、人和"的天然优势，从矛盾预防和源头治理上下功夫，参与基层社会治理。例如，朱家角法庭制定《朱家角法庭司法协作网络实施草案》，与朱家角镇政府建立司法协作网络，创设"诉调对接指导站""巡回审判点"模式，在辖区每村、居等组织设立一名司法协作员，使镇村两级有关组织和人员部分参与司法活动，以"借力、解困、综治、展示"为宗旨，借助多方合力、解决审判难题、化解辖区纠纷、展示法院风貌。奉贤区奉城法庭创新建立"庭所联动""法官工作室""老徐工作室""村镇巡回法制宣讲"等，与辖区司法所、人民调解组织、交警队、派出所等形成联动，将农村当事人纠纷进行繁简分流，启用速裁工作机制，着重以诉前调解方式解决纠纷。

三、现实困境——基层人民法庭运行中存在的问题分析

总体上看，现有人民法庭各项制度运行是好的，但也存在不少问题困难，比如法庭与法院本部职能区分还有待进一步厘清，受案范围不明确某种程度影响群众诉权便利行使，立审执功能交织有悖于诉讼基本原则，案多人少矛盾较为普遍。

（一）人民法庭与法院本部、民一庭等其他业务庭的职能区分不清

根据最高人民法院《关于人民法庭若干问题的规定》第六条规定："人民法庭的任务：（一）审理民事案件和刑事自诉案件，有条件的地方，可以审理经济案件；（二）办理本庭审理案件的执行事项；（三）指导人民调解委员会的工作；（四）办理基层人民法院交办的其他事项。"该条文规定仅概括性规定审理"民事案件""经济案件"等，但具体包括哪些民事案件未明确，"经济案件"本身并非专门的案由分类标准。同时，最高人民法院在《关于全面加强人民法庭工作的决定》中又规定"人民法庭的案件管辖范围，由基层人民法院在自己管辖的一审民事、刑事自诉和执行案件范围内根据实际情况确定，并向社会公布"，这就造成了全国各地人民法庭案件管辖范围的不统一，

某种程度上给群众及时行使诉讼带来了诸多不便，有损司法统一及权威。有不少法院认为法庭与其他庭室无异，法庭与法院受理案件范围的区别仅以分管地域划分，近年来法庭受理案件也逐渐呈现标的较大、群体性诉讼频发、案情复杂等特点，因此并不符合人民法庭一般应审理较为简易案件的要求。另外，人民法庭不仅要承担案件审理工作，有条件的法庭还承担立案、执行工作，并开展巡回审理、就地办案、指导人民调解、法治宣传等，与法院本部其他内设庭室相比，显然要承担更多职能与社会责任，然而在实践中，对此也并无明确标准，法庭"面向农村、面向基层、面向群众"作用未得到充分发挥。

（二）存在"立审执"一体化诉讼服务与"立审执"分离的两难

最高人民法院《关于全面加强人民法庭工作的决定》第九条规定，经基层人民法院同意，人民法庭可以直接受理案件。法庭具有立案功能既是法庭现实工作的需要，也是为群众提供"一站式"诉讼服务的应有之义。法庭在延伸审判职能，对辖区社会矛盾提前介入、对人民调解进行指导、巡回审理时，常会碰到群众对纠纷要求处理，乃至要求起诉的情况，作为第一线工作人员，可即时提供诉讼指导，就地收案也利于减少当事人诉累，甚至经过法庭的现场勘查、调处，正式立案进入诉讼程序后，已具备相当程度的调判基础。上海实践中，也有相当部分的法庭已具备立案功能，例如上海首家综合性法庭——奉城人民法庭，提供立审执一体化诉讼服务中心，效果良好。[14]
但由于法庭人员配置少，且立案应遵循"立审分离"原则，这就对法庭提出更高要求，实践中多由法庭工作人员兼立案人员进行初审，电脑录入，庭长审批。缺乏专业立案人员导致以下弊端：对案件受理范围、管辖、主体、案由等规定与要求掌握偏差，对立案条线最新精神了解较滞后。另外，作为已承担辖区大量立案及审理工作的法庭，若开展执行工作面临更多困难：执行工作同样要求"审执分离"，既审又执难免导致被执行人抵触情绪，质疑司法公正；执行具一定专业性及技巧性，若一味强调法庭功能多样化，可能反而

---

[14] 参照 2010 年 7 月 15 日上海高院简报《奉贤区法院推进全市首家综合性多功能人民法庭 就地解决纠纷显成效》。

影响案件实际处理。

（三）农村地区厌讼情绪高、风土特色浓厚，导致法庭工作难度大

首先，农村地区厌讼情绪强烈。受到我国社会传统的"厌讼""无讼"观念影响，当事人往往认为纠纷应私下解决或找政府反映，对于诉诸法院存在天然抵触情绪。笔者就曾处理过一起相邻权纠纷案件，当事人认为邻居阻塞其门前道路，影响其通行权，并因此事常年信访，政府部门多次劝说其采取诉讼手段维护自身利益，但当事人坚持不愿起诉，直至基层组织、司法所与法庭联合做其工作，反复释明法律，才选择司法途径解决纠纷，耗费了相关单位大量时间精力。其次，文化程度、法律素养较低。农村当事人由于其所受教育所限，尤其是老年当事人，例如认为成为"被告"是对自身侮辱，无法理解在送达回证及笔录上签字的意义进而拒签，对公告、鉴定等耗时较长的程序性事项认为是法院故意拖延等。当事人对法律缺乏了解使执行工作也困难重重，例如，相邻关系纠纷当事人在拆除障碍物之后又另行搭建、再次侵权，不仅浪费司法资源，且造成双方积怨更深。再次，农村习惯、风土人情对审判工作提出了更高要求。例如，各地不同的婚嫁习俗在审理婚姻类案件时应予以一定考量，又如农业知识、当地俗语等对来自城区的法官也是挑战，更有甚者，上海农村社会还形成某些"村规民约"，例如针对创建文明城区、"美丽乡村"建设，制定行为规范整治违章搭建、家禽养殖及卫生治理等，还出现一些村委会以合同形式与村民"约法三章"、一方违约后守约方依据合同诉至法院的案例。

（四）基层案多人少矛盾突出，人才吸附力不强，审判资源紧张

上海市高级人民法院印发的《关于上海市法院人民法庭设置的若干意见》第四条规定："人民法庭至少应由五名法官、二名书记员组成，并至少配备一名司法警察。"但实践中，上海的人民法庭审判工作人员配置很少，案多人少矛盾较基层人民法院更为突出，例如，2016年泗泾法庭共受理案件4435件，但该法庭仅有7名法官，虽另配有7名法官助理，[15] 但审判压力依然巨大。另

---

⑮　该数据从上海市高级人民法院"上海市法院工作人员通讯信息"列表中统计得出。

外，由于法庭通常较为偏远、通勤不便，不少具丰富审判经验的老法官及业务骨干较少在法庭就职，法院干警普遍不愿去法庭工作，部分法庭干警希望早日回到法院本部工作，法庭对优秀审判人员的吸附力不强。但随着我国农村的飞速发展，新农村建设、城镇化发展带来的环境保护、拆迁工作的展开，法庭受理的纠纷日益呈现复杂化趋势，对法官的业务能力提出了更高要求，若没有一定人生阅历和社交技巧，往往难以把握案件走向、当事人心态，若简单一判了之，不仅可能挫伤人民群众对司法的期待，还有可能进一步激化矛盾。同时，因法庭远离法院本部，且法庭忙于繁重的办案任务、巡回审理、参与基层治理等，法庭条线的相关会议、专业学习培训也较少，法庭与法庭间交流较少，既不利于法庭工作人员了解审判理论实务最新动向与工作要求，也缺少先进经验的交流传播，从而使得法庭"闭门造车"、格局不高、只埋头于辖区事务。

（五）法庭的物质装备、信息化水平仍有待提高

目前，虽然上海市所有人民法庭均已基本达到《基层人民法院基本业务装备配备指导标准（试行）》中关于人民法庭装备配备的标准，均配备了庭审同步录音录像设备，局域网已基本接通，但部分法庭的物质及科技保障水平仍有待提高，例如，部分法庭安保设施及人员配置较为薄弱，对于处在社会矛盾第一线的广大法庭工作人员，面临的风险程度较高；部分法庭没有启用电子印章，诉讼文书、报表、报账、案卷送检、归档等无不要求干警频繁地往返于法庭和法院之间，直接导致办案经济成本和人力成本增加，严重影响审判效率；缺乏在线立案、在线查阅电子诉讼档案的功能，巡回审判无法做到同步录音录像并刻盘等，对于效果较好的巡回审理案件就无法进一步挖掘其法治宣传的价值。

四、出路探视——新时代城乡融合背景下人民法庭职能优化路径

如前述，当前人民法庭所面临的一个重大问题是，如何进一步准确把握职能定位。人民法庭职责范围越清晰，功能设计越合理，其所能展现出的作用也就越大。这是深化司法改革所要直面的问题，是巩固基层政权、服务人

民群众、强化基层建设的基本途径。根据前述上海市人民法庭的运行实际和存在的问题，提出以下建议。

（一）统一人民法庭的案件管辖范围标准，强化审判核心功能

根据现有规定，人民法庭负责审理辖区内的民事案件、刑事自诉案件，有条件的地方，还可审理经济案件，但具体案件类型则由基层人民法院在管辖的一审民事、刑事自诉和执行案件范围内根据实际情况确定、向社会公布，即全国并无统一标准。司法权是国家事权，人民法庭作为重要的一级基层组织，代表国家依法独立公正行使审判权，是人民法庭的核心职能。案件是行使审判权的基本载体，案件管辖范围的规定应最大程度上避免模糊不清、各地"百花齐放"，以最大化实现人民法庭审判功能，同时厘清与基层人民法院本部其他审判业务部门关系，避免审判资源与任务不均衡分配。考虑到目前人民法庭审理的民事案件大多都适用简易程序，根据最高人民法院《关于适用简易程序审理民事案件的若干规定》第十四条规定，"婚姻家庭纠纷和继承纠纷、劳务合同纠纷、交通事故和工伤事故引起的权利义务关系较为明确的损害赔偿纠纷、宅基地和相邻关系纠纷、合伙协议纠纷、诉讼标的额较小的纠纷"等六类纠纷人民法院在开庭审理时应当先行调解，且该六类纠纷在人民法庭审判实践中亦为常见的案件类型，为进一步落实人民法庭审理案件"应当将调解贯穿案件审理的全过程"原则，建议以修改民事诉讼法或制定司法解释的形式，明确规定人民法庭负责审理辖区内的前述六类民事案件。

鉴于刑事自诉案件的当事人往往是在公安机关不立案、调解无成情况下被害人采取的救济方式，起诉到法庭往往需法庭主动到案发地、深入群众了解案情，但目前人民法庭并无拘留的权力，对不到庭的被告人法庭暂无有效制约措施。此种情况下若由基层人民法院刑庭审理，可由法警拘传，能更好发挥审判职能。当然，若修改法律赋予人民法庭相应的司法拘留决定权，亦可将刑事自诉案件交由人民法庭审理。因"经济案件"概念不明确，建议不再在人民法庭案件管辖范围内作规定。

（二）成立综合性人民法庭，提供立审执一体化诉讼服务

笔者前一部分讲到，在人民法庭的实际工作中，常存在着法庭工作人员

自行审核立案、自行审理、自行执行的工作模式，这无论从诉讼法理论角度抑或是现实角度均只是权宜之计。2009 年上海的奉贤区人民法院成立全市首家综合性多功能人民法庭——奉城法庭，便是解决这一问题的可行之策，同时也很好体现了人民法庭"两便原则"和"三个面向"的要求。该法庭自成立以来，坚持便民利民，实行"立、审、执"一体化；延伸审判功能，推进社会矛盾化解；推行法庭简便工作法，凸显法庭特色，工作成效显著。具体而言，应建立诉讼服务一体化中心，基层法院的立案庭、执行局均在人民法庭设置派出人员或机构，分别设置相应的窗口，并严格按照诉讼分工规则将立案人员、执行人员与审判人员实行相对的分离设置，既能保证立案及执行标准的统一性、相关工作的专业性，方便当事人就近办理诉讼业务、免去往返奔波的诉讼成本，也能确保不违背诉讼原则。

（三）探索赋予人民法庭独立审级功能，增强司法自治

司法实践中，我国基层人民法院的人民法庭所办理案件尤其是民商事案件的数量和相应比例是非常高的，上海大部分区法院人民法庭办结了全院一半以上的民事案件，崇明的人民法庭 2016 年办理全院 64.99% 的民事案件，人民法庭事实上成为法院层级体系中极重要的一级力量。若这些案件均进入到二审程序，当事人诉讼成本和人民法院司法成本都会增加，有违"两便"原则。为充分发挥基层人民法院、基层组织就地化解矛盾功能，可考虑借鉴同为派出机构的街道办事处、公安局派出所等的功能定位和权限设置，探索赋予派出人民法庭一定程度的独立审级，并在基层人民法院设立上诉法庭，专门审理人民法庭的普通上诉案件。[16] 具体而言，人民法庭作出的裁判文书，均加盖本法庭的印章，当事人上诉案件则由基层人民法院本部特设的上诉法庭审理。同时，因人民法庭一般均管辖若干街镇，为避免造成与街镇党政机关性质混淆的错觉，进一步增强派出人民法庭的司法权威、司法自治，可借鉴最高人民法院设置巡回法庭的经验，以序号将各基层法院人民法庭冠以"某某区人民法院第一巡回法庭""某某县人民法院第二巡回法庭"等，重构

---

⑯　参照最高人民法院内网"焦点新闻"2017 年 9 月 8 日《江必新：在考虑审级制度改革时　要关注司法资源合理配置》，网址 http://www.court/static/jdxw/20170908/96489.html，访问日期：2017 年 9 月 9 日。

我国法院的审级制度。⑰

（四）全面加强人民法庭人财物和信息化保障，夯实基层治理基础

人民法庭作为"基层中的基层""关键中的关键"，发展中却被案多人少、晋升空间受限、人才流失等瓶颈问题困扰着。为夯实基础，司法资源配置要坚持重心下移、力量下沉、保障下倾，以制度激励优秀审判人才向人民法庭聚集，让其成为审判骨干的成长基地、领导干部的选拔基地和晋职人员的基地。首先，要统一受案范围、以案配人、以案配物。通过精确统计分析每个人民法庭所办理的案件数量、类型、难易程度等，合理配置人力资源和物质资源，并根据视情及时调整，避免出现司法资源浪费、忙闲不均。其次，要明确价值导向。将拟提拔任用的后备干部、重点培养的审判业务专家安排到人民法庭锻炼，明确在法官等级调整、职级晋升时给予倾斜，增强人民法庭对人才的吸附力，让其成为法院优秀人才培养的"蓄水池"。再次，要厘清人民法庭与街镇党政组织的关系。坚持人民法庭的审判核心功能，破除人民法庭的行政化干扰，在法律框架下依法参与基层治理，避免人民法庭成为街镇的"附属""保姆"之嫌，免除人民法庭繁忙的事务性工作，让法官专心审判。最后，要全面提升法庭的办公系统科技含量，全面实现电子办公，配备诉讼服务导引机器人、自助立案机、电子诉讼档案查阅设备等，实现远程立案、职能巡回审判等，打造"智慧人民法庭""数字人民法庭"。

（责任编辑：俞小海）

---

⑰ 2017 年 9 月 7 日，最高人民法院党组副书记、副院长、中国法学会副会长江必新在中国法学会审判理论研究会 2017 年年会暨"司法改革与法院组织法法官法修改理论研讨会"上发表题为"关于审级制度改革的几点思考"的主旨演讲，提出在人民法院组织法修改过程中，应考虑研究和论证赋予人民法院派出机构独立审级功能的合法性和合理性。

保险诈骗犯罪的特点、成因及对策建议

——上海市近年来保险诈骗案件审理情况分析

陆文奕　虞梦宇[*]

近年来，随着市场经济发展水平的不断提升，保险行业迎来了发展契机，但与此同时，过快的发展速度也导致保险行业出现了一些漏洞。一些不法分子为骗取保险赔偿金，采取种种诈骗手段，导致保险诈骗案件时有发生。虽然保险诈骗案件数量相对较少，但却与人民群众的生产生活息息相关，甚至在汽车销售、维修等个别行业内部形成了一些骗保的"潜规则"。[①] 保险诈骗行为导致了保险产品的价格上升，间接损害了众多善意投保人和被保险人的权益，也最终损害了保险的公正性和公平互助性，阻碍了保险业健康发展，破坏了国家的金融秩序。

本文通过检索中国裁判文书网、上海法院 C2J 智能辅助办案系统、审判执行管理系统等数据库，以 2014 年 1 月 1 日至 2018 年 6 月 30 日 [②] 为数据采集时间段，对在上述期间全国法院判决的保险诈骗案件的总体情况进行简单分析，对上海法院判决的保险诈骗案件 [③] 进行深入挖掘分析，总结此类案件在年份、区域分布、犯罪方式、共犯情况、犯罪金额、量刑等方面的基本情况，并从中总结出保险诈骗案件的基本特点，探析保险诈骗发生的主要原因，进而提出完善建议，以预防和减少保险诈骗案件的发生，进而促进保险行业

* 陆文奕，法学硕士，上海市第一中级人民法院刑二庭法官。虞梦宇，华东政法大学实习助理。

① 参见浙江省宁波市海曙区人民法院课题组：《保险诈骗罪案件专题分析报告》，载《法律适用》2018 年第 2 期。

② 本文中统计的 2018 年数据均截至 2018 年 6 月 30 日，下文不再赘述。

③ 上海市的相关裁判文书是通过检索中国裁判文书网和法院内部搜索引擎 C2J 得来，去同存异，一共 123 份判决书。

的健康发展。

一、保险诈骗案件的基本情况

（一）案件数量波动增长

通过中国裁判文书网上以"保险诈骗罪"为案由进行数据检索，2014年至2018年6月30日，全国法院共审理一审保险诈骗案件1186件。[④]各年中案件数量有一定的波动，但总体呈上升趋势，2017年达到顶峰。其中2014年209件，2015年123件，2016年299件，2017年345件，2018年（1月至6月）109件（详见图1）。

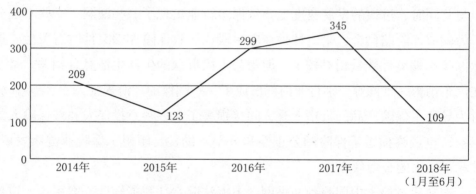

图1　全国五年内保险诈骗案件数量分布

案件发生的地区主要集中在东部沿海地区，居于前三的是江苏、浙江、山东，分别为126件、125件、108件。这三地经济相对较为发达，而保险诈骗作为金融犯罪的一种，其主要发生于东部沿海经济较为发达的地区也符合此类案件的特点（详见图2）。

从全国的案件数量来看，上海市案件数量位于全国前列，排名第六。中国裁判文书网的数据虽具有一定的代表性，但是其数据并不全面。本文将进一步通过上海法院C2J智能辅助办案系统、审判执行管理系统等平台收集更为全面、准确的数据来分析该类型案件的具体特征。

---

④ 全国的相关数据是以"保险诈骗罪、判决书、一审、2014—2018年"为关键词在中国裁判文书网检索得来。从中国裁判文书网检索出的上海市保险诈骗罪数量仅为76件。

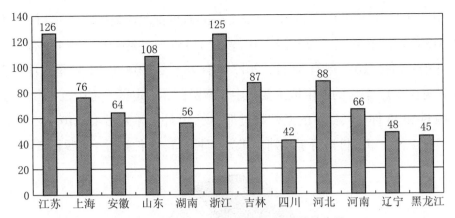

图2 全国五年内案件数量超过40件的省份

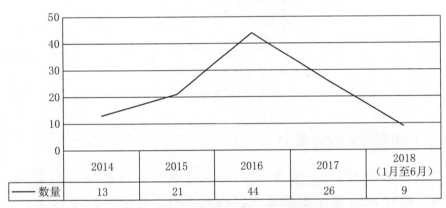

图3 上海市各年保险诈骗一审案件数量分布

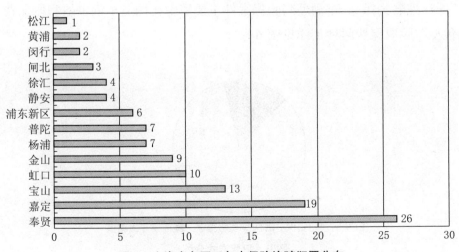

图4 上海市各区五年内保险诈骗犯罪分布

2014 年至 2018 年 6 月 30 日，上海法院审理的保险诈骗案件共 123 件，其中一审 113 件，二审 10 件，逐年呈上升态势。113 件一审案件中，2014 年有 13 件，2015 年有 21 件，2016 年有 44 件，2017 年有 26 件，2018 年（1 月至 6 月）有 9 件（详见图 3）。案件的发生地主要集中于奉贤区、嘉定区及宝山区，分别为 26 件、19 件和 13 件；其他区的案件数量都小于 10 件（详见图 4）。10 件二审案件中，只有 1 件二审案件进行了改判，其余 5 件维持，4 件撤诉（详见图 5）。

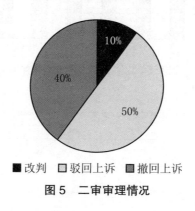

图 5　二审审理情况

（二）犯罪方式较为集中

在上海法院 113 件一审案件中，车辆理赔骗保案件比例最高，占 84.07%；医疗理赔骗保案件次之，占 12.39%；其他方式骗保案件占比 3.54%。从中可以看出，保险诈骗的犯罪方式主要集中于"车辆理赔骗保"和"医疗理赔骗保"。车辆理赔骗保案件主要集中在伪造车辆事故骗取保费和"顶包型"骗取保费两种（详见图 6）。

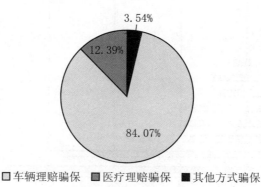

图 6　犯罪方式分析

（三）共同犯罪占比较高

在 113 件一审案件中，属于共同犯罪的共 67 件，占比 59.29%；其中共犯人数在 5 人以上的有 4 件，占比 3.53%（详见图 7）。共同犯罪主要集中于亲朋好友之间，常见于"顶包型"的保险诈骗，也有相当一部分集中在保险公司内外部人员之间相互勾结，包括投保人、被保险人、受益人与保险公司内部人员勾结，也包括投保人、被保险人、受益人与出具虚假证明的人勾结。

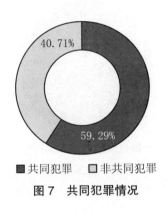

■ 共同犯罪　□ 非共同犯罪

图 7　共同犯罪情况

（四）犯罪金额总体不大

保险诈骗犯罪金额总体不大，在 113 件一审案件中，金额 5 万元以下的有 64 件，占比 56.64%；5 万元（不含 5 万元）以上 10 万元以下的有 23 件，占比 20.35%；10 万元（不含 10 万元）以上的 26 件，占比 23.01%；其中 50 万元以上的只有 3 件，金额最高为 67 万元（详见图 8）。

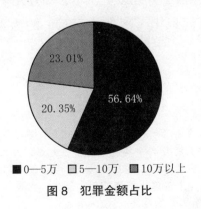

■ 0—5万　□ 5—10万　■ 10万以上

图 8　犯罪金额占比

（五）判处的刑罚相对较轻

1. 主刑情况

在113件一审案件的230名罪犯中，主刑判处有期徒刑的有182人，其中三年以上有期徒刑的有7人；判处拘役的有47人；免予刑事处罚的1人（详见图9）。保险诈骗犯罪的量刑总体偏低，这和它的犯罪金额总体不太适应。

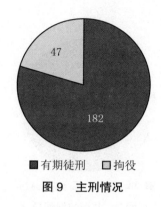

图9　主刑情况

2. 附加刑情况

我国刑法规定了保险诈骗犯罪采用的是并处罚金制，而在单位犯罪中并未规定对直接负责的主管人员和其他直接负责人员并处罚金。在判处刑罚的230名罪犯之中，除1人被免予刑事处罚和16名单位犯罪中的直接负责的主管人员和其他直接负责人员未被并处罚金外，[5]其余全部并处罚金，并处罚金的人数达213人。罚金的数额总体不高，其中罚金金额2万元以下的人数为180人，占比84.5%；金额2万元以上（不含2万元）5万元以下的为29人，占比13.7%；金额5万元以上（不含5万元）的为4人，占比1.8%（详见图10）。

---

[5]《中华人民共和国刑法》第一百九十八条第三款规定：单位犯第一款罪的，对单位判处罚金，并对其直接负责的主管人员和其他直接责任人员，处五年以下有期徒刑或者拘役；数额巨大或者有其他严重情节的，处五年以上十年以下有期徒刑；数额特别巨大或者有其他特别严重情节的，处十年以上有期徒刑。因此，在单位犯罪中直接负责的主管人员和其他直接责任人员不需要并处罚金。

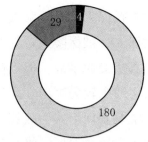

□ 2万以下　■ 2万以上（不包含2万）5万以下
■ 5万以上（不包含5万）

图 10　附加刑金额

3. 缓刑情况

在 230 名罪犯中，除 1 名被免予刑事处罚外，共 164 名罪犯被判缓刑，缓刑适用率达 71.3%。其中在有期徒刑中适用缓刑人数达 125 人，占有期徒刑人数的 68.68%；在拘役中适用缓刑的人数达到 39 人，占拘役人数的 82.97%。可以看出，保险诈骗案件缓刑的适用率相对较高（详见图 11）。通过对裁判文书的分析，缓刑适用主要考虑自首、从犯等法定从轻情节，其他酌定情节如退赃、经济赔偿、罚金缴纳等也一并纳入了考量范围。

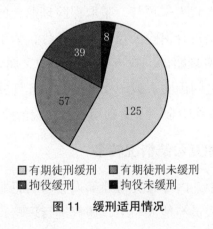

□ 有期徒刑缓刑　■ 有期徒刑未缓刑
■ 拘役缓刑　■ 拘役未缓刑

图 11　缓刑适用情况

二、保险诈骗案件的主要特点

（一）车辆骗保所占比例大

如前所述，车辆保险骗保案件占保险诈骗数量的 84% 以上，占比最高。车辆骗保行为方式多样，主要包括：（1）投保人、被保险人、受益人故意虚构、谎报车辆保险标的；（2）投保人、被保险人、受益人将交通事故夸大处理，谎报损失程度；（3）投保人、被保险人、受益人编造没有发生的交通事故，骗取保险金；（4）发生真实交通事故，但不符合理赔条件，让他人顶包理赔。其中，第3种情形在实践中较为突出。此类故意制造、编造保险事故骗保的"无中生有"型案件主要表现形式为故意制造单向、自撞、相撞等交通事故，编造、伪造事故现场，故意追尾、将车开进水塘、积水路段及伪造虚假证明材料等情形。

（二）亲属间相互顶包现象多见

该种方式是指当发生真实的交通事故后，事故相关主体不符合保险理赔条件，以骗取保险金为目的，让他人顶替成为事故的当事人骗取保险金。发生此类骗保行为的主要原因在于社会公众法律意识不强，未能认识到"顶包"理赔行为的严重性。常见情况有：（1）车辆驾驶员出现酒驾或醉驾情况，不能进行保险公司的正常赔付，为获得保险金，车辆驾驶员找人代替，向保险公司进行理赔；（2）车辆驾驶员无证驾驶发生交通事故，不能向保险公司的正常理赔，无证驾驶人找人来顶替，骗取保险理赔金的；（3）车辆驾驶员有其他违法驾驶行为，不符合保险公司的理赔条件，为了取得保险金，相关人员找人顶替，骗取保险理赔的。找人顶包案件中又属亲属间相互顶包居多，比如夫妻、父母子女之间因丈夫或子女酒后、无证驾驶发生事故后，由妻子或父母顶替驾驶员骗取保险金；子女利用父母住院治疗之机骗取保险金等。

（三）内外人员相互勾结情况较多

在保险诈骗犯罪中，内部人员与外部人员勾结犯罪现象较为常见，其中既包括保险公司工作人员与他人勾结，违规进行理赔，骗取保费，也包括第三方公司员工提供虚假事故调查报告，骗取保险金。当前阶段，保险企业的经营方式不够精细，过分关注业务开发与拓展，对内部管理不够重视，这给保险犯罪行为提供了可乘之机。同时，部分保险人员道德素质不高，为内外部人员相互勾结提供了可能。保险赔付工作一般比较繁琐，理赔程序比较多，理赔内容也比较复杂，通过与熟悉内部流程的保险公司内部人员相互勾结，成功骗取保险金的几率将会大大提高。

（四）犯罪情节总体相对较轻

通过对上海近五年保险诈骗案件的情况分析，犯罪情节总体不太严重。从犯罪金额来看，保险诈骗案件犯罪数额总体相对不高，犯罪数额 5 万元以下的有 64 件，占比 56.64%，占比最高；犯罪数额 50 万元以上的仅 3 件，金额最高为 67 万元。从退赃情况看，在保险诈骗案件中，罪犯大都主动退赃，以追求从轻、减轻量刑；除理赔款还未到手外，几乎都全额退赔。因此，保险诈骗犯罪所判处的刑罚也相对较轻，判处三年以下有期徒刑或拘役的罪犯占比达到 96.95%。

三、保险诈骗犯罪的成因分析

任何一个犯罪的发生都会有其特定原因，保险诈骗犯罪也不例外。在保险诈骗犯罪案件数量呈逐年上升的背景下，探析保险诈骗犯罪的发生原因，将有助于预防和减少保险诈骗犯罪的发生。经分析，主要有以下几点原因：

（一）保险诈骗收益高、成本低

保险合同成立以后，相关保险事故一旦发生，造成相应的损害，受益人就可以获得一定的保险赔偿金。面对保险赔偿金额的诱惑，一些不法分子不惜以身试法，实施骗保行为。由于当前保险业务操作尚不完善，骗取保险金成功的几率往往较高，且成本较低、行为较难被识破。这种高收益低成本的行为对不法分子颇具吸引力，成为保险诈骗犯罪多发的重要原因之一。

（二）保险诈骗具有隐蔽性

保险行业具有较强的专业性，业务信息不对称性，以致保险诈骗具有极强的隐蔽性，不容易被司法机关发现。该特性促使行为人产生侥幸心理，以为自己的骗保行为不会被发现，从而实施相关的诈骗行为。同时，保险诈骗一般是通过伪造或骗取书面文件进行的，而这些文件的取得通常经过周密计划，文件之间一般不会存在明显矛盾，更加促使保险诈骗的行为难以被察觉。

（三）部分保险人员从业素质不高

当前保险公司的保险人员之中，销售人员所占比重很大，而且很多并没有经过系统专门的保险知识培训。一些从业人员法制观念淡薄，在金钱的诱惑下，容易与投保人、被保险人、受益人相勾结，对投保人等的投机行为存在纵容心态，甚至实践中发生保险公司内部员工指导、共同实施保险诈骗的现象，骗取保险金。作为保险公司的从业人员，这些人更为熟悉保险公司的理赔程序，可以协助投保人、被保险人、受益人顺利实施骗保行为，致使骗得保险赔偿金的几率大大提高。

（四）普通公民保险意识淡薄

我国大部分普通公民的保险意识较差，对保险业务知之甚少，且部分人员认为保险诈骗没有受害者，他们的欺骗行为只是普通的民事欺诈，并不是犯罪行为。正是由于整体社会环境和社会公众对保险诈骗意识的淡薄，使得一些公众未对保险诈骗行为引起足够重视。

四、预防和遏制保险诈骗犯罪的对策建议

（一）进一步规范保险公司理赔规程

科学合理的理赔规程是预防保险诈骗的前提。保险公司在建立保险理赔规程时，应当注意以下问题：（1）坚持两人或两人以上对保险理赔材料进行检查、核实。相关工作人员应当相互监督，避免一方的违规操作。（2）坚持严格全面审查。保险人员应对理赔材料的真实性、可靠性、合法性、相关性进行全面审查，审查各种材料之间是否符合逻辑，是否能够相互印证。如发现材料之间有矛盾，要进行深入调查，直至矛盾能合理排除。（3）坚持理赔复核制度。支付保险理赔金不应该是保险理赔程序的终点。在支付完保险理赔金之后，需要对保险理赔材料进行复核，如有必要，可以进行实地考察。当发现疑点时，应重新审核相关理赔资料，并对问题提出质疑，解决矛盾。

（二）进一步加强保险公司内控管理

从统计数据中发现，保险公司内部管控漏洞主要集中于两方面：（1）保险人员为了提高业绩，吸引更多客户，对理赔申请材料审查不严；（2）保险公司工作人员违反从业义务，与外部人员勾结。从保险公司的内部管理角度

出发，保险公司须要求各级人员严格执行相关规章制度，严格审查理赔事项，并加强对内部从业人员行为的监控。具体而言，保险公司可以制定严格的理赔审核、理赔监控、赔案复核等制度，强化工作的规范性，积极防范保险诈骗行为。同时，保险公司还应加强保险人员职业道德教育和专业能力培训，着力提高保险公司人员的综合素质，提高对欺诈行为的识别和判断的能力，增强保险公司员工的反欺诈能力。

（三）进一步健全保险诈骗信息共享机制

在进行案件分析时发现，个别犯罪分子利用保险公司之间信息不通畅、未共享的短板，以相同手法在相近时间内骗取多家保险公司或者进行异地作案。对此，建议由保监会牵头建立、健全保险诈骗信息共享机制，让各家保险机构共同参与，运用大数据开展保险诈骗案件线索分析、识别类似诈骗手法、串并同类案件、共享移送信息等，实现保险行业内部的信息互通机制，借助信息化手段来预防保险公司被"骗保"。

（四）进一步加大犯罪惩罚力度

首先，应建立保险征信制度，将公民保险诚信纳入征信范围。如果行为人曾经有保险诈骗行为，当他再次投保时，就应对其进行更加严格的审查，甚至拒绝其投保。其次，应建立从业禁止制度，禁止失信人员从事保险业务。对于保险公司内部人员与投保人、被保险人、受益人相勾结，骗取保险金的，应取消其从业资格，并禁止其今后再从事相关业务。

（五）进一步增强法治宣传工作

保险诈骗案件日益增多也反映出法治宣传力度的薄弱，对保险诈骗行为的危害性和违法性没有进行很好的宣传，以致一些社会公众对保险行业认知不清，意识不到保险欺诈的严重性。因而，对于保险企业而言，可以借助多种宣传渠道对保险欺诈的相关知识进行宣传，让社会公众对保险行业和保险欺诈有一个全面深刻的认知。对司法机关而言，可以适时发布相关法律法规和典型案例，增强社会公众对保险诈骗犯罪的法律意识。

（责任编辑：潘庸鲁）

网购食药纠纷存在的问题及对策

——以近年来上海铁路运输法院审结的相关案件为范本

周 华 刘 梦 胡 伟*

随着电子商务的快速发展，网购成为人们重要的消费方式，网络购物纠纷呈现快速增长的态势。面对网购纠纷，尤其是涉关人民群众健康安全的网购食药纠纷中出现的新情况新问题，[①] 上海铁路运输法院（以下简称上铁法院）审慎应对、积极思考，在确保案件妥善审理的基础上，加强对该类案件的梳理与分析，系统分析相关纠纷的特点、发生原因及对策建议，希望为审判实践提供参考。

一、网购食药纠纷案件的主要特点

（一）案件撤诉率高

上铁法院自 2017 年 5 月集中管辖闵行、徐汇、黄浦、杨浦四区涉食品药品纠纷案件，至 2018 年 10 月，共受理网购食药案件 424 件，结案 303 件，其中判决率 32.26%，调解率 3.76%，撤诉率 63.98%。案件撤诉率较高。主要有以下几种原因：原告自知证据不足；原被告私下协商达成协议；在法官积极协调下，原被告达成一致；因相同被告相同商品提起多个诉讼，后因合并

---

* 周华，法学硕士，上海铁路运输法院审判委员会委员、民事审判庭（环境资源和食品药品安全案件审判庭）庭长。刘梦，法律硕士（法学），上海铁路运输法院法官助理。胡伟，上海师范大学法律硕士。

① 上海铁路运输法院集中管辖上海部分行政区划内的食药纠纷案件，故该类案件数量较多，具有丰富的审判数据和经验。

处理而引起撤诉。

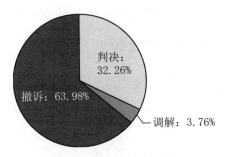

图1　结案形式概率统计

（二）被告缺席的情况较突出

在已审结的案件中，适用普通程序审理的案件占4.3%，适用简易程序审理的案件占95.7%。申请执行的案件占已审结案件的14.5%。从被告出庭应诉情况来看，以判决方式结案的案件中，缺席审判的案件约占一半，可见被告应诉率不高。

（三）职业打假的情况较多

如果把以食药品安全为由起诉的案件数量超过3件定义为职业打假的话，已结案件中，职业打假人提起的案件数超过已结案件总数的80%，职业打假现象突出。

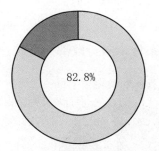

图2　相同原告的案件占比

职业打假之所以相对较多，究其原因，有两个方面：一方面是利益的驱使，《中华人民共和国食品安全法》（以下简称《食品安全法》）第一百四十八条规定的十倍赔偿，使打假人可以以较小的成本博取较大的利润。第二个方面，由于打假需要时间成本，相比职业打假人，一般消费者平时工作较为繁忙，除非遇到较大损害或价值较为巨大的物品，很少有精力专门为此提起诉讼。

（四）被告为公司的案件占比较小

从被告的身份来看，如果把被告分为个体经营和公司经营，在已审结的案件中，两者分别占 64% 和 36%。由此反映出，在网络购物的规范程度上，公司比个体做得更为规范，把关更为严格。从被告住所地情况来看，几乎遍布全国，没有特别明显的特征。

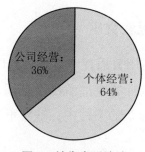

图3　被告类型统计

（五）多数案件未经行政处理而诉至法院

从原告在诉讼过程中是否请求行政机关介入的情况来看，原告申请行政部门检测的占判决、调解案件的 1.5%；起诉之前有过行政举报的占判决、调解案件的 1.5%；向行政机关咨询过的占判决、调解案件的 9%；而未事先向行政机关反映情况直接起诉至本院的占判决、调解案件的 88%。可以看出，所结案件中，超过八成的案件未向行政部门反映过情况，而直接诉至法院。

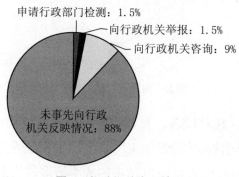

图4　行政机关介入情况

（六）十倍赔偿的支持率较高

从法院对诉请的支持情况来看，判决驳回诉讼请求的占判决案件总数的16.7%；判决支持十倍赔偿的占判决案件总数的80%；判决部分支持诉讼请求的占判决案件总数的3.3%。整体上看，法院对十倍赔偿的支持率较高。其中判决部分支持的情况是：支持退还价款而不支持十倍赔偿金，理由在于，被告销售者已经尽到了义务，不符合《食品安全法》第一百四十八条所规定销售者"明知"的情况。

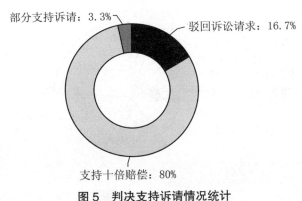

图5　判决支持诉请情况统计

（七）涉食品案件占比大

从已审结的食药纠纷案件来看，食品案件占95%，药品案件仅占5%。食药案件以食品类案件居多，是因为《食品安全法》有十倍赔偿的规定，而《中华人民共和国药品管理法》（以下简称《药品管理法》）并无惩罚性赔偿的规定。若涉案商品是食品就可能得到十倍赔偿，若涉案商品是药品则只能适用《合同法》作无效合同或者以合同欺诈处理，从理性经济人的角度，大部分原告（以职业打假人居多）更偏向于关注食品类安全问题，提起食品类索赔诉讼。

网购食品纠纷案件中，涉及保健食品的案件占判决案件总数的35%；涉及休闲食品的案件占判决案件总数的18.3%；涉及动物制品的案件占判决案件总数的15%；其他还有涉及奶制品、药品、酒类、茶叶的案件。

（八）因外包装、标签等原因起诉居多

在已经审结的判决支持诉请的案件中，外包装、标签不符合安全标准引发的纠纷占一半以上。主要原因是这类违规行为只需通过简单观察即可判断，且无需专业机构鉴定，原告所需成本较小。

从具体的违法类型来看，主要包括假冒包装、过保质期或无生产日期、禁止进口或禁止生产、普通食品含有药品成分、添加剂超标、无批准文号、无中文标签、虚假宣传、预包装不合法。

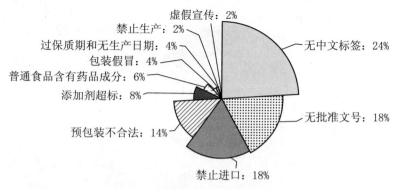

图6　食药案件违法类型统计

二、网购食药纠纷的发生原因

（一）网络店铺经营者的违法成本较低

网络平台开设经营店铺手续简单，规范性要求少，准入门槛低，网络平台对店铺的审查标准相对较低，导致一部分不具备经营能力的经营者涌入网络经营。部分网络店铺经营者甚至不提供真实身份、地址等重要信息，在利益的驱使下销售不符合食药安全标准的商品。当遇到举报、起诉等情况时往往会关闭网店，一弃了之，或改头换面另开新店。并且，对于网络店铺经营者的商誉问题，其他消费者并不知晓，其经营业务往往不会受到太大影响。

（二）网络交易平台前端监管的责任缺失

总体而言，网络交易平台对于商家注册准入管理普遍偏松，一般仅要求

网络商铺经营者提供相关证件的扫描件，并仅对其进行非常粗放的形式审查，造成一些不法经营者利用虚假信息进行注册或注册内容存在严重缺陷，网络平台对此缺乏有效监管。

在网络购物中，由于购物环境的特殊性，网络交易平台具有比普通消费者更为便利的识别条件和更高的识别能力，网络平台对于网络经营者的掌控能力也比普通消费者强，监管更为容易。但是，从我国现行法律规定看，网络平台仅在不提供经营者信息，或者明知经营者利用其平台侵害消费者合法权益的情况下才承担责任，这就使得即使网络平台没有对注册网店进行有效的监管，消费者都难以要求其与违法经营的网店就法律规定的十倍惩罚性赔偿承担连带责任。

（三）立法不够统一和完善

从法院现阶段审理食药纠纷类案件情况来看，主要适用的法律是《食品安全法》《药品管理法》《中华人民共和国合同法》(以下简称《合同法》)、《中华人民共和国消费者权益保护法》(以下简称《消费者权益保护法》)等。当审理具体案件时，如果该商品属于食品类，则依法适用《食品安全法》关于十倍赔偿的规定，消费者也因此能够得到较大数额的赔偿。但若这类商品被归为药品，且经营者存在违法经营行为侵害消费者权益的，法院适用《合同法》的规定，判决双方相互返还财物，或者依据《消费者权益保护法》第五十五条之规定，认定经营者存在消费欺诈行为，判令其给予消费者三倍赔偿。按照通常的理解，劣质药品比不安全食品更具有危害性，但国家对劣质药品的惩处和打击力度并不如不安全食品的惩处力度，与食品的十倍赔偿相比，有违公平合理原则。

（四）对不安全食药产品欠缺统一的处理方法

对于不安全食药产品的处理，尚未统一做法，在目前的司法实践中，一般要求原告将涉案食药产品返还给被告，这一做法存在让违法食药产品重新回到流通领域的隐患。若将违法食药产品交由法院处理，法院也没有相应的销毁渠道。对违法食药产品欠缺统一的处理方法不仅使得不安全食药产品对消费者存在潜在的危险，还可能会致使同一批食药产品再次被其他消费者起诉，浪费国家司法资源。

三、防范食药纠纷的建议

（一）提高网络经营者守法自律意识

一方面，加大对食药法律法规的宣传力度，使网络经营者了解自身义务、法律责任以及违法后果，引导形成正向心理预期，增强自律意识。另一方面，对违反法律规定生产销售食药产品的网店经营者进行严厉打击，通过让其承担十倍或三倍惩罚性赔偿等方式，提高网店经营者的守法意识，规范网店经营者的生产经营行为。

（二）完善网络交易平台提供者的前端监管责任

在众多的网络购物合同纠纷案件中，网络交易平台提供者往往以自己仅是平台提供者，对经营者做到了形式审查而且也配合原告提供了被告的信息，自己与所出售商品无关为由抗辩，依当前法律规定很难对其苟予法律责任。这种处理方式不利于净化网络购物环境，也不利于改善目前我国较为不安全的食药环境。笔者认为，作为网络平台提供者，对网络经营者负有相应的前端监管职责，应当设置专门的网络食品安全管理机构或者指定专职食品安全管理人员，对网络经营者的食品经营行为和信息进行动态的检查监控，一旦发现经营者存在不合法不合规情形的，应及时制止并向有关职能部门报告。同时，网络平台提供者应当建立健全法制宣传通告平台，多措并举，依法履行职责，加强对食品安全风险的控制和防范。

（三）完善和统一网络购物相关立法

在所收集的案例中，网络购物合同中的食药类案件最常适用的法律是《药品管理法》《合同法》《消费者权益保护法》《食品安全法》等，这些法律对于赔偿的规定并不统一。在食品类案件中，法院往往依据最高人民法院《关于审理食品药品纠纷案件适用法律若干问题的规定》第十五条"生产不符合安全标准的食品或者销售明知是不符合安全标准的食品，消费者除要求赔偿损失外，向生产者、销售者主张支付价款十倍赔偿金或者依照法律规定的其他赔偿标准要求赔偿的，人民法院应予支持"等十倍赔偿的相关条款。而在药品类案件中，由于没有特别法的规定，法院在审理药品类案件时只能寻找一般法，如《合同法》中关于无效合同的规定，即法院依据《合同法》第五十二条第五款规定，认为产生或销售了存在质量安全问题的药品，违反法律、行政法规的强制性规定。这就出现了虽然药品类案件相较于食品类案件后果可能更严重，但处罚更低的不合理现象。因此，对于食药等有关人民群众身体健康安全的立法应当进行统一，以促进裁判结果的合理协调，提升人民群众对法院裁判的认可度，同时给违法经营者以震慑。

（四）加大法律宣传力度，营造良好的食药安全环境

在食药纠纷中，笔者发现网店经营者对所售商品的标签问题、保质期问题、进口商品的检验检疫等情况有时不管不问，即使日后进入诉讼程序，网店经营者大多选择放弃自己的诉权，不愿意参加诉讼。可以看出，网店经营者的法律意识比较单薄。因此为了更好地解决食药纠纷类案件，提高网店经营者的法律意识，法院必须加大对食药典型案例的宣传力度，让网店经营者了解自身义务以及法律责任。

（五）规范牟利性职业打假行为

在食药类案件中，运用数据统计发现，约九成原告具有"知假买假"特征，对其行为的认定和处理，无论是社会公众还是司法实践都存在较大争议。职业打假是把双刃剑，有利的一面是打假行为有利于维护社会的食药安全，不利的一面是职业打假人其目的主要是为了赔偿，打假所针对的都是中文标签、食品包装等较为浅层次的问题，对于食品添加剂、内在质量不符合安全标准等更为深层次的食药安全问题鲜有涉及。对于职业打假的法律适用问题，还需要进一步研究，以便形成统一的、符合民事基本原则和立法精神的裁判标准，在司法裁判中对职业打假行为予以规范和引导。同时，对于职业打假集中的领域，需要善于梳理和发现行政监管不充分、不到位的有关问题，及时发出司法建议，促进食药监管部门完善监管措施。

（六）建立食药监管协作机制

违法食药产品需有一个统一的处理方法，不能放任其再回到流通领域。

建议加强与食品药品监督管理行政执法部门的协调沟通，将案件审理中的违法食药产品交由行政执法部门统一销毁。司法部门与行政执法部门联合行动，共同保障食品、药品安全。

（责任编辑：张心全）

出具证明文件重大失实罪的司法认定
——杨某等人出具证明文件重大失实案

黄思嘉*

［裁判要旨］

本案系上海首例出具证明文件重大失实罪案件，审理的要点有三：一是单位犯罪适格主体的认定标准，应当厘清涉案单位与其分支机构的关系、明确出具证明文件的法律主体；二是行为人是否明知证明文件失实的判断标准，应当严格依据在案证据考察行为人主观故意，确实无法查明时应采存疑有利于被告人的原则认定；三是被告人严重不负责任的入罪标准，应当根据被告人违反相关工作准则的行为对出具失实证明文件结果的影响作用大小来进行判断。

［案情］

公诉机关　上海市人民检察院第一分院

被告单位　A会计师事务所有限责任公司浙江分所（以下简称A公司浙江分所）

被告人　杨某、陈某、王某、徐某

A公司浙江分所为A会计师事务所有限责任公司（以下简称为A公司）的分公司，无注册资本，负责人为黄某。被告人杨某、陈某、王某、徐某在涉案期间均系A公司浙江分所的注册会计师。

2013年8月，B公司董事长卢某（另案处理）为解决公司资金困难，欲发行B公司中小企业私募债券，杨某遂以A公司名义承接了B公司审计项

* 黄思嘉，法律硕士，上海市第一中级人民法院法官助理。

目，并指派被告人陈某为项目负责人，进驻 B 公司进行现场审计。审计期间，杨某和陈某根据卢某提出的要求，违反审计准则，在缺少相关证明材料的情况下，将 B 公司巨额账外收入计入营业收入，对净利润进行调整，并把股东捐赠转为公司资本公积金。陈某在起草了审计报告初稿后，拒绝以项目负责人名义签名。嗣后，杨某安排他人代替陈某签名，还安排王某、徐某作为"签字会计师"签名。王某以及徐某均未对审计初稿进行审核，直接予以签名。同年 12 月，A 公司在复核后正式出具了标准无保留意见审计报告。B 公司据此获准发行 1 亿元的中小企业私募债券，并最终无力偿付该私募债本息。

2016 年 9 月，被告人杨某在得知公安机关正在侦查 B 公司涉嫌欺诈发行债券案后，多次组织被告人陈某、徐某等人进行商议和自查、更换内部审核表，还就审计过程等进行了串供。

[审判]

一审法院认为，A 公司承接 B 公司审计项目后，未按审计准则要求对 B 公司账外收入和股东捐赠情况进行审计，虚增了 B 公司营业收入、净利润和资本公积金，出具了上述内容重大失实的审计报告，造成被害人巨额经济损失的严重后果，构成出具证明文件重大失实行为。被告单位 A 公司浙江分所虽然实际参与了 B 公司的审计项目，但其仅系 A 公司的分支机构，并非 A 公司审计项目的承接者和审计报告的出具者，且现无证据证实涉案审计费用全部归属于 A 公司浙江分所，故不应认定 A 公司浙江分所构成出具证明文件重大失实罪（单位）。被告人杨某作为 A 公司浙江分所副所长和 A 公司审计项目的负责人，在本案中实施了组织、管理等行为，系直接负责的主管人员，其行为构成出具证明文件重大失实罪。被告人陈某作为 A 公司浙江分所注册会计师和审计项目的现场负责人，在本案中实施了现场审计和初稿起草等行为，系直接责任人员，其行为构成出具证明文件重大失实罪。被告人王某作为 A 公司法定代表人授权的签字注册会计师，在未按审计准则对审计报告进行审核的情况下草率签发审计报告，系直接负责的主管人员，其行为构成出具证明文件重大失实罪。被告人徐某作为 A 公司浙江分所的注册会计师，在未实际参与 B 公司审计项目现场审计的情况下，应被告人杨某要求在审计报告上署名，系直接责任人员，其行为构成出具证明文件重大失实罪。被告人杨某、陈某、王某、徐某在 A 公司出具证明文件重大失实行为中所处地位、所起作用不同，但不足以区分主从犯，可在具体量刑时酌处。四名被告人均系接到公安机关电话通知后自动到案，到案后对于涉案事实均作了供述，故可以认定四名被告人均具有自首情节。杨某、陈某、徐某在案发前实施串供等行为，应予从严惩处。杨某在家属帮助下能自愿补偿被害人一定经济损失，可予从轻处罚。综合上述量刑情节，可对四名被告人均予从轻处罚，并适用缓刑。公诉机关起诉指控杨某、陈某、王某、徐某的罪名成立，应予支持。

一审判决：一、被告人杨某犯出具证明文件重大失实罪，判处有期徒刑二年，缓刑三年，并处罚金人民币十万元。二、被告人陈某犯出具证明文件重大失实罪，判处有期徒刑一年六个月，缓刑二年，并处罚金人民币五万元。三、被告人王某犯出具证明文件重大失实罪，判处拘役六个月，缓刑六个月，并处罚金人民币五万元。四、被告人徐某犯出具证明文件重大失实罪，判处有期徒刑六个月，缓刑一年，并处罚金人民币五万元。

一审判决后，被告人陈某、王某、徐某以定性错误和量刑过重等理由分别提出上诉。上海市高级人民法院经审理后依法裁定：驳回上诉，维持原判。

[评析]

本案的主要争议焦点有三：一是 A 公司浙江分所能否构成本案单位犯罪的适格主体；二是如何认定行为人对证明文件存在明知；三是在出具证明文件失实罪中如何确定行为仍构成刑法上的严重不负责任。

一、单位犯罪适格主体的认定标准

由于现实生活中出具证明文件的主体一般表现为单位，故理应追究单位主体的刑事责任。通常情况下，在证明文件上署名或盖章的主体就是承担刑事责任的主体。然而，在涉及单位的分支机构或者内设机构、部门实施犯罪的案件中问题较为复杂，有必要根据实际案情厘清它们与单位的关系，划清各自的职责界限。具体而言，在出具证明文件重大失实类型案件中，单位的分支机构或内设机构、部门是否构成单位犯罪主体同时需考虑以下三个要素：

（一）"实施犯罪的名义"是否为分支机构、内设机构、部门

根据最高人民法院《全国法院审理金融犯罪案件工作座谈会纪要》（以下简称为《座谈会纪要》）的意见，"以单位的分支机构或者内设机构、部门的名义实施犯罪，违法所得亦归分支机构或者内设机构、部门所有的，应认定为单位犯罪"。可见，单位的分支机构、内设机构、部门能够成为适格主体的一个要件是"以分支机构、内设机构、部门的名义实施犯罪"。具体到出具证明文件重大失实罪案件中，不能简单根据实施犯罪的具体人员的劳动关系隶属于单位还是其分支机构、内设机构、部门来评判，而应当考察具体人员是接受谁的指派、代表谁实施行为、接受谁的监督管理，结合做出"出具证明文件"这一法律行为的主体以及落款的主体来综合判断。

（二）"违法所得的归属"是否为分支机构、内设机构、部门

《座谈会纪要》认为，单位的分支机构、内设机构、部门能够成为适格单位犯罪主体的另一要件是"违法所得亦归分支机构或者内设机构、部门所有"。出具证明文件通常需要收取一定的费用，在刑事案件中即为违法所得，故应当考察该违法所得的归属主体是单位还是其分支机构、内设机构、部门，并注意排除"走账"的形式表象，确定违法所得的真正利益归属方，只有违法所得确实归属于分支机构、内设机构、部门的才可以认定其为单位犯罪的主体。

（三）分支机构、内设机构、部门能否独立完成主要、重要的犯罪行为

出具证明文件重大失实罪案件中，有必要根据实际案情厘清分支机构、内设机构、部门与单位的关系，划清各自的职责界限，重在考察分支机构、内设机构、部门能否独立完成出具证明文件中主要、重要的工作，还是必须要借助单位的力量才能完成。如果证明文件上加盖的是单位的公章，而非分支机构、内设机构、部门的印章，则需要作实质性审查，即如果单位盖章只是走个流程，分支机构、内设机构、部门可以轻易取得盖印权的，一般不宜追究单位责任。如果单位盖章前负有实质审核的义务，则单位应作为犯罪

主体。

结合本案，法院认为公诉机关将A公司浙江分所作为被告单位，并不妥当。主要理由为：首先，从实施犯罪的名义上来看，被告人杨某虽然作为A公司浙江分所的注册会计师，具体洽谈承接了B公司的审计项目，但应当看到承接审计项目的合同以及审计报告上加盖的公章均是A公司，而非A公司浙江分所。而且在整个审计活动中，虽然大部分审计工作人员都来源于A公司浙江分所，但有少数审核人员来自A公司。因此，应当认为本案系以A公司的名义实施犯罪。其次，从违法所得的归属权来看，B公司支付的审计费用即违法所得，除少部分作为签字费支付给各名被告人和相关人员外，大部分流向A公司，而非A公司浙江分所。因此，应当认为A公司享有违法所得的归属权。再次，从审计报告的制作流程来看，包含了撰稿、现场负责人复核、部门经理复核、质量监管部复核、项目合伙人复核、质监会办公室意见、质量与技术标准委员会意见等诸多环节，参与这些环节的审计工作人员不仅包括A公司浙江分所的本案被告人，还包括A公司的工作人员。特别是A公司法定代表人黄某不仅对B公司审计项目明确知晓，还授权王某作为签字注册会计师。显然，A公司浙江分所无法独立地完成整个证明文件的出具工作，其中一些重要的审核、授权职责掌握在A公司手中，如果把A公司浙江分所作为单位犯罪主体，则不利于对A公司其他经办人员作出责任评价。综上，法院对公诉机关指控A公司浙江分所构成单位犯罪不予支持。

二、行为人是否明知证明文件失实的判断标准

行为人对证明文件失实是否明知，是出具证明文件重大失实罪和出具虚假证明文件罪的重大区别点，如果系明知而故意出具且情节严重的则应认定为提供虚假证明文件罪，如果确系不明知而因严重不负责任导致严重后果发生的则应认定为提供证明文件重大失实罪。然而，明知作为行为人的主观要件要素在具体案件中判断比较困难，需要结合客观证据加以推定。在一些含有"明知"规定的司法解释中，往往采取"概括＋列举式"的表述方式，有学者将此表述方式定义为"可反驳的客观推定"，一方面在总结案例的技术上，将司法实践中普遍和成熟的客观事实情况予以列举，作为推定的基础事

实；另一方面，推定必须是可辩解的，否则就会违背合法性的最低标准。①目前最高人民法院尚未就出具证明文件重大失实类型案件出台相关司法解释对"明知"的情形加以概括和列举，司法机关需要个案分析。我们认为，行为人对证明文件失实是否明知，应当基于其具有的专业知识和职权职责进行判断，注重审查其是否具有认知的义务和可能性。

结合本案，被告人杨某和陈某是否明知审计报告不属实这一问题存疑，表现为：杨某、陈某到案后供称他们明知 B 公司未提供相关合同、询征函、缴税凭证等证明巨额账外收入的基础材料，不明知股东会决议系虚假，但因审计任务紧、期限短等原因，在未要求补全和核实清楚相关材料的情况下匆忙出具了审计报告。依据《中国注册会计师审计准则》的相关规定，对于上述情况审计人员应当出具保留意见或者否定审计报告。本案中，虽然存在杨某授意陈某如何落实 B 公司的审计要求、陈某未在审计报告底稿和结论上标注或提示重大瑕疵且拒绝签名等异常情况。但在案其他证据难以印证两人对审计报告虚假事项如股东决议会议系虚假等情况的明知，结合 B 公司的涉案人员否认双方有任何利益输送的情况，可按照存疑有利于被告人的原则，最终支持公诉机关起诉指控的出具证明文件重大失实罪。

三、被告人严重不负责任的入罪标准

出具证明文件重大失实罪的构成要件之一是被告人是否属于严重不负责任。笔者认为，要判断案情是否符合该构成要件需要考察具体的责任内容和严重程度。具体而言，责任应当指行为人工作中应遵守的工作规范和职责，而严重程度应当指行为人违反工作规范和职责对造成证明文件失实的影响作用大小。

本案中，证明文件是审计报告，被告人是审计人员，其责任当然地指相关审计规范和职责。严重程度是指被告人违反审计规范和职责的行为对最终出具失实审计报告的影响大小。（1）杨某在审计期间，指派被告人陈某等人进行现场审计，与陈某商议如何落实 B 公司的相关要求，在陈某拒绝签名后

---

① 王新：《我国刑法中"明知"的含义和认定——基于刑事立法和司法解释的分析》，载《法制与社会发展》2013 年第 1 期。

又安排他人代替陈某签名，还安排王某、徐某作为"签字注册会计师"签名。此举严重违反审计准则，存在严重的管理不善的情况。因此，杨某系 B 公司审计项目的负责人，系单位犯罪直接负责的主管人员。（2）陈某系 B 公司项目的现场负责人和审计报告初稿的起草者，未按审计准则要求对 B 公司账外收入和股东捐赠等进行审核，亦未在审计报告底稿和结论上标注或提示上述重大瑕疵，最终出具无保留意见的审计结论。不论其出于何种原因拒绝签名，都不能成为正当的免责事由。因此，陈某应认定为 B 公司审计项目的实际执行者，系单位犯罪的直接责任人员。（3）王某作为 A 公司法定代表人授权的签字注册会计师，理应对中 B 公司审计报告的真实性、完整性进行复核。然而，王某不仅没有核实 B 公司巨额账外收入和股东捐赠等重要审计调整事项，甚至都未发现徐某并非 B 公司项目现场负责人等重大瑕疵。因此，王某系 B 公司项目审计报告的签发人，系单位犯罪的直接负责的主管人员。（4）徐某作为 A 公司浙江分所的注册会计师，在未实际参与 B 公司项目现场审计的情况下，应被告人杨某要求在审计报告上署名，严重违反了《财政部关于注册会计师在审计报告上签名盖章有关问题的通知》中"出具审计报告应当由会计师事务所主任会计师或其授权的副主任会计师和一名负责该项目的注册会计师签名盖章并经会计师事务所盖章方有效"的规定。因此，徐某系 B 公司项目的违法签字人，系单位犯罪的直接责任人员。综上，上述被告人的行为可以归纳为管理不善、审而不签、签而不审三种类型，已经严重违背了相关审计工作规范和应尽职责，对最终出具失实的审计报告造成了直接、重大的影响，故应当以严重不负责任予以评价。特别需要指出的是，杨某在案发前多次组织陈某、王某、徐某以及其他涉案人串供、隐藏罪证，以推脱罪责，对抗司法机关调查，理应受到刑事制裁。

（责任编辑：孟猛）

以销售团队名义订立的奖励金合同性质的认定

——艾某某诉上海鹭金投资有限公司
其他劳动争议纠纷案

顾晨毅　范亚丰*

[案情]

原告　艾某某

被告　上海鹭金投资有限公司

原告与被告签订有劳动合同。2014 年 7 月，被告将原告派至负责"象山项目"的销售，担任项目销售负责人工作。2015 年 3 月 24 日，原告发起"象山项目 2015 年销售激励方案"的工作传签单，经被告管理人员会签后，最终确定激励方案为"全年签约均价不低于 9000 元、营销费用包含所有营销成本支出包含物业费、全年回款 8000 万元给予 1% 奖励"。2015 年 5 月 4 日，原告发起工作传签单，因一季度销售目标完成，向被告申请向"象山项目"团队发放奖金 10 万元。经被告管理人员会签后同意，被告将上述款项转账至团队成员账户内，然后分发给团队其他成员，原告取得 4 万元。2015 年 7 月 9 日，原告发起工作传签单，因二季度销售目标完成，向被告申请向"象山项目"团队发放奖金 30 万元。经被告管理人员会签后同意。2015 年 8 月 12 日，原告账户内收到第二季度奖金 30 万元，原告将其中的 10 万元分发给团队其他成员，自己留下 20 万元。2016 年 1 月 21 日，原告发起工作传签单，提出"象山项目"全年完成签约金额 1.23 亿元、回款金额 1.27 亿元，要求向原告个人发放 1% 激励奖金。但被告未同意原告的上述申请。2016 年 7 月 11 日，

---

* 顾晨毅，法律硕士，上海市嘉定区人民法院执行裁判庭庭长。范亚丰，法学硕士，上海市嘉定区人民法院法官助理。

原告向被告提交辞职报告，提出解除劳动关系。2017 年 1 月 16 日，原告向上海市嘉定区劳动人事争议仲裁委员会申请仲裁，要求被告支付销售奖励金。2017 年 3 月 20 日，仲裁委裁决对原告的请求事项不予支持。

原告诉请：2014 年年底，原告提出"象山项目"的浮动费率包干制激励方案，并经邮件传签，最终由被告修改确认，且被告于 2016 年 1 月 18 日对整个团队的业绩予以确认，回款总金额已超过方案所要求的金额。按照双方约定，原告作为销售团队的负责人，日常季度奖金系由原告自行分配，因此理应参照原先季度奖金的分配比例获得 60% 的激励奖金。故要求被告支付2015 年销售奖励金 76.20 万元。

被告辩称，原告系被告员工，在 2014 年 7 月由被告派往"象山项目"担任销售及第一负责人。原告提出的销售奖励金没有相应的约定，也没有相关的计算标准，被告从未与原告个人达成销售奖励方案或协议，并且销售奖励金的发放应由被告决定是否发放，并根据员工实际表现决定。原告提出的奖励分配比例和分配金额没有依据，被告不予认可。

[审判]

上海市嘉定区人民法院经审理后认为，根据原告提交的工作会签单证实，且被告在仲裁时亦认可该激励方案的存在，还主张其已经根据激励方案发放部分奖金，因此确定原告所在销售团队与被告达成 2015 年激励方案合意。

原告提交的相关证据初步证实所述的销售目标完成，被告虽否认，但未提交任何有效的证据予以反驳。被告在庭审中亦对原告提交的数据予以确认。因此，对原告主张的认定原告所在团队符合领取 2015 年销售奖励金的条件予以采信。

根据在案证据证实，被告已经支付原告所在团队部分季度奖金，原告取得其中的部分奖金。但季度奖金的分发情况并无确定比例，分配人员亦不固定。原告未提交证据证实销售奖励金亦按照季度奖金的分配方案执行。因此，在原告所在销售团队人员、分配比例不确定的情况下，原告单独向被告主张全部激励奖金的 60% 的依据不足。综上，上海市嘉定区人民法院判决驳回原告的诉讼请求。

判决后，原被告双方均未提起上诉，现一审判决已生效。

[评析]

一、当事人在劳动争议诉讼过程中推翻在劳动仲裁中已经作出的陈述或者否认已经对对方陈述或事实的承认，人民法院可以适用禁止反言原则进行规制

民事诉讼中的禁止反言原则是指民事诉讼的当事人在诉讼中对对方提出的事实或证据进行承认后，不得随意撤销的原则。现行法律对禁止反言原则并没有明确的规定，该原则更多体现在人民法院日常的审判实践活动中。《最高人民法院关于民事诉讼证据的若干规定》第八条第四款规定："当事人在法庭辩论终结前撤回承认并经对方当事人同意，或者有充分证据证明其承认行为是在受胁迫或者重大误解情况下作出且与事实不符的，不能免除对方当事人的举证责任。"该条规定表明除非经对方当事人同意，或者有充分证据证明其承认行为是在受胁迫或者重大误解情况下作出的且与事实不符，当事人在法庭辩论终结前撤回承认的，应确认其承认行为的有效性，对方当事人不必承担举证责任。禁止反言规则体现了诚信原则和程序安定原则，要求当事人在诉讼过程中应当对自己的陈述负责，不得随意推翻已经作出的陈述或者否认已经对对方陈述或事实的承认，从而维护相对方当事人的信赖利益，也保证了自认原则的执行。

劳动争议案件不同于普通民事案件，在诉讼之前需经劳动仲裁裁决，但仲裁裁决认定的事实在后续的诉讼中效力如何，我国法律并没有进行明确的规定。如果当事人在诉讼阶段的陈述或承认的事实与劳动仲裁期间不一致，是否可以适用禁止反言原则？笔者认为可以适用，劳动仲裁虽由作为行政机关的仲裁机构作出，但仲裁机构所作出的裁决书在当事人未于法定期间内起诉的情况下即产生法律强制执行力，表明劳动仲裁具有司法性特征，因此，当事人在劳动仲裁期间与诉讼中的陈述与承认的事实应当保持一致。法院通过运用禁止反言原则，可以加强劳动仲裁程序与劳动诉讼程序的衔接，避免对案件事实不必要的重复审查，提高办案的效率。

本案中，原告主张其提出销售激励方案，被告管理人员经审查后最终会签同意，传签单有最终结果，确定了相应的激励方案。被告在劳动仲裁庭审中也承认有激励方案，还主张已经根据激励方案发放奖金40万元，但在诉讼庭审中被告却陈述激励方案是在会签过程中。被告对于其在劳动仲裁中承认的事实，在诉讼阶段却予以否认，导致被告在诉讼过程中的陈述与劳动仲裁中存在明显的不一致。被告的行为系反言行为，违反了禁止反言原则。为保证劳动仲裁与劳动争议诉讼在程序上的一致性，法院采信了原告的意见，认可原告所在的销售团队与被告公司之间存在激励方案。

二、用人单位与销售团队发生合同纠纷，销售团队不具备劳动合同主体资格，但团队成员可通过劳动争议途径主张其应得的劳动报酬

销售团队与企业因销售奖励金合同发生纠纷，销售团队整体是否可以作为一方劳动合同主体进行劳动仲裁或诉讼？笔者对此持否定态度，如果销售团队中的部分成员未与企业建立劳动关系，则销售团队当然无法作为劳动合同主体，也无法通过劳动争议途径解决与企业之间的销售奖励金合同纠纷；如果团队成员都与企业建立了劳动关系，但我国劳动立法规制的是单个劳动者与单个雇主之间的劳动关系纠纷，即劳动关系中的一方必为自然人，销售团队并非自然人，其仍不能具备劳动合同主体资格。因销售团队不具备劳动合同主体资格，销售团队全体成员以团队的名义与企业签订的销售奖励金合同实质上形成一种多数人之债。

多数人之债根据给付标的是否具有可分性，可划分为可分之债与不可分之债。我国1986年制定的《中华人民共和国民法通则》第八十六条规定了可分之债，但当前法律并没有规定不可分之债，正在编纂的民法典中有望加以规定。所谓可分之债是因共同债的原因，享有同一债权或负担同一债务，而其给付可分别履行的多数人之债，而以不可分给付为标的的多数人之债除法律另有规定或当事人另有约定外，即为不可分之债。[①] 在销售团队与企业签订销售奖励金合同且业绩指标完成时，如果团队成员之间就奖金份额进行了明确约定，则团队的全体成员与企业之间形成一种可分之债，团队成员可单独向企业主张其享有的销售奖励金；如果团队成员之间没有约定份额或约定不明确，则销售团队的全体成员与企业之间形成的是

---

① 张玉敏：《论我国多数人之债的完善》，载《现代法学》1999年第4期。

以销售奖励金为给付标的的不可分之债，此时，团队成员应共同向企业请求给付销售奖励金，企业也只能向团队全体成员给付奖励金。当然在不可分之债的情形下，如果团队成员欲单独向企业主张奖励金，可通过明确团队成员内部的奖金份额，将不可分之债转化为可分之债，再行主张自己的权利。当团队内部的奖金份额明确时，团队中与企业建立劳动关系的成员得以单独提起劳动仲裁或诉讼解决纠纷，而团队中未与企业建立劳动关系的劳动者，如果其与企业建立劳务关系或承包关系等，则可以单独通过普通民商事争议的途径解决纠纷。如果团队内部的奖金份额仍然无法确定，笔者认为应当由团队全体成员以合同纠纷共同向法院起诉，由法院确定销售团队获得奖金的条件是否具备，如果确定公司应当向销售团队支付奖励金，团队成员对奖金的份额无法协商一致的，可由法院对团队的奖金进行分割。

本案中，2014年7月，被告将原告派至某项目，担任该项目销售负责人，负责尾盘销售、日常管理工作。2015年3月24日，原告发起"某项目2015年销售激励方案"的工作传签单。原告与被告公司之间是一种事实上的委托关系，即原告受被告公司委托对项目团队进行管理。原告有权根据团队的销售情况，提出项目团队的激励方案报被告公司审批，经被告管理人员会签后，该激励方案即生效。激励方案确定的业绩指标为"全年签约均价不低于9000元、营销费用包含所有营销成本支出包含物业费、全年回款8000万元给予1%奖励"。原告认为销售团队已经完成业绩指标，被告公司应当给付销售奖励金。根据2015年前两个季度分配奖金的比例，原告认为其应得团队奖励金的60%，并以此向公司主张其应得的奖励金。如果有证据证明原告的销售团队对奖金的分配有明确的约定，原告确实应得团队奖励金的60%，此时，销售团队与被告公司之间的销售奖励金合同就是一个可分之债，原告可以单独向公司主张其应得的销售奖励金。被告认为原告销售团队未完成业绩指标，拒绝给付原告应得的销售奖励金。原告因此向人民法院起诉，基于原告享有的诉权，人民法院应当受理。又因其与被告签订了劳动合同，建立了劳动关系，应得奖励金属于其应得的劳动报酬，故该案应当纳入劳动争议案件进行审理。

三、销售团队的奖励金分配不明时，奖励金应由团队全体成员共同主张，成员个人主张缺乏依据，且有违公平原则

在不可分之债中，有以交付不可分物为内容的债权，因给付的性质本身具有不可分性，则当然成立不可分债权；有的给付本身性质上是可分的，但因每个债权人的权利份额约定不明确，则只能按不可分债权对待。如前所述，销售团队与企业签订销售奖励金合同，销售奖励金的给付在客观上是可分的，但因对奖金分配没有明确的约定，此时销售奖励金就不具有可分性，团队全体成员与企业之间形成一种不可分债权。为了公平保护团队成员的利益，企业必须向团队全体成员给付销售奖励金，而不能分别向团队成员给付，因为这样可能会导致有的团队成员得到奖励金，而有的团队成员得不到其应得的奖励金，就会有失公平。

本案中，根据原告的陈述，激励方案针对原告所在销售团队，并未约定原告个人所得的销售奖金的发放条件和标准，而且 2015 年第一季度、第二季度已经取得的奖金分发情况并无确定比例，相应的分配人员亦不固定。原告认为销售奖励金与季度奖金并不相同，系不同名目的奖金，却主张销售奖励金的分配方案应按照季度奖金的分配方案执行，且对此未提交证据予以证实。因此，销售团队内部对销售奖励金的分配份额并未进行明确约定，销售团队与被告公司之间成立不可分债权，原告单独向被告公司主张销售奖励金缺乏依据，且有违公平原则。原告以此向人民法院起诉，将无法获得胜诉权。

综上所述，人民法院依据禁止反言原则及相关证据认可了激励方案的存在，并且认定原告的销售团队的销售业绩达到了激励方案的指标要求，被告公司应当向销售团队给付约定的销售奖励金，但原告提出的其应得奖金比例缺乏依据，故人民法院对其诉讼请求依法予以驳回。

（责任编辑：王茜）

夫妻共同债务中"共同生产经营"的认定

——西格玛公司诉飞腾公司、朱某、洪某买卖合同纠纷案

程勇跃*

[**案情**]

上诉人（原审原告） 西格玛公司

被上诉人（原审被告） 飞腾公司

被上诉人（原审被告） 朱　某

被上诉人（原审被告） 洪　某

2014年3月10日，西格玛公司与飞腾公司签订《产品购销合同》，约定飞腾公司向西格玛公司购买数控机床4台，总金额为980000元，于4月30日前交付，货到一个月内付款。后西格玛公司按约送货，飞腾公司于2014年4月28日签收。但飞腾公司仅支付货款196000元，后于2015年12月8日出具《还款协议书》，确认欠款784000元，并承诺自2016年1月30日前付款110000元，之后每月付款110000元，余款至2016年7月30日前付清，期间计收万分之四日资金占用费。若逾期还款，则应依据逾期金额按每日千分之一向西格玛公司计付逾期还款违约金。朱某在担保人处签字。

另查明，飞腾公司为一人有限责任公司，朱某系其法定代表人及股东。朱某与洪某系夫妻关系。

西格玛公司一审诉请：1. 飞腾公司支付货款784000元及利息；2. 朱某及洪某对上述债务承担连带清偿责任。

---

* 程勇跃，法学硕士，上海市第一中级人民法院法官助理。

[审判]

一审法院认为：首先，西格玛公司与飞腾公司之间的买卖合同关系依法成立，合法有效。根据飞腾公司出具的还款协议书，其对于欠付货款784000元予以确认，故西格玛公司主张飞腾公司偿付货款于法有据，一审法院予以支持。飞腾公司于还款协议书中承诺了违约金，现飞腾公司未按还款期限履行还款义务，西格玛公司主张逾期付款违约金，并无不当，一审法院予以支持。

其次，朱某在还款协议书的担保人处签字，且飞腾公司系一人有限责任公司，朱某系其法定代表人及股东，根据法律规定，一人有限责任公司的股东不能证明公司财产独立于股东自己的财产的，应当对公司债务承担连带责任，故西格玛公司主张朱某对飞腾公司的债务承担连带清偿责任，于法有据，一审法院予以支持。

再次，根据法律规定，债权人就婚姻关系存续期间夫妻一方以个人名义所负债务主张权利的，应当按夫妻共同债务处理。但夫妻一方能够证明债权人与债务人明确约定为个人债务的除外。朱某对飞腾公司的债务承担连带清偿责任，该保证责任不属于夫妻一方以个人名义所负债务，故洪某作为朱某的配偶，也无需对朱某的债务承担共同还款责任。

一审法院判决：1.飞腾公司支付货款及利息；2.朱某对上述债务承担连带清偿责任；3.驳回西格玛公司其余诉讼请求。

西格玛公司不服一审裁判理由，一审法院判决驳回洪某承担连带责任的理由在于认定涉案债务是朱某的担保债务，但西格玛公司主张朱某承担连带责任不仅是其担保责任，还有其作为飞腾公司一人股东承担的连带清偿责任。洪某与朱某共同经营飞腾公司，涉案债务产生于两人夫妻关系存续期间，故洪某应对涉案债务承担连带清偿责任，遂上诉。

二审法院认为，一审法院就飞腾公司、朱某对于西格玛公司应承担责任的认定，有事实和法律依据，应予以维持。本案二审的争议在于洪某是否应在本案中承担责任。对此，二审法院认为，《最高人民法院关于审理涉及夫妻债务纠纷案件适用法律有关问题的解释》第三条规定，夫妻一方在婚姻关系存续期间以个人名义超出家庭日常生活需要所负的债务，债权人以属于夫妻共同债务为由主张权利的，人民法院不予支持，但债权人能够证明该债务用于夫妻共同生活、共同生产经营或基于夫妻双方共同意思表示的除外。案件中，朱某作为一人有限公司的股东，并未举证证明其个人财产与公司财产相分离，故依法应对飞腾公司的对外债务承担连带责任。洪某作为飞腾公司的监事，监督公司的经营管理，可以认定飞腾公司是朱某、洪某夫妻共同生产经营的公司，再结合洪某亦未举证证明其与朱某在婚姻关系存续期间的财产与飞腾公司的财产不存在混同，故西格玛公司主张洪某承担连带清偿责任的上诉请求，二审法院依法予以支持。

据此，二审法院依法改判：洪某对飞腾公司的债务承担连带清偿责任。

[评析]

夫妻共同债务应当如何认定，是《中华人民共和国婚姻法》（以下简称《婚姻法》）学术研究与司法实践中一个极为重要的主题，对于社会生活及商事交易均有着深刻的影响。最高人民法院在2018年年初颁布了《最高人民法院关于审理涉及夫妻债务纠纷案件适用法律有关问题的解释》（以下简称《新解释》），对于夫妻共同债务的认定作出了新的规范。其中第三条明确，夫妻一方在婚姻关系存续期间以个人名义超出家庭日常生活需要所负的债务"债权人能够证明该债务用于夫妻共同生活、共同生产经营或者基于夫妻双方共同意思表示的"，应认定为夫妻共同债务。该条款虽然将共同生产经营列为夫妻共同债务的一种情形，但对于构成要件、具体认定标准尚缺乏明确规定，本文将结合案例就此予以分析。

一、"共同生产经营"认定的举证责任分担

我国《婚姻法》第四十一条载明，为夫妻共同生活所负的债务，应当共同偿还。该条款对夫妻共同债务作出了规定，通过目的和用途原则对夫妻共同债务予以限定，[①]亦即用于夫妻共同生活。然而，相较于其他类型的普通债务而言，夫妻共同债务的显著特点在于其私密性，即夫妻双方作为一个完整的家庭单位，其内部对于夫妻合意的形成、款项的用途及目的均难以为外部

---

① 杨晓蓉、吴艳：《夫妻共同债务的认定标准和责任范围——以夫妻一方经营性负债为研究重点》，载《法律适用》2015年第9期。

所知，此时要从目的与用途角度证实夫妻一方所负债务为共同债务对债权人而言客观上存在一定难度，因此由哪一方来具体承担举证责任则直接影响到了夫妻共同债务的认定。

（一）推定反驳式认定方式下的举证责任分配及其弊端

《最高人民法院关于适用〈中华人民共和国婚姻法〉若干问题的解释（二）的补充规定》第二十四条规定，债权人就婚姻关系存续期间夫妻一方以个人名义所负债务主张权利的，应当按夫妻共同债务处理，但夫妻一方能够证明债权人与债务人明确约定为个人债务，或者能够证明属于《婚姻法》第十九条第三款[②]规定情形的除外。此后，在2017年3月最高人民法院又通过补充规定，增加了夫妻一方虚构债务和违法犯罪活动所负债务两项作为除外情形。该条款实际上是采取了推定规则，[③]以夫妻关系存续的时间为节点，将该期间内所发生的债务均推定为夫妻共同债务，债务人则可以通过证明该债务属于几种除外情形之一来予以否定反驳，由此可见该条款实际上是将举证责任分配给了夫妻一方。

此种举证责任分配方式的出台有其相应价值取向和社会背景，在避免夫妻一方通过离婚恶意转移财产以逃避债务上发挥了重要作用。[④]然而此种规定却存在两方面缺陷：一方面，此种推定规则将婚姻关系存续期间作为认定夫妻共同债务的标准过于绝对，违反了夫妻共同债务系为夫妻共同生活所负这一实质性特征，[⑤]虽然其规定了除外情形，但仍然过于狭窄，限缩了不属于夫妻共同债务的情形，且实际上依然没有改变夫妻关系存续期间的认定标准；另一方面，此项规定也导致举证责任分配不合理，未参与债务形成的配偶一方其本身即对债务不知情，要求其在此情形下证明债权人同债务人之间对债务性质的约定，或是证明债权人在与其配偶订立借贷合同时知晓双方已经约

---

② 《婚姻法》第十九条第三款：夫妻对婚姻关系存续期间所得的财产约定归各自所有的，夫或妻一方对外所负的债务，第三人知道该约定的，以夫或妻一方所有的财产清偿。

③ 唐雨虹：《夫妻共同债务推定规则的缺陷及重构——〈婚姻法司法解释（二）〉第24条之检讨》，载《行政与法》2008年第7期。

④ 最高人民法院民一庭主编：《最高人民法院婚姻法司法解释（二）理解与适用》，人民法院出版社2004年1月版，第217页。

⑤ 夏吟兰：《我国夫妻共同债务推定规则之检讨》，载《西南政法大学学报》2011年第1期。

定实行分别财产制实为异常困难。[6] 举证责任上对于配偶中善意不知情一方利益保护的忽视极易催生道德风险，导致现实中债务人与债权人恶意串通损害不知情配偶方的利益，[7] 现实中因此产生诸多争议。

（二）夫妻共同债务举证责任的重新厘定

有鉴于上述所言之问题，最高人民法院于2018年1月颁布《新解释》围绕"为夫妻共同生活所负的债务"这一夫妻共同债务构成的本质特征，[8] 将夫妻共同债务重新分为夫妻共同合意之债，家庭日常生活需要之债，虽超出家庭日常生活所需但用于夫妻共同生活、共同生产经营或者夫妻共同意思表示之债三类。其中，第一类债务的形成系基于夫妻双方之间的共同意思表示，自然应认定为夫妻共同债务。第二类其法理基础在于家事代理制度，在日常家事范围内与他人实施的法律行为之债亦应由夫妻双方共同负担。[9] 而对于第三类夫妻一方超出家庭日常生活需要所负债务的认定上，在进行原则性规定的同时又确立三种例外情形，[10] 对于包括夫妻共同生产经营在内的情形则明确规定由债权人予以证明。该项举证责任的重新分配一方面符合了"谁主张谁举证"基本证明责任分配原则，另一方面也重新平衡了债权人同债务人之间的利益保护。[11]

具体到本案中，西格玛公司作为债权人欲主张本案债务为夫妻共同债务，则其应就该款项系用于朱某和洪某的共同生产经营活动加以举证。二审庭审当中，西格玛公司提供了飞腾公司的工商登记信息，通过工商信息表明在一人公司中朱某任股东、洪某任唯一监事的情形，从而证明朱某与洪某共同经

---

[6] 祝颖：《证据法视野下夫妻共同债务推定规则检讨》，载《西南政法大学学报》2018年第1期。

[7] 夏正芳：《夫妻共同债务的认定与清偿》，载《民事审判指导与参考（第39辑）》，法律出版社2010年5月版。

[8] 徐欢：《非经营活动且无共同举债合意的债务应为夫妻个人债务》，载《人民司法》2017年第26期。

[9] 缪宇：《走出夫妻共同债务的误区——以〈婚姻法司法解释（二）〉第24条为分析对象》，载《中外法学》2018年第1期。

[10] 《关于审理涉及夫妻债务纠纷案件适用法律有关问题的解释》第三条：夫妻一方在婚姻关系存续期间以个人名义超出家庭日常生活需要所负的债务，债权人以属于夫妻共同债务为由主张权利的，人民法院不予支持，但债权人能够证明该债务用于夫妻共同生活、共同生产经营或者基于夫妻双方共同意思表示的除外。

[11] 薛宁兰：《在夫妻债务性质认定中合理分配举证责任》，载《人民法院报》2018年1月19日。

营飞腾公司这一事实，完成了其相应举证责任。

二、"共同生产经营"的构成要件分析

（一）应为以夫妻一方名义所负且超出家庭日常生活需要的债务

前已述及，《新解释》将夫妻共同债务分为夫妻共同合意之债，家庭日常生活需要之债，虽超出家庭日常生活所需但用于夫妻共同生活、共同生产经营或者夫妻共同意思表示之债三类。因此从文义解释和体系解释来看，基于共同生产经营认定的夫妻共同债务，其前提应当是以夫妻一方名义所负，且超出家庭日常生活需要的债务。关于以一方名义所负较为容易理解，若债务上夫妻双方均具名、认可或者被证明为夫妻双方共同意思表示的，则其本身基于夫妻双方合意即应认定共同债务，自然无需讨论是否为共同生产经营问题。这里需要讨论的问题在于，超出"家庭日常生活需要"要素应当如何理解。

"家庭日常生活需要"是指夫妻双方及其共同生活的未成年子女在日常生活中的必要开支事项，如正常的衣食住行消费、日用品购买、医疗保健、子女教育、老人赡养、文化消费等，该项被认定为夫妻共同债务的基础在于家事代理制度。然而"家庭日常生活需要"的范围与界限何在，《新解释》中并没有明确予以规定，就此问题浙江省高级人民法院出台的指导意见，其中观点可供参考。浙江省高级人民法院在 2018 年 5 月 23 日发布《关于妥善审理涉夫妻债务纠纷案件的通知》，[12] 该通知中明确，"家庭日常生活需要"应当结合负债金额大小、家庭富裕程度、夫妻关系是否安宁、当地经济水平及交易习惯、借贷双方的熟识程度、借款名义、资金流向等因素综合予以认定。[13]

---

[12] 浙高法〔2018〕89 号《浙江省高级人民法院关于妥善审理涉夫妻债务纠纷案件的通知》，http://www.zjlawfirm.com.cn/html/2018-06/5883.htm，访问日期：2018 年 6 月 3 日。

[13] 《浙江省高级人民法院关于妥善审理涉夫妻债务纠纷案件的通知》第二条：以下情形，可作为各级法院认定"为家庭日常生活需要所负债务"的考量因素：（1）单笔举债或对同一债权人举债金额在 20 万元（含本数）以下的；（2）举债金额与举债时家庭收入状况、消费形态基本合理匹配的；（3）交易时债权人已尽谨慎注意义务，经审查举债人及其家庭支出需求、借款用途等，有充分理由相信债务确系为家庭日常生活需要所负的。
以下情形，可作为各级法院认定"超出家庭日常生活需要所负债务"的考量因素：（1）单笔举债或对同一债权人举债金额在 20 万元以上的；（2）债务发生于夫妻分居、离婚诉讼等夫妻关系不安宁期间，债权人知道或应当知道的；（3）出借人明知借款人负债累累、信用不佳，或在前债未还情况下仍继续出借款项的；（4）借贷双方约定高额利息，与正常生活所需明显不符的。

与此同时，该通知也秉承了《新解释》所规定的举证规则，对于超出家庭日常生活需要的债务，则由提出该主张的债权人举证证明该债务用于夫妻共同生活、共同生产经营或基于共同意思表示。该指导意见既遵守了《新解释》所规定的债务认定标准、举证规则，又综合家庭生活和经济交往的具体特点而明确考量标准，颇具合理性，应可供借鉴采纳。

具体到本案中，涉案款项为西格玛公司出借给飞腾公司用于经营，朱某基于其一人公司股东人格混同而应对债务承担连带责任，款项金额达到78万余元，因此无论从款项的用途、金额、性质来看均不属于夫妻合意或者家庭日常生活所需，因此是否构成夫妻共同债务则需要考虑是否属于《新解释》第三条所规定的用于夫妻共同生产经营之债，此为本案中债权人西格玛公司向洪某主张债权的权利基础，也是案件二审的争议焦点及裁判关键。

（二）该生产经营活动应具有经营共同性

经营共同性是指生产经营活动系夫妻双方基于共同意志协力经营，此种合意参与和共同经营是认定共同生产经营及夫妻共同承担债务的基础。[14] 此种经营共同性包括合意参与和共同经营两部分来予以考量，具体到审判实践中可以体现为共同决策、共同经营、共同投资等特征。但需要注意的是两要素之间在重要性上并非完全等同，应以合意参与为核心要素，共同经营要素则因受到具体分工的影响而可能存在不同形态，在参与程度上存在差异和不同状态，此亦符合我国家庭生产生活的实情。因此，在共同参与要素的认定上应当适当予以放宽。

本案当中朱某为飞腾公司的唯一股东和法定代表人，而洪某则为公司登记在册的唯一监事，表明夫妻双方具有共同经营的合意。夫妻双方均为该公司的高级管理人员，因此债权人也有理由相信该公司的决策系由夫妻双方共同决定和实行，故此应当认定为具有经营共同性。

对此问题还有需要说明之处在于，有观点认为经营共同性需要债权人证明其经营性收入为夫妻共有财产，即经营性收入为夫妻共有财产数量和收益程度作为债务人配偶承担共同债务的量化标准和依据，[15] 现实当中亦有判决将

---

[14] 杨汉平：《我国夫妻共同债务的客观分类》，载《人民司法（应用）》2017年第28期。
[15] 前引[14]，杨汉平文。

夫妻双方通过生产经营活动获得共同财产性收益作为认定理由。[⑯] 对此笔者难以认同。首先，依照夫妻共同财产制的基础，在夫妻关系存续期间生产经营活动所产生的收益均应当认定为夫妻共同财产，因此关于经营性收入为夫妻共有财产作为经营共同性的认定标准并无实际意义；其次，经营收益的取得源于债务人对公司或企业的出资，与债权人同债务人之间的债务并没有直接关系，两者之间是两种不同的法律关系，自然不应将前者作为后者认定的要件；再者，夫妻家庭生活内容本身即具有秘密性，对于共同经营所产生的收益如何处理本身并不能为债权人所知，若将此交由债权人证明存在证明责任分配不当之嫌；最后，若依照该观点，则在债务形成后债务人经营未能够获得盈利，或者夫妻共同经营一直亏损时，则该债务即为配偶一方债务，若有盈利转化为夫妻共同财产才成立夫妻共同债务，则会发生是否构成夫妻共同债务依赖于经营是否盈利的现象，实际上已经不符合共同经营的评判标准，亦会造成对债权人实质性的不公平。

（三）款项应为用于生产经营活动当中

依照《新解释》第三条之规定，该债务应系用于生产经营活动当中，并由债权人就此予以证明。此处涉及两点需要明确：一方面，债务是否构成夫妻共同债务，应当按照债务的用途来进行认定，而非经营收入的用途；另一方面，经营收益的取得源于债务人对经营活动的出资，与债务之间并无直接关系。[⑰] 对该两点予以强调的目的在于说明，共同经营的认定只需考虑款项是否用于经营当中，而经营收益的用途则并非共同经营的构成要件。

具体到本案，西格玛公司对飞腾公司的债权系基于双方之间签订的产品购销合同，飞腾公司向西格玛公司购买数控机床是其正常经营活动，因此可以认定该债务系用于生产经营活动当中。综合前两个要件的认定，遂可得出本案所涉债务应认定为夫妻共同债务的结论。

（责任编辑：徐川）

---

⑯　参见黑龙江省高级人民法院（2016）黑民终 54 号民事判决。

⑰　缪宇：《走出夫妻共同债务的误区——以〈婚姻法司法解释（二）〉第 24 条为分析对象》，载《中外法学》2018 年第 1 期。

财产保全损害赔偿案件中
申请人主观过错的审查与认定

——K 公司诉 H 公司因申请诉中财产保全损害责任纠纷上诉案

闫伟伟[*]

[裁判要旨]

因财产保全引起的损害赔偿纠纷，应坚持适用过错责任归责原则，结合案情对申请人主观过错进行综合判断。只有申请人对财产保全错误存在故意或重大过失的情况下，方可认定申请人的申请有错误。申请保全标的额与生效裁判所支持诉请金额之间的差额范围与主观过错的认定并无必然关联。《民事诉讼法》第一百零五条规定"申请有错误的，申请人应当赔偿被申请人因保全所遭受的损失"。此条款作为诉讼保全错误损害责任的法律依据，规定过于原则化，对于保全错误的认定标准、构成要件、归责原则、赔偿范围等都没有明确，而现实中出现的情形又过于复杂多样，导致司法实践当中缺乏明确和统一的衡量尺度和细化标准，同案异判的情形频频出现。我们通过检索相关案例发现，勿论全国不同法院间案件的裁判尺度，单就某一行政区划内的不同法院，对相似的案件类型在认定标准上亦存在显著差异。

[案情]

上诉人（原审被告） K 公司

被上诉人（原审原告） H 公司

---

* 闫伟伟，法律（法学）硕士，上海市第一中级人民法院法官助理。

2012 年，H 公司及其关联公司（以下简称 Y 公司）作为共同买方与 K 公司签订《供应和返利协议》及《返利协议的补充协议》。H 公司于 2012 年 6 月、2013 年 6 月先后出具书面和电子邮件担保书，分别对 Y 公司 2012 年 6 月 15 日至 2013 年 6 月 14 日、2013 年 6 月 15 日至 2014 年 6 月 14 日期间购买产品的债务承担连带保证责任。因 H 公司与 Y 公司未按期支付货款，K 公司于 2014 年 1 月提起诉讼，要求 H 公司与 Y 公司支付货款 5200 余万元及相应利息，还要求解除前述两份协议。该案一审法院认为，H 公司与 Y 公司不构成共同买方，应付货款 5200 余万元均为 Y 公司所欠，且 H 公司仅出具过 2012 年的一份书面担保书，2013 年的电子邮件担保书因司法鉴定无法确认真实性未予采信。又因 Y 公司有一笔货物的购买时间在 2013 年 6 月 14 日，故仅判决 H 公司对该笔货物的 37 万余元货款及利息承担连带保证责任。该案二审法院维持原判。该案一、二审期间，K 公司两次申请诉讼保全，保全结果为：冻结 Y 公司银行存款近 3 万元；冻结 H 公司银行存款 100 余万元，查封 H 公司三处房产。该案生效后，H 公司履行了生效判决的付款义务并申请解除了财产保全（以下简称前案）。

关于被保全财产的情况：2013 年 1 月，H 公司与银行签订最高额抵押合同，抵押物即为前案被查封的三处房产；2013 年 12 月，H 公司向银行申请 2000 万元贷款，因其银行账户被冻结、三处房产被查封，银行未能核准贷款；2013 年 12 月，H 公司与另一家公司签订投资合作协议，首批费用 2000 万元即由前述银行贷款支付，利润分配占 70%—80%，后因未按期支付该笔费用，导致后续签订的三方合作协议被解除。

2016 年 1 月，H 公司以 K 公司在前案中申请财产保全错误为由，向一审法院起诉要求其承担被冻结资金存贷利息差以及投资土地预期收益损失共计 3000 万元。

[审判]

一审法院认为，财产保全申请是具有风险性的诉讼行为，申请人申请财产保全意味着其愿意承受保全可能带来的败诉风险，并承担由此造成的损害后果。判断申请人因错误申请财产保全是否应承担赔偿责任，不仅要以申请人的诉讼请求是否为法院所支持为事实基础，还要着重考虑申请人在申请保全时是否具有故意或重大过失的主观过错。首先，K公司申请5200余万元的财产保全金额明显超出了生效判决所支持的金额。其次，虽然书面合同约定H公司与Y公司作为共同买方，但同时还约定了每笔业务须分别签订单个销售合同，且实际履行中都是分别进行单独交易的。K公司在明知H公司未拖欠货款的情况下仍提起前案诉讼，显有过错。再次，K公司在前案中要求H公司承担连带担保责任的唯一证据为一份电子邮件担保书。K公司应对其举证的真实性负有较高的注意义务，但该电子邮件经鉴定无法确认真实性，故其主观具有重大过失。据此，一审法院认定K公司在前案中申请诉中财产保全有错误，且与H公司诉请的损失具有因果关系，理应赔偿。一审法院从K公司的过错程度、前案生效判决支持K公司诉请金额、K公司申请财产保全金额以及提供的担保金额，并结合评估公司出具的涉案土地使用权评估咨询报告等因素，依法酌定后判决：K公司向H公司赔偿损失1000万元。一审判决后，K公司不服，提起上诉。

二审法院认为，认定K公司作为原告提起前案诉讼并申请财产保全的行为在主观上存在过错，系认定K公司申请财产保全有错误的关键。首先，H公司与Y公司确均系前案两份协议的签约当事人，且合同地位均为买方，K公司作为协议卖方将两买方列为共同被告有相应的合同依据，系正常的诉讼行为；其次，两份担保书系K公司为支持其诉请而进行的举证，尽管电子邮件担保书经鉴定不能确定真实性，但也未发现有伪造或变造痕迹，不足以认定K公司提供该份电子邮件存在主观过错；最后，K公司在前案中的诉请未获全部支持，系因举证不力导致，并不能据此认定K公司的起诉及申请财产保全存在主观过错。因K公司在前案中申请财产保全并无过错，故因财产保全错误导致的损失则无需认定，但也必须指出，H公司认定其房产被查封与土地投资项目损失之间存在因果关系，依据不充分，损失金额不成立。据此，二审法院判决：一、撤销一审判决；二、驳回H公司全部诉请。

[评析]

从司法实务来看，因申请财产保全错误引起的损害赔偿案件争议主要体现在两方面：一是财产保全错误如何认定；二是财产保全错误引起的损害赔偿责任的性质如何认定。本案申请人保全标的额远高于生效判决所支持的诉请金额，该类保全错误类型范围如何界定、是否适用过错责任归责原则以及何种程度的主观过错才构成损害赔偿责任？下文相关分析，希望能为此类案件审理提供一定借鉴。

一、保全错误的类型及司法实务的审理态度

对于《中华人民共和国民事诉讼法》（以下简称《民事诉讼法》）第一百零五条中的"申请有错误"，现行法律及司法解释均无明确规定。从笔者检索到的案例情况来看，实务中的保全错误大致有三种类型：申请保全的权利基础不存在、保全对象错误、超额保全。

申请保全的权利基础不存在，指作为申请人提出财产保全申请前提的诉请存在错误，包括诉前申请财产保全后未及时起诉、诉中自动撤回申请等程序性的前提错误，还包括申请人的诉讼请求被法院全部驳回这一实体性前提错误。由于财产保全并非诉讼中必须实施的措施，因权利基础不存在被驳回起诉，应认定在财产保全申请中未尽谨慎义务，存在过错。在笔者检索范围内，尚未在此种类型案件中发现认定申请人不承担赔偿责任的情形。保全对象错误，指申请人错误地申请保全了不应保全的对象，多涉及案外人财产。此类情形中，若案外人对保全对象错误没有过错，申请人均应赔偿因错误保全给案外人造成的损失。超额保全，指申请人申请保全①的财产价值大于法院判决所支持的金额，该类保全错误在理论及司法实务中的争议最大。

从理论层面讲，财产保全措施作为一种预防性、临时性的救济措施，其制度设计的出发点是防止被申请人恶意处置本可以用来执行申请人胜诉判决的财产，或防止被申请人损害该财产的价值，以减轻申请人在权利存在或权利受损害的不确定性得到解决前的一段时间内遭受权利被侵害的风险。笔者认为，保全错误损害赔偿制度是财产保全制度的附属与矫正救济，着眼于利益显著失衡情况下的再平衡，并非仅以保全价值与判决结果之间存在差额即认定构成保全错误，尚需考量差额是否显著或不合常理。正如本案之情形，

---

① 司法实务中应区分两种情形：一是申请人申请保全的标的额大于法院判决所支持的金额，但实际保全到的财产额与申请保全额并不一致，可能出现实际保全到的财产额与生效裁判支持的金额并无太大差距的情形；二是实际保全到的财产额即为申请保全标的额。

K公司诉请金额及申请保全金额均为5200余万元，而实际保全到的金额为银行存款100余万元及三处房产，尽管实际保全到的财产价值并未达到申请金额，但仍远远高于生效判决最终支持的37万余元债权金额。

从司法实务层面讲，是否超额保全均系保全错误？若答案为否，超额范围达到多少时才适应认定为保全错误？对此，各法院之间的裁判尺度并不统一。② 从现有案例来看，至少可以得出，保全金额错误的范围与是否承担保全错误责任之间并无必然关系。实践中，法院会结合案情、案件裁判结果、双方主观态度、败诉原因、案件的诉讼证据等进行综合判断。

二、财产保全损害赔偿案件的归责原则

最高人民法院公报案例中的观点，也是实务中的主流观点，认为诉讼保全错误引起的损害属于一般侵权行为，应当适用过错责任归责原则，即满足主观过错、侵权行为、损害结果、因果关系四大要件。但司法实践中同时也存在主张适用特殊侵权的无过错或过错推定归责原则的观点。前者认为，从立法本意看，《民事诉讼法》第一百零五条系为防止当事人滥用诉讼权利，不当损害他人合法权益而作出的规定。司法实践中，财产保全的申请人对自身权利的衡量与人民法院最终认定之间存在差异，当事人认为合理的诉请不为人民法院认定支持的情况并不鲜见，将上述法律规定认定为《中华人民共和国侵权责任法》第七条规定的无过错责任，在申请人败诉的情况下，即认为构成"申请有错误"，并一概要求申请人承担申请财产保全错误的赔偿责任，不符合立法本意。因此，该条法律规定的"申请有错误"，应当理解为不仅包括人民法院的裁判结果与申请人诉讼请求之间存在差异，申请人的诉讼请求未能全部得到人民法院支持的客观方面，亦应包括申请人主观上存在故意或重大过失等过错的主观方面。后者认为，从公平角度及诉讼自身存在风险性角度而言，诉讼应赋予争议双方对等的机会和风险。申请人既可能因为胜诉而获得利益，也可能因为败诉而丧失利息；又因为过错标准难以把握，各地

---

② 最高人民法院（2012）民申字第1282号案件判决支持申请人财产保全额的四分之一，申请人未承担财产保全损害赔偿责任；北京市第三中级人民法院（2015）三中民终字第12215号案件判决支持了申请人财产保全额的二分之一，申请人承担了财产损害赔偿责任。

法院裁量尺度不一，且被申请人举证难度远大于申请人。故，申请人若败诉，应承担全部风险。

笔者认为，财产保全制度的设立目的是为了保护当事人的合法权益和保证将来人民法院生效文书得以执行。人民法院采取保全措施，必然会使得被保全当事人不能自由处分被保全财产。因此，仅以法院生效判决支持的诉讼请求额少于保全财产数额来判断保全错误，与民事诉讼法规定的保全制度不符，应结合申请人的主观过错进行综合判断。本案一、二审法院均认为，无过错责任归责原则及过错推定归责原则应由法律法规进行特殊规定，在法律法规暂无具体规定的情况下，财产保全损害赔偿纠纷案件应当适用过错责任归责原则，除却申请人的诉讼请求是否为生效判决所支持这一事实基础外，还要着重考虑申请人在申请财产保全时的主观过错程度。

三、财产保全申请是否存在主观过错应综合考量

在明确财产保全损害赔偿案件适用过错责任归责原则的情况下，何种程度的主观过错能够构成财产保全损害赔偿责任，法律及相关司法解释亦无规定。通常认为，主观过错的判断标准按照从低到高分为三个层次：普通人的注意义务、处理自己事务的同等注意义务、善良管理人的注意义务。

笔者认为，在财产保全损害赔偿问题上，不应对申请人设定过于严苛的过错认定标准。一方面，如前文所述，于立法本意与制度设计而言，财产保全申请作为正常诉讼程序中的权利，如过于苛责，则申请人行使该诉讼权利时的主观注意义务势必影响该制度运行的灵活性及与立法目的相一致的司法实效；另一方面，普通人的合理注意义务在司法审判中更便于证明与判断，也更利于法院在申请人诉讼权利保护、权利滥用限制与被申请人合法权益维护之间进行合理平衡。判断申请人的主观过错应建立在主客观相统一的基础上，对个案分别进行判断，不能基于已决案裁判结果来推定当事人主观状态的可归责性。除非恶意申请的情况，申请人与被申请人往往有一定基础法律关系，申请人基于一定理由认为其对被申请人享有权利，在申请保全之初往往无法预见到案件审判结果。从某种程度上来讲，诉讼案件的最终结果系司法权力介入当事人纠纷所产生的后果，在具备合理起诉依据且充分履行了举证责任，即便诉讼请求最终未被支持，亦不构成普通人意义上注意义务的错

误或过失。

客观上来讲，K公司诉请金额均系Y公司之债务，且针对H公司申请保全到的财产价值又远高于生效判决最终认定H公司应当承担的连带保证的债务金额，构成前文所述超额保全之情形；主观上来讲，K公司在前案中将H公司与Y公司列为共同被告并非没有任何法律依据，尽管各方合同实际履行系根据实际交易对象进行单独交易，但H公司与Y公司在案涉两份协议中的地位确实均为买方，又H公司对Y公司之债务提供连带保证，故K公司起诉H公司并对其财产申请保全在法律上具备基础合同关系。在举证方面，电子邮件担保书经司法鉴定存在瑕疵，虽然无法确定真实性，但亦无证据证明该证据系伪造或变造，因此不足以认定K公司提供该证据佐证其诉请存在主观过错。

本案之情形，还有观点认为，在仅支持少部分诉请的情况下，就未获支持部分而言，其性质与驳回诉请的性质本质上是相同的。笔者认为，只要申请人基于现有事实和证据提出诉讼请求，并确实尽到了普通人的合理注意义务，即便法院判决最终没有支持或仅支持少部分诉讼请求，也不能认定财产保全申请有错误，只有申请人出于故意或重大过失，致使诉讼请求与法院生效判决产生不合理偏差，才构成"申请有错误"，由此导致被申请人遭受损失的，应当赔偿。申请人之诉讼请求的权利基础是否存在、申请保全的主观恶意与生效判决客观上与诉讼请求形成的差额并无必然关联。

综合上述分析，法院一般不应将申请保全（诉讼未决）时申请人对权利的判断与法院最终判决所认定的权利内容、数额、对象、范围之间的差距认定为过错。判决申请人是否对损失存在过错的关键点是申请人明知其权利不成立、权利内容与保全内容存在差距而仍申请保全，即存在主观过错。财产损害赔偿责任纠纷案件的认定标准不能单纯把基础诉讼的最终判决结果作为判定申请是否错误的依据，需结合申请人主观过错程度、具体事实及证据加以综合分析，力求实现个案公平。

（责任编辑：徐川）

游乐园安全保障义务的司法界定

——蒋某某与上海国际主题乐园有限公司健康权纠纷案

杨　柳[*]

【裁判要旨】

本案系一起典型的游乐园内游客人身伤害类侵权纠纷，争议焦点在于游乐园安全保障义务范围、过错程度、责任分配及身份不明的第三人侵权责任承担问题。游乐园安保义务的合理限度可通过危险或损害行为的来源、防范措施及"善良管理人"等标准进行界定。对于身份不明的第三人侵权问题，可通过考察游乐园在安全保障方面的不作为与第三人侵权、原告损害结果之间的因果关系、原因力大小等，并结合原告自身的过错程度进行综合分析。

［案情］

原告　蒋某某

被告　上海国际主题乐园有限公司

2016年10月4日，原告在家人陪同下至被告运营、管理的上海迪士尼主题乐园（以下简称乐园）游玩。当日午后有阵雨。下午约17时许，原告通过乐园进出口4号检票口的闸机时，在原告出园闸机口的左侧闸机口处有三位小孩及一位成年家属正在出园，三位小孩先行通过闸机后滞留在闸机外侧，待成年家属出园时，其中一位小孩向右侧倒退行走，与已通过闸机正往园外行走的原告发生碰撞，该小孩腿部绊住原告腿部，随即原告迎面倒地。之后，小孩的家属将三位小孩带离现场。事发后，被告工作人员到场，约20分钟

＊　杨柳，法学硕士，上海市浦东新区人民法院法官助理。

后，被告的医护人员到场，并将原告带至医护室救治，17时54分救护车到场，原告被送至医院，经诊断为肋骨骨折、肺挫伤，共产生医疗费12695.50元（含住院伙食费81元、统筹支付及附加支付6314.57元）。2017年1月，原告向法院起诉要求被告赔偿，经原告申请，法院委托司法鉴定科学技术研究所司法鉴定中心对原告的伤残等级、营养、护理期限进行鉴定，该中心于2017年3月6日出具鉴定意见：原告胸部因故受伤致双侧十根肋骨骨折的后遗症相当于道路交通事故九级伤残，伤后护理60—90日，营养60日。为此，原告支付鉴定费2550元。原告为本次诉讼聘请律师支付律师费5000元。

经阅看事发录像显示：事发时出园人流正常，出口处有雨棚，有灯光照明；事发地有两个闸机出口，在乐园内侧有一位工作人员背对出口引导游客从两侧闸机口出园，游客出园需通过闸机口的滚动条，两处闸机的外侧与其他闸机之间有隔离护栏，事发的两处闸机口之间未设置隔离护栏。

原告诉称，被告作为乐园的运营、管理人，却没有在天色昏暗、下雨时间长、人流量大、地面湿滑且有一定坡度的出口处积极履行铺设防滑设施、设置提示标语等管理责任，导致原告摔倒受伤。因被告没有尽到安全保障义务，原告要求被告承担侵权责任。

被告辩称，不同意原告的诉讼请求，请求驳回原告所有的诉讼请求。第一，本案原告系被第三人撞击而摔倒，属于第三人引起的侵权，被告已经尽到安全保障义务，现场有充足灯光照明，被告安排专人引导人流，当时出园人流稀疏，不存在拥挤或者无序的情况，被告使用的地面材料经过内部防滑测试符合标准，不存在地面湿滑的情形，在原告受伤后，被告已尽到及时救助义务，被告不应承担任何侵权责任。第二，本案中侵权不在被告能够防止或者制止损害的范围内，被告有专人引导人流，撞击过程发生在园外，被告工作人员由于背对，没有注意外部情况，在工作人员注意到损害发生并到达现场只有20余秒，当时侵权人已经离开，被告无法得知和制止侵权人，被告在损害的发生和制止方面没有过错，故被告无需承担任何补充责任。

[审判]

一审法院经审理后认为，娱乐场所等公共场所的管理人或者群众性活动的组织者，未尽到安全保障义务，造成他人损害的，应当承担侵权责任。因第三人的行为造成他人损害的，由第三人承担侵权责任；管理人或者组织者未尽到安全保障义务的，承担相应的补充责任。本案中，被告作为娱乐场所的管理人，提供服务的对象为包含老人、小孩在内的不特定公众，其对场所具有一定的控制能力和管理责任，提供的安全保障义务不仅限于对场所本身的建筑、设施等安全性能有所保障，还应当在一定程度上采取合理的措施保护游客或者其他相关人员不受外来的不法侵害。如未尽到安全保障义务，则管理人应承担相应的赔偿责任。根据本案查明的事实，原告滑倒的直接原因在于案外人小孩倒退行走时碰撞原告致使原告倒地受伤，因此，本案争议焦点在于原告倒地受伤与被告是否尽到安全保障义务有无关联。

综合考虑事发时的天气因素，对于被告是否尽到安全保障义务从以下三方面认定：其一，关于是否确保场所安全方面，一般情况下，由于乐园进出口处人流量较大，尤其在下雨天地面潮湿的情况下，被告理应加强相关安全保障措施，尽可能消除地面潮湿所形成的安全隐患。本案中被告未能提供有效证据证明其地面的防滑程度，也未提供证据证明事发地放置有防滑警示标志或者其他告知游客注意安全等警示措施，被告自述仅通过录音播放安全提示，从现有证据而言，法院认为被告在当天未尽到地面防滑的特别防护。其二，关于是否尽到明确的安全防范提示方面，从本案监控录像所示，事发地仅安排有一名工作人员背对出口引导人流，对于游客出园时或者出园后可能导致的突发性事件及潜在危险的预见性不够，不足以对出园游客起到足够的提示和保护，即本案中含侵权人在内的小孩出园后滞留在闸机口外侧玩耍，但被告方没有管理、疏导的行为。至于原告主张被告未及时救助，根据证人陈述，原告倒地后不久便有工作人员到达现场，约20分钟医护人员到场，原告亦确认事发后被送至被告医护室检查救治，后救护车到达乐园，法院认为被告已尽到合理的救助义务。其三，对于本案中存在第三人侵权的问题，被告虽无法预料和制止，但基于被告对场所和人员的安全负有管理责任，其未能在合理范围内排除和防范游客受害的潜在危险，系损害产生的间接诱发因素，故被告在防范第三人侵权损害发生的安全保障义务方面具有一定过错。关于第三人的具体身份，被告称无法提供直接行为人的身份信息，鉴于游客信息均留存在被告方，而被告掌握着购票人信息以及游客影像等相关技术，法律上虽未明确规定经营者有义务提供游客的身份信息，但被告仍应尽到

"善良管理人"的义务,本案中被告在有能力提供侵权人信息的情况下,却未能为原告提供协助,导致第三人身份不明,法院认为应由被告承担相应的补充赔偿责任。根据相关立法本意,场所经营者仅在其自身过错范围内承担相应的补充责任,而非替代第三人承担全部责任,对于原告要求被告承担全部赔偿责任,法院不予支持。考虑到第三人对原告受害负有主要责任,原告出行亦负有注意义务,其本人对损害结果的发生也有一定的过失,经综合考量原、被告以及案外侵权人在本次事件中的过错责任及原因力大小,法院酌情确定被告对原告的各项损失承担 30% 的赔偿责任。

根据相关法律规定,受害人遭受人身损害,因就医治疗支出的各项费用以及因误工减少的收入,包括医疗费、误工费、护理费、交通费、住宿费、住院伙食补助费、必要的营养费、残疾赔偿金、残疾辅助器具费等,赔偿义务人应当予以赔偿。对于各项赔偿项目,原、被告对住院伙食补助费 120 元的计算方式无异议,于法不悖,自可准许。被告对原告的伤残鉴定意见提出异议,原告就本起交通事故构成伤残等级及伤后给予营养、护理期限的主张,系依据审理中双方当事人申请,由法院委托鉴定机构出具的鉴定意见书,而接受鉴定的司法鉴定科学技术研究所司法鉴定中心系具有鉴定资质的单位,其出具的鉴定意见参照了病史资料,结合伤者的症状及检查体征。从鉴定机构接受鉴定的方式与过程及接受委托的方法与鉴定的过程来看,均符合《司法鉴定程序通则》的相关规定,法院认为鉴定机构的鉴定意见具有证明效力,被告未能举证证明鉴定意见存在依据不足的情形,故法院对司法鉴定科学技术研究所司法鉴定中心就原告伤残等级及营养、护理期限所作的鉴定意见予以确认,对被告认为原告构成十级伤残的抗辩意见不予采纳。对于双方有争议的项目,法院确认如下:1. 医疗费。根据原告提交的医疗费单据,扣除住院伙食费、医保统筹支付以及附加支付金额后,医疗费确认为 6299.93元。2. 残疾赔偿金。根据鉴定意见,原告的伤势已构成九级伤残,且原告系本市非农户籍,至评残日系六十五周岁,尚未满六十六周岁,赔偿年限应减五年,法院酌定残疾赔偿金计算 15 年为 173076 元。3. 护理费。经鉴定,原告伤后最高护理 90 日,原告主张标准过高,法院参照本市护工从事同等级别护理的劳务报酬标准以每天 70 元计算,酌定为 6300 元。4. 营养费。经鉴定,原告伤后营养 60 日,原告主张按每天 40 元的标准尚属合理,故确认为 2400 元。5. 精神损害抚慰金。综合考虑本案原告伤情，酌定为 10000 元。6. 交通费。考虑到原告因事故受伤并进行治疗、鉴定，确实发生了一定的交通费，酌定为 150 元。7. 律师费。此系原告为增加诉讼能力聘请律师而支出，属合理损失，且原告主张律师费 5000 元尚属合理，法院予以支持。8. 鉴定费。原告预付的鉴定费 2550 元，有发票为凭，可予确认，应作为诉讼费予以处理。综上，法院依照《中华人民共和国侵权责任法》第十六条、第二十二条、第三十七条，《最高人民法院关于审理人身损害赔偿案件适用法律若干问题的解释》第二十五条，《最高人民法院关于确定民事侵权精神损害赔偿责任若干问题的解释》第十条规定，判决被告赔偿原告蒋某某医疗费 6299.93 元、住院伙食补助费 120 元、残疾赔偿金 173076 元、护理费 6300 元、营养费 2400 元、精神损害抚慰金 10000 元、交通费 150 元、律师费 5000 元，合计 203345.93 元中的 30% 即 61003.78 元。

一审判决后，原、被告均未提起上诉，本案判决已生效。

[评析]

（一）游乐园之安全保障义务范围分析

1. 安全保障义务的内容及合理限度

游乐园作为公共娱乐场所，《中华人民共和国侵权责任法》（以下简称《侵权责任法》）《最高人民法院关于审理人身损害赔偿案件适用法律若干问题的解释》（以下简称《人身损害赔偿司法解释》）均明确规定游乐园负有安全保障义务。具体而言，违反安全保障义务的行为可归为四种类型，即怠于防止侵害行为、怠于消除人为的危险情况、怠于消除场所内具有伤害性的自然情况以及怠于实施告知场所内的潜在危险和危险因素的行为。[①] 关于上述安全保障义务的标准，首先，法律对于安全保障义务的内容和义务人安全保障义务必须履行的行为有直接规定时，就应当严格遵守法律、法规的明确规定判断。其次，在没有法律、法规明确规定标准的情况下，安全保障义务人要达到同类经营者或者其他活动组织者所应达到的通常注意义务，即遵循行业

---

① 刘晓巍：《论违反安全保障义务的责任构成》，载《学理论·下》2010 年第 8 期。

标准。再次，要符合"善良管理人"的注意标准，该标准要高于侵权行为法上的一般人的注意标准，对他人负有积极作为的义务，如对隐蔽性危险负有告知义务和对场所人员负有保护义务。

在认定游乐园安全保障义务的合理限度范围时，应当综合考虑以下几个标准：1. 危险或损害行为的来源。若某种危险或损害行为直接来源于游乐园内部，则对此种安全保障义务合理限度范围的判断标准就应当较为宽松。反之，如果危险或损害行为来源于游乐园可控范围之外的第三人，则对于此种情况下的合理限度范围的标准就应从严把握；2. 游乐园的安全保障义务制度的设计应实现成本与收益的均衡，即合理限度范围的界定，应当考虑游乐园预防与控制风险或损害的相应成本；3. 要注意危险发生是否在游乐园区域之内；4. 游乐园安全保障义务的合理限度范围应当尽量与社会一般民众的普遍认知范围和情感认同相一致。

2. 游乐园之安全保障义务范畴

游乐园作为娱乐场所的管理人，提供服务的对象为包含老人、小孩在内的不特定公众，其对场所具有一定的控制能力和管理责任，提供的安全保障义务不仅限于对场所本身的建筑、设施等安全性能有所保障，还应当在一定程度上采取合理的措施保护游客或者其他相关人员不受外来的不法侵害。如未尽到安全保障义务，则管理人应承担相应的赔偿责任。具体包括三种情形：其一，游乐园应当确保场所建筑、设施等安全。游乐园的建筑、公共设施、设备应当安全可靠，并保证各种设备处于良好的运行状态，以保障游客和其他进入场所人员的人身财产安全。其二，服务管理方面的安全保障义务。场所管理者应提供安全的消费活动环境，对于游乐园内的不安全因素及可能出现的伤害或意外情况应当进行充分的告知警示，对于游客受伤及时加以救助。其三，游乐园应当采取合理的措施防止外来侵害。当第三人在游乐园中直接对游客实施侵权，如游乐园没有尽到合理的安全保障义务时，其不作为的行为与损害之间有因果关系，应承担相应的法律责任。

（二）过错归责原则及举证责任分配

实践中，认定游乐园安全保障义务的限度范围时，会综合考虑危险或损害行为的来源、预防和控制风险或损害的成本、社会一般民众的情感等，而这些因素的考虑实质上是对游乐园的过错认定，因此游乐园违反安全保障义务的归责原则应当适用一般的过错责任原则，即应当遵循"谁主张，谁举证"的举证责任分配原则，受害方应当对安全保障义务人的过错行为（作为和不作为）、损害行为与损害之间的因果关系负担举证责任。另外，当游乐园特殊的安全保障义务中的危险来源完全由游乐园控制时，相关证据均掌握在园方，游客处于举证弱势，此时应当利用过错推定或举证责任倒置的方法减轻游客的举证责任。

本案中，被告无法有效举证已尽到安全保障义务的事实：其一，关于是否确保场所安全方面，被告未能举证已为游客特别是老人、儿童等体弱者在游乐园行走提供必要的保护和特别安全提示，未能合理排除地面湿滑的潜在危险，在履行管理人职责方面有所欠缺。由于游乐园进出口处人流量较大，尤其在下雨天地面潮湿情况下，被告理应加强相关安全保障措施，尽可能消除地面潮湿所形成的安全隐患。本案中被告未能提供有效证据证明其地面的防滑程度，也未提供证据证明事发地放置有防滑警示标志或者其他告知游客注意安全等警示措施，被告自述仅通过录音播放安全提示，但未有证据支撑，因此法院认为被告在当天未尽到地面防滑的特别防护义务。其二，关于是否尽到明确的安全防范提示义务方面，从本案监控录像所示，事发地仅安排有一名工作人员背对出口引导人流，对于游客出园时或者出园后可能导致的突发性事件以及潜在危险的预见性不够，不足以对出园游客起到足够的提示和保护作用，本案中即发生了侵权人在内的小孩出园后滞留在闸机口外侧玩耍，但被告方没有管理、疏导的行为。因此，法院认定游乐园在履行安全保障义务方面存在过错。

（三）第三人侵权且身份不明情形下的责任承担

对于存在第三人侵权的情形，根据《侵权责任法》及《人身损害赔偿司法解释》的规定，安全保障义务人对于其过错承担相应的补充赔偿责任。该补充责任一般理论上认为可分为全部补充责任和相应补充责任，两者在责任承担的顺位方面没有区别，都是首先由直接责任人承担责任，在无法确定直接责任人或直接责任人无力承担全部责任时，再由义务人承担责任，只不过全部补充责任是在任何情况下，都由义务人承担直接责任人无法承担的所有责任，着重于对受害人的保护；而相应补充责任在直接责任人无法承担全部或部分责任时，只在过错范围内承担责任，无过错则无须承担责任。对于游乐园的补充赔偿责任，结合相关法律规定，应理解为游乐园"在能够防止或者制止损害的范围内"承担相应的补充责任，即因安全保障义务人的过错，致使发生第三人侵权的情形，对此安全保障义务人所承担的责任不仅是对自己的过错行为承担责任，同时应当在其能够防止或者制止损害的范围内对第三人行为承担相应的补充责任。

根据本案查明事实，第三人对原告受害负有主要责任，而原告本人对损害结果的发生也存在注意义务方面的过失，游乐园在履行安保义务上负有一定过错，在防范第三人侵权损害发生方面也具有一定过错。然而本案侵权第三人的具体身份不明，考虑到游客信息均留存在被告方，当双方对第三人身份均没有直接证据时，综合考虑被告对场所和人员的控制优势，根据公平原则和诚实信用原则应酌情减轻受害方的举证责任，由被告对第三人的身份和侵权事实承担举证责任，否则由被告承担举证不力的法律后果。被告在有能力提供侵权人信息的情况下，却未能为原告提供协助，由此导致第三人身份不明，应由被告承担相应的补充赔偿责任。

关于责任分配，具体可通过考察游乐园在安全保障方面的不作为与第三人侵权、原告的损害结果之间的因果关系，并结合原告自身注意义务上的过错程度，对游乐园的赔偿责任进行认定。根据相关立法本意，场所经营者仅在其自身过错范围内承担相应的补充责任，而非替代第三人承担全部责任。综合考量原、被告以及案外侵权人在本次事件中的过错责任及原因力大小，法院最终酌情确定被告对原告的各项损失承担 30% 的赔偿责任。

（责任编辑：董燕）

行政许可期限续展与许可听证的合法性要件

——某馄饨店不服上海市黄浦区市场监督管理局
食品经营许可证换证申请驳回决定及
上海市食品药品监督管理局行政复议案

葛　翔　白静雯　邹　杨[*]

[案情]

原告　某馄饨店，经营人胡某

被告　上海市黄浦区市场监督管理局（以下简称黄浦市场局）

被告　上海市食品药品监督管理局（以下简称市食药监局）

被告黄浦市场局于 2016 年 11 月 11 日对原告作出黄食换许驳字（2016）第 12578 号食品经营许可证换证申请驳回决定，认为原告于 2016 年 10 月 20 日提交的食品经营许可证有效期延续申请涉及影响公共利益，根据《中华人民共和国行政许可法》（以下简称《行政许可法》）的规定，不符合申请条件，决定不予支持。原告不服向被告市食药监局申请行政复议，被告市食药监局于 2017 年 3 月 31 日作出沪食药监复决字（2017）第 4 号维持的行政复议决定。

原告某馄饨店诉称：原告经营者胡某自 2013 年起获得餐饮服务许可证，因该许可证有效期限至 2016 年 11 月 13 日届满，故原告于 2016 年 10 月 20 日向被告黄浦市场局提出延续申请。被告却以原告申请事项影响公共利益为由，于同年 11 月 11 日作出驳回决定。原告经营情况始终符合许可证的授予条件，且原告的食品经营属于无烟、无排放，营业至今未曾有噪音扰民、环

* 葛翔，博士研究生，上海市静安区人民法院法官。白静雯，法律硕士，上海市静安区人民法院法官。邹杨，法学硕士，上海市静安区人民法院法官。

境污染等情形。2016 年 11 月 10 日，被告黄浦市场局组织的听证过程中，被告和举报人始终没有提出任何证据证明原告经营活动存在影响公共利益的情形。原告实际经营者胡某系个体工商户，个人生活来源于该店铺营业收入，被告黄浦市场局的驳回决定剥夺了其生活来源。故原告认为被告黄浦市场局所作驳回决定无事实依据，无证据支持，明显错误，严重侵害原告的合法权益。被告市食药监局所作维持的复议决定亦违法。故诉请法院判决撤销被告黄浦市场局于 2016 年 11 月 11 日所作黄食换许驳字（2016）第 12578 号食品经营许可证换证申请驳回决定及被告市食药监局于 2017 年 3 月 31 日所作沪食药监复决字（2017）第 4 号行政复议决定。

被告黄浦市场局辩称：原告原获得的餐饮服务许可证有效期限截止时间为 2016 年 11 月 13 日，因根据自 2015 年 10 月 1 日起施行的《食品经营许可管理办法》的有关规定，从事食品销售和餐饮服务活动，应当依法取得食品经营许可证。原告在许可证有效期届满前，即 2016 年 10 月 20 日向被告提交食品经营许可换证申请。被告受理后发现原告在经营中引起邻里纠纷，卫生等方面产生隐患，并影响了周边居民的生活休息，居民投诉已达 70 余次。因居民强烈要求听证，被告于 2016 年 11 月 10 日按照相关法规举行了听证，制作了相关笔录，周边居民提交的照片、报警记录、信访等材料，证明原告影响威海路 ×× 弄居民的生活权益。被告在这个基础上认为事实已发生了重大变化，于 2016 年 11 月 11 日依照《行政许可法》的规定，作出被诉驳回换证申请的决定。该决定认定事实清楚，程序合法，适用法律正确，请求判决驳回原告的诉讼请求。

被告市食药监局辩称：被告市食药监局作为复议机关在法定期限内受理原告的行政复议申请后，在法定期限内通知了被告黄浦市场局答辩，经审查认为被告黄浦市场局所作换证申请驳回决定认定事实清楚，程序合法，依据正确。被告市食药监局在法定期限内作出的行政复议决定程序合法，请求法院驳回原告的诉讼请求。

经审理查明：原告某馄饨店位于上海市威海路 ×× 号底层前后客。2013 年 11 月 14 日业主胡某作为个体工商户，以某馄饨店为名取得餐饮服务许可证，有效期限为 2013 年 11 月 14 日至 2016 年 11 月 13 日。2016 年 10 月 20 日，原告向被告黄浦市场局申请延续食品经营许可。被告黄浦市场局于同日受理，当日进行了许可证延续现场核查，经核实确认原告经营许可条件与原发证条件相比，无本质变化。期间，因威海路××弄居民申请听证，被告黄浦市场局于2016年10月31日向原告和居民发出行政许可听证通知书，并于同年11月10日举行听证，居民代表许某、赵某、曹某、宋某等人及原告经营者胡某参加了听证。居民代表许某等人述称，原告自2013年年底经营馄饨店以来影响其正常生活，开窗有油烟、煤气味，原告厨余垃圾往下水道排放，造成下水道多次堵塞，原告用电超负荷，房屋系砖木结构，存在安全隐患。居民们自2014年年初开始多次向居委街道等部门反映，各部门确实觉得原告影响居民正常生活，要求原告改变业态。听证后，被告黄浦市场局认为许可事实情况发生重大变化，于2016年11月11日作出被诉驳回决定，文书中未指明具体适用的法律条款。原告不服，于2017年1月5日向被告市食药监局提出行政复议申请。被告市食药监局受理后于同月11日向黄浦市场局发出行政复议答复通知书。黄浦市场局于同月20日予以答复，答复书中明确其依照《行政许可法》第四十七条第一款、第八条第二款、《食品经营许可管理办法》第十八条的规定，作出被诉驳回决定。被告市食药监局于同年3月3日发出行政复议延长审理期限通知书，后于同年3月31日作出被诉行政复议决定，维持被告黄浦市场局的驳回决定。

[审判]

上海市黄浦区人民法院审理后认为，根据《中华人民共和国食品安全法》（以下简称《食品安全法》）《食品经营许可管理办法》以及黄委〔2014〕170号《关于组建上海市黄浦区市场监督管理局的通知》的有关规定，被告黄浦市场局负责本行政区域内的食品经营许可管理工作。被告市食药监局具有受理、审查其下级行政机关所作行政行为并作出复议决定的相应职责。复议机关在受理原告复议申请后，根据被告黄浦市场局的答复等材料，在法定期限内作出行政复议决定，行政复议程序合法。

本案中原告向被告黄浦市场局申请延续许可，被告黄浦市场局以许可客观情况发生重大变化，出于公共利益需要，作出不予准许决定。根据当事人诉辩意见及庭审查明事实，本案争议焦点在于原告经营过程中与居民之间产生的排污、通风、通行等相邻关系纠纷，是否构成《行政许可法》第八条第二款所规定的"客观情况发生重大变化"。

被告黄浦市场局作为食品药品监管部门,在食品经营许可审核过程中,应依照《食品经营许可管理办法》第十一条的规定,审查食品经营场所、食品经营品种、经营人员、设备布局和工艺流程等条件是否符合食品安全标准。《食品安全法》《食品经营许可管理办法》并未将相邻关系人的通风、排污等相邻权益列为食品药品监管部门许可审查的职责范围。实际上被告黄浦市场局出示的2015年对居民作出的《投诉举报答复书》、南京东路市场监督管理所报告等证据中也都明确,对居民反映原告经营影响环境卫生、噪音扰民、排污等问题,不属于市场局监管职责,建议其向有关部门反映。

本案系争许可事项是许可期限的延续。根据《行政许可法》第五十条的规定,行政许可的延续是对行政许可有效期的延长,不是对行政许可的重新审核,也不涉及对行政许可内容的改变。被告黄浦市场局在受理原告申请后,对原告现场经营情况进行了核实,也确认其许可条件无本质变化。《行政许可法》第八条所规定的"客观情况发生重大变化"是指行政许可所基于的要件情况发生重大变化,本案中相邻关系因素不属于被告黄浦市场局在核发食品经营许可时有权认定的许可要件,原告申请时其经营条件也未发生本质变化,因此也就不存在适用《行政许可法》第八条的事实基础。故被告黄浦市场局适用《行政许可法》第八条第二款作出被诉行政行为,属于认定事实不清,适用法律错误。

同时,被告黄浦市场局在作出被诉驳回决定前组织了原告、居民进行听证。根据《行政许可法》第四十八条第一款第(四)项规定,"举行听证时,审查该行政许可申请的工作人员应当提供审查意见的证据、理由,申请人、利害关系人可以提出证据,并进行申辩和质证"。行政执法中的听证程序有别于一般事实调查程序,其目的是在作出对行政相对人不利决定前告知其拟处决定并听取行政相对人的陈述、申辩,因此在行政决定作出前进行听证有其特定的规范意义和程序价值。而本案中被告黄浦市场局虽组织了听证,但在听证过程中并未告知原告拟处决定、相关证据和依据,客观上没有发挥听证程序的应有作用。另外,在驳回决定中未指明所适用的《行政许可法》《食品经营许可管理办法》具体条款,虽然被告黄浦市场局在行政复议程序中进行了补强,但是亦属于行政程序上的瑕疵。

被告黄浦市场局所作被诉驳回决定认定事实不清,适用法律错误,原应予以撤销并责令重作。但考虑到本案原告实际经营业态、食品经营条件已经发生本质变化，已不具备原许可继续延续的客观条件，因此责令被告黄浦市场局重新作出行政行为已无必要。因此，被诉驳回决定应予确认违法，相应被告市食药监局作为复议机关，维持前述违法之驳回决定，行政复议决定亦属违法，应一并予以确认。据此，依照《行政诉讼法》第七十四条第二款第（三）项、第七十九条之规定，判决确认被诉食品经营许可证换证申请驳回决定及被诉行政复议决定违法。

一审判决后，原、被告均未提起上诉。

[评析]

食品安全监管、食品经营许可审查是社会关注焦点，也是行政执法的重点领域。本案系争行政行为是食品经营许可期限到期后，黄浦市场局就原告换证申请所作的驳回决定。围绕该案案件事实和法律适用，当事人争议焦点和法院审查重点主要在于被告黄浦市场局适用《行政许可法》第八条作出驳回决定是否合法，换证程序中的听证程序是否适当，驳回决定中未示明具体法律条款是否构成违法等问题。

一、本案换证申请的定性与《行政许可法》第八条的适用条件

本案中被告黄浦市场局适用《行政许可法》第八条作为作出驳回换证申请决定的法律依据。从第八条规定的构成要件来看，主要有三项：（1）行政机关不得随意变更已颁发的行政许可；（2）行政许可颁发机关变更行政许可须有前提条件：行政许可所依据的法律规范修改、废止或许可的客观情况发生重大变化；（3）因前述情况变更许可造成行政相对人损失的，应当给予行政相对人补偿。

本案被告行政机关认为，原告在获得餐饮服务许可证后，在经营过程中与相邻关系人产生纠纷，其周边居民对其经营餐饮业所产生的排污、用电等提出异议，因此认定许可情况发生了重大变化，故不同意其换证申请。就此可以从以下两方面来分析：

首先，本案所涉换证申请的性质认定。本案原告某馄饨店于2013年取得《餐饮服务许可证》，至2016年到期。在此期间国家食品药品监督管理总

局于 2015 年 10 月 1 日颁布《食品经营许可办法》，原餐饮服务许可为食品经营许可制度所替代。2016 年 10 月原告向被告黄浦市场局提出换证申请，被告黄浦市场局之后作出不予换证决定。就系争换证申请的性质存在不同认识：一种意见认为，原告原有许可为《餐饮服务许可证》，在《餐饮服务许可证》到期前其申请换证，被告黄浦市场局适用《食品经营许可管理办法》进行审查并作出是否准予换证申请，应当属于行政许可的重新申请；另一种意见认为，2013 年国家食品药品监督管理总局成立，相关食品安全监管职能归并由国家食品药品监督管理总局承担，2015 年颁布的《食品经营许可管理办法》是对原卫生部颁发的《餐饮服务许可管理办法》的吸收和延续，因此本次换证申请不属于重新申领《食品经营许可证》的申请，而是行政许可的延期申请。本案合议庭采纳了第二种意见。比较《食品经营许可管理办法》第十一、十二条和《餐饮服务许可管理办法》第十、十一条的内容可知，食品经营许可证与餐饮服务许可证的取得条件、申请所提交的材料基本一致，两者的受理、核发部门也都是食药监部门，且《食品经营许可管理办法》第五十四条规定："食品经营者在本办法施行前已经取得的许可证在有效期内继续有效。"本案原告 2013 年取得《餐饮服务许可证》先于《食品经营许可管理办法》颁布，其取得的《餐饮服务许可证》在 2016 年到期前继续有效，原告许可条件无本质变化，在有效期届满前提出的换证申请实质为其有效期的延续，不因规章更替造成的许可制度的变化而变为重新申请。根据《行政许可法》第五十条规定："被许可人需要延续依法取得的行政许可的有效期的，应当在该行政许可有效期届满三十日前向作出行政许可决定的行政机关提出申请。但是，法律、法规、规章另有规定的，依照其规定。""行政机关应当根据被许可人的申请，在该行政许可有效期届满前作出是否准予延续的决定；逾期未作决定的，视为准予延续。"行政许可到期后，被许可人向行政机关提出的延续申请不同于初始申请或重新申请，根据《行政许可法》第五十条的规定，许可延展申请是对许可期限的延续，行政机关在审查行政相对人现有许可条件与原申请条件未存在本质变化后，就应当准予延续许可期限，行政机关的裁量空间有限。[①] 而行政许可的重新申请意味着行政相对人需要重新提交许

---

① 张春生、李飞：《中华人民共和国行政许可法释义》，法律出版社 2003 年 11 月版，第 170 页。

可材料，行政机关须再次对行政相对人的条件予以审核，此时行政机关对许可条件的审查和许可结果存在裁量空间和判断余地，即使被许可人申请许可的条件没有发生变化，行政机关仍然可以不予核发许可。在许可期限延展的申请和审查中，期限延展是原行政许可效力的延伸，行政相对人对原行政许可存在信赖利益，行政机关没有合理理由不得变更原行政许可。而许可的重新申请，则意味着原行政许可的效力已经截断，对后续新的申请和审查不产生信赖利益，原许可的审查也不羁束重新审查的要件裁量。结合《行政许可法》第五十条第二款规定的默示批准许可机制可知，除法律等另有规定，特定许可在期限届满后应重新申请以外，行政机关对许可期限延展申请的审查明显有别于行政许可的重新申请，要受到信赖利益保护原则的羁束。

其次，《行政许可法》第八条规定"行政许可所依据的客观情况发生重大变化"，可以变更或撤回行政许可。根据《食品经营许可管理办法》第十一条的规定，食品经营许可审查内容主要涉及食品经营种类、食品经营场所的卫生安全布局和食品经营人员等方面，对于食品经营的相邻环境并非系争食品经营许可的审查要件内容。《行政许可法》第八条所谓"行政许可所依据的客观情况"，只能由规范要件和规范事实两方面组成，如果法律规范中没有涉及相关要件，相应地该要件所对应的客观事实，就不属于行政机关的审查范围。就本案而言，《食品经营许可管理办法》中并没有规定食品经营许可中需要审查相邻关系或是食品经营需要相邻人同意，被告也没有出示相关依据证明其他法律、法规或规章中有这类规定，因此相邻环境不属于食品经营许可审查的规范要件，进而可以推论，即使相邻环境发生变化，也不符合《行政许可法》第8条中所规定的"行政许可所依据的客观情况发生重大变化"的情形。

二、行政许可中听证的合法性要件

本案第二个问题涉及行政许可过程中听证程序的合法性评价问题。根据《行政许可法》第四十六、四十七条规定，行政机关可以根据法律规定或认为有必要的依职权主动进行听证，也可以根据行政相对人和利害关系人的申请举行听证。听证分为广义和狭义两种，[②] 广义的听证包含了行政机关听取行政

---

② 汤德宗：《行政程序法论》，元照出版社 2003 年 10 月版，第 26—28 页。

相对人一般性的陈述申辩,比如《行政处罚法》第三十二条规定,当事人有权进行陈述申辩,行政机关必须充分听取当事人意见。陈述申辩可以存在于行政程序的各个阶段,也并非要式性的程序权利,当事人既可以通过书面形式提出,也可以通过口头形式提出;既可以在调查阶段提出,也可以在拟处行政决定形成后提出。狭义听证即行政处罚、行政许可等法律中所规定的听证程序。听证有别于一般的陈述申辩。首先,进行听证前行政机关已经进行了调查、询问,搜集了相关证据和事实,并初步形成了拟处意见。由此可见,听证所处的程序阶段在行政机关实施调查之后。其次,听证过程是听证主持人居中主持,执法人员和其他听证参与人围绕拟处决定、相关证据依据进行质辩,最后形成的听证笔录作为行政决定的重要依据。听证这种准“司法性”的特征使得其实质上可以视为一种“事中救济程序”,所以听证中最为核心的要件是对拟处决定、证据依据的质辩过程。一个适当的听证必须通常包括一个“让争议当事人纠正或辩驳任何不利于他们观点的事项的公平机会”。③ 通过质辩使拟处行政决定的证据、依据得到全面的审视,确保这些证据、依据的正确无误,由此形成的听证笔录才能作为行政决定的重要依据。最后,正是基于行政许可决定的作出必须依据听证笔录,即许可听证笔录具有案卷排他效力,由此决定了在听证时行政机关负有证据开示义务,并应当承担相应的举证责任。

本案中,被告黄浦市场局应原告周边邻居的申请组织了听证,但是参加听证的执法人员并没有根据《行政许可法》的规定在听证程序中出示拟处决定的依据、证据,也没有告知拟处决定。故本案中的听证程序从客观上来看不符合《行政许可法》第四十八条的规定,也没有实现行政许可听证的目的。虽然案件中原告没有申请听证,但是《行政许可法》第四十八条规定,经过听证的,行政机关应当根据听证笔录作出许可准驳决定。而本案由于执法人员在听证中未出示拟处决定和证据、依据,相应地,行政程序中所形成的听证笔录缺乏有效性而不能作为作出最终决定的依据,所以本案听证程序存在明显瑕疵。

---

③ [英]威廉·韦德、克里斯托弗·福赛:《行政法》,骆梅英、苏苗军等译,中国人民大学出版社 2018 年 7 月版,第 386 页。

三、行政复议决定对原行政行为补强的有限性

2014年修订的《行政诉讼法》确立了复议机关共同被告制度。2015年颁布的《关于适用〈中华人民共和国行政诉讼法〉若干问题的解释》进一步明确，复议决定改变原行政行为指的是复议决定从结果上改变原行政行为，这一规定改变了原《关于执行〈中华人民共和国行政诉讼法〉若干问题的解释》中，对复议决定变更原行政行为认定事实、法律适用也视为改变原行为的制度设定。复议机关共同被告制度的目的在于加强行政机关内部监督力度，强化复议在解决行政争议、促进依法行政中的功能。因此，在复议过程中准予复议决定对原行政行为予以必要的补强和治愈，有利于行政复议发挥前述功能。④2018年颁布的《关于适用〈中华人民共和国行政诉讼法〉的解释》第一百三十五条规定复议机关作共同被告案件中法院"一并审查复议决定的合法性"，"复议机关在复议程序中依法收集和补充的证据，可以作为人民法院认定复议决定和原行政行为合法的依据"。对复议决定对原行为的治愈作了进一步明确。

本案中被告黄浦市场局在作出被诉驳回决定时未告知原告所依据的法律规定，而是在复议程序中才进行了出示，复议机关市食药监局在复议决定中进行了认定，最终认为复议机关适用法律正确，继而作出维持决定。这就涉及复议对原行政行为补强的边界问题。根据《行政许可法》第三十八条第二款的规定，行政机关作出不予许可决定的，应当说明理由，并告知申请人享有依法申请行政复议或者提起行政诉讼的权利。说明理由主要包含三部分，即行政决定的事实认定、法律适用和裁量选择理由。因此本案中行政机关作出驳回申请的决定当然应该告知原告所适用的法律依据。虽然复议过程中被复议机关出示了相关依据，行政相对人在复议程序中陈述了意见，但是在原行政行为程序中缺失法律依据的告知，显然意味着原行政行为存在程序瑕疵。即使原行为作出机关在复议程序中出示的法律依据正确，复议机关也不宜认定原行为完全合法，本案中复议机关作出确认原行为违法的复议决定更为适

---

④ 江必新、梁凤云：《最高人民法院新行政诉讼法司法解释理解与适用》，中国法制出版社2015年6月版，第91页。

宜。从本案的事实来看，复议决定对于原行为的补强是有界限的，从程度上来看复议决定对原行政行为是进行补强而不宜直接进行事实认定和法律适用，也就是说复议决定和原行政行为在事实的认定和法律适用方面，应该是"多和少"的关系而不是"有和无"的关系，复议机关不能完全替代原行政行为作出机关进行调查和认定。从复议决定和原行为的层级关系来看，复议决定对原行为进行治愈是复议功能之一而不是全部，复议程序对于下级行政机关而言还具有监督的功能，因此指出原行政行为的错误所在并辅之以正确的复议决定方式，显然是复议功能的应有之意。

（责任编辑：娄正涛）

被执行人在执行和解协议中的诉权

——X 公司与 H 公司确认合同有效纠纷上诉案

任明艳　　张旭东*

[案情]

上诉人（原审原告）　上海 X 有限公司（以下简称 X 公司）

被上诉人（原审被告）　上海 H 有限公司（以下简称 H 公司）

被执行人 X 公司因拒不履行上海市嘉定区人民法院（以下简称嘉定区法院）作出的生效民事判决，申请执行人 H 公司遂向嘉定区法院申请强制执行。嘉定区法院经核实，发现 Z 公司对 X 公司负有到期债务，遂要求 Z 公司停止向 X 公司支付结欠到期工程款，并只能向嘉定区法院或 H 公司支付。2015 年 3 月 9 日，嘉定区法院向 Z 公司发出履行到期债务通知书，要求其在收到通知书 15 日内，向 H 公司支付到期债务 284 万元。2015 年 3 月 23 日，X 公司与 H 公司签订《协议（一）》，约定：X 公司同意 Z 公司将到期债权金额 2845133 元划拨至 H 公司，同时 H 公司应返还 X 公司 50 万元整以资他用。同日，X 公司、H 公司签订《协议（二）》，约定：根据《协议（一）》，若 H 公司收到 Z 公司划拨款 2845133 元后，一天内不返还 X 公司 50 万元整，则 X 公司欠 H 公司的债务 488 万元，应扣除 100 万元，按 388 万元结算。协议签订后，Z 公司分两次向 H 公司共计打款 2845132.98 元。后因 H 公司未按上述协议返还 X 公司 50 万元，X 公司遂向上海市松江区人民法院提起诉讼，要求判决：（1）确认其与 H 公司签订的《协议一》《协议二》有效；（2）确认其依协议对 H 公司负有 104 万元的剩余债务。

---

* 任明艳，法学博士，上海市第一中级人民法院法官。张旭东，华东理工大学在读研究生。

［裁判］

一审法院认为，《协议（一）》《协议（二）》不为当前法律法规禁止，且 H 公司也未提交证据证明两份协议存在法定无效的情形，故应确认两份协议有效。另外，嘉定区法院已经对 X 公司与 H 公司之间的债务金额予以判定，虽然两公司随后签订了协议也进行了部分履行，但实质仍是在履行前述民事判决书项下的权利义务。X 公司据此要求确认其依协议对 H 公司负有 104 万元债务的诉讼请求于法无据，不予支持。遂判决：（1）确认 X 公司、H 公司于 2015 年 3 月 23 日签订的《协议（一）》《协议（二）》有效；（2）驳回 X 公司的其余诉讼请求。

一审判决后，X 公司不服，向上海市第一中级人民法院提起上诉，认为：（1）一审法院对本案诉讼认定产生曲解。嘉定区法院判决的债务金额所涉诉讼请求与 X 公司向一审法院提出的诉讼请求属于两个独立的诉讼请求，不能混为一谈。（2）一审法院已经确认系争两份协议有效，则应当就 X 公司诉请中的其他事实作出认定。

二审法院认为，X 公司与 H 公司在执行过程中分别签订了《协议（一）》和《协议（二）》，对原效判决中的金额、履行方式等进行了变更约定，这种约定属于执行和解协议性质。《最高人民法院关于执行和解若干问题的规定》（以下简称《执行和解规定》）第九条赋予了申请执行人在被执行人不履行执行和解协议时的选择权，即既可以选择申请恢复执行原生效法律文书，也可以就履行执行和解协议向法院起诉，这表明执行和解协议的履行争议具有可诉性。同时，上述司法解释第九条虽然仅对被执行人不履行执行和解协议时，申请执行人的选择权作出了规定，但从上述条文中尊重当事人意思自治的立法目的和精神出发，被执行人对于执行和解协议亦应具有诉权。因此，X 公司就上述两份协议的争议有权提起诉讼。但就执行和解协议的诉讼应当向执行法院提起，由于原合同纠纷是由嘉定区法院作出并执行，X 公司理应就上述两份协议向嘉定区法院提起诉讼，一审法院不具有管辖权，应当依法裁定撤销原判，驳回起诉。二审法院遂裁定撤销一审判决，驳回 X 公司的起诉。

［评析］

本案中，X 公司与 H 公司签订的《协议（一）》与《协议（二）》为执行和解协议。所谓执行和解协议，是指在执行程序中，双方当事人经平等协商，就变更执行依据所确定的权利义务关系自愿达成协议，从而使原执行程序不再进行的制度。① 本案一、二审的核心问题，均涉及执行和解协议的法律效力、性质和可诉性问题。进一步而言，被执行人不履行执行和解协议规定的义务时，司法解释已赋予申请执行人诉权；但若申请执行人怠于履行义务，被执行人依执行和解协议，是否可享受同等的程序救济机制，尚未可知。基于此，本文拟从法理分析入手，首先探讨执行和解协议的性质、效力，再论述被执行人的诉权等相关难题，以期揭开执行和解协议的本质，并对现行司法解释的适用进行扩展解释和发展，希望对实践有所裨益。

一、执行和解协议的性质及效力

本案中，X 公司诉至法院要求确认其与 H 公司之间的合同有效，法院在审理该案时，首先要解决的是涉案合同的性质和效力问题，这也是一审法院认定的焦点之一。关于执行和解协议的性质，理论界主要有以下几种观点：其一，民事行为说，认为执行过程中的和解是针对执行依据中实体权利义务关系作出的变更，系双方当事人意思自治的体现，应属民事合同的一种。其二，程序行为说，即当事人在执行程序中达成执行和解协议，是为了终结执行程序，虽然在内容上和原执行依据有所不同，但执行和解协议的达成取代了原执行依据，处于同等的效力层次，具有执行力，是一种程序行为。其三，附条件合同说，该学说在承认执行和解协议民事性质基础上，认为其是一种附生效条件合同，只有在当事人完全、适当地履行了执行和解协议后，才能产生终结执行的法律效力。其四，双重属性说，该学说阐明执行和解协议具有公法和私法两重性质，执行和解协议经裁决后具有强制执行力，其产生和履行会对执行程序产生影响。本文同意最后一种观点，认为执行和解协议兼具私法和公法性质。主要理由为：执行和解协议是当事人基于意思自治对其权利义务关系的一种安排，不违反法律法规的效力性强制性管理规范，具有民事合同的形式；但同时又与民事合同不同，具有一定的公法效力，可以阻

---

① 陈纯红：《执行执行和解协议中申请执行人的权利保护与规制》，载《人民司法》2012 年第 22 期。

却原生效法律文书的执行，协议已经履行完毕的，具有终结执行程序的法律效力。

此外，就执行和解协议的效力而言，2018年3月1日起实施的《执行和解规定》第九条规定："被执行人一方不履行执行和解协议的，申请执行人可以申请恢复执行原生效法律文书，也可以就履行执行和解协议向执行法院提起诉讼。"在司法解释已承认执行和解协议的合法性的前提下，执行和解协议的有效性应当具备以下要件：第一，执行和解协议须在执行过程中达成；第二，当事人是适格的执行程序主体；第三，双方意思表示自由；第四，执行和解协议的形式、内容合法，未损害第三人和社会公共利益。本案中，双方在生效判决执行过程中达成的《协议（一）》和《协议（二）》系X公司与H公司双方真实意思表示，且未损害第三人和社会公共利益，符合上述构成要件，故一、二审法院均依X公司的申请确认两份协议有效。

二、执行和解协议的可诉性

本案中X公司与H公司签订的执行和解协议是否具有可诉性，以及X公司作为被执行人向法院提起诉讼是否享有诉权？

学界对执行和解协议的可诉性研究，呈现出截然相反的两种观点：一种观点认为，执行和解协议尽管也是当事人之间变更权利义务的约定，但与一般程序外的实体协议不同，涉及生效判决的既判力问题，应当在执行程序中提出，不具有单独就执行和解协议提起诉讼的可诉性。另一种观点认为，执行和解协议是诉讼外和解，具有当事人自主解决纠纷的性质，其本质上属于设立、变更、终止民事权利义务的私法契约，只要当事人之间关于和解协议本身存在争议，就可以通过诉讼解决。[2] 执行和解协议是当事人对已生效的法律文书确定的权利义务内容进行重新安排，涉及原诉既判力的问题。程序法要求原告在起诉时具有明确的诉权，因此执行和解协议的可诉性实质上分解为两个问题：其一，当事人依执行和解协议起诉，可否享有诉权；其二，依执行和解协议进行起诉，是否会对原生效法律文书的既判力产生影响。

---

[2] 朱婧、何东宁：《执行和解协议对原裁判文书未涉及或不能恢复执行的部分具有可诉性》，载《人民司法》2012年第8期。

其一，从诉权的内涵来看，实体法基础权利受到损害时，权利人享有请求权；当请求权的行使不能得到满足时，当事人可以行使诉权请求国家审判权来保护。诉权兼具形式要件和实质要件：所谓形式要件，正如我国《民事诉讼法》第一百一十九条规定："起诉必须符合下列条件：（一）原告是与本案有直接利害关系的公民、法人和其他组织；（二）有明确的被告；（三）有具体的诉讼请求和事实、理由；（四）属于人民法院受理民事诉讼的范围和受诉人民法院管辖。"所谓实质要件，也即诉的利益，即涉案请求有诉诸于民事诉讼，通过确定的终局判决来解决的必要，意即权利人请求权受到损害，需要国家启动审判权来解决。执行和解协议具有民事合同性质，当请求权无法实现时，当然有求助国家解决的权利。因此，本案 X 公司、H 公司因履执行和解协议发生的纠纷，在理论上符合诉的概念和诉权构成要件。

其二，从既判力角度来看，前诉判决确定后，后诉标的可能有下列几种方式违反前诉既判力：第一，前诉与后诉的诉讼标的完全相同；第二，前诉诉讼标的构成后诉先决法律问题的情形；第三，前诉与后诉的诉讼标的属于矛盾关系的情形。实际上，上述三种情形仍未脱离前诉与后诉系争诉讼标的属于同一法律关系的范畴。因此，只要前诉和后诉的法律关系不属于同一范畴，就不产生既判力的问题。法律关系包括主体、客体和内容，只要其中任何一个要素发生变化，则法律关系发生变化。根据这一理论，执行和解协议变更了执行依据，使法律关系内容发生变化，自然超出既判力的客观范围。综上，执行和解协议符合诉权的内涵和构成要件，不违反原生效法律文书既判力，当事人可依据执行和解协议提起诉讼。

本案中原生效法律文书仅涉及 X 公司、H 公司在法庭辩论终结前的法律关系，在签订执行和解协议过程中，X 公司与 H 公司在债务的履行方式和时间上发生了变更和补充，产生了新的事实，导致新的法律关系出现，当然具有可诉性。一审法院认为双方签署的两份协议实质是履行生效民事判决项下的权利义务的认定不当，二审予以了纠正。

三、执行和解协议中被执行人享有诉权

《执行和解规定》第九条规定的申请执行人有权提起诉讼，然本案中，提起诉讼的是被执行人 X 公司，那么其是否有权依据协议提起诉讼呢？

虽然司法解释没有明确规定，但权利平等原则是当代法治的基本精神，包括实体权利平等和程序权利平等。诉权是一种程序性权利，也是一种宪法性权利。根据法律保留原则，对公民基本权利设限必须以法律明文规定为准。同时根据法理上"法无禁止即可为"的原则，在法律未明确限制的情形下，应视为被执行人同样享有诉权。

首先，从诉权理论上来讲，诉权作为一项基本人权，是公民和法人的基本权利。③ 法的应然性要求诉讼程序尊重和保障人权，即所谓的"程序正义理论"。在该理论的催生下，诉权的司法结构逐渐向充分尊重诉权的主体地位前进。人权理论视域下的诉权观认为，为了解决公民相互之间因社会生活关系引起的法的纠纷，即为了保障任何人的权利或利益不受非法侵害，法院应通过诉讼程序解决民事权益纠纷，这是法治国家承担的保护每个人自由和权利的基本义务。诉权的功能是救济性质的，但是它的本体却是原权利、主权利。实体权利受到侵害或发生纠纷是诉权启动的原因，但诉权的存在不以实体权利的存在为前提。既然诉权是一种基本人权，那么便具有绝对性，即是人生来的权利，不以国家授权为前提；另外，当公民通过诉权请求国家予以救济时，国家就不得以任何理由拒绝裁判，即便这种诉求于法无据。从这个角度说，司法机关的审判活动与其说是在行使权力，毋宁说是在履行救济义务。本案中，X公司作为依法设立的民事主体，拥有独立完整的法人人格，具有民事权利能力和行为能力。诉讼能力作为行为能力的一种，由X公司天然享有。人权理论视域下，X公司天然具有依法提起诉讼的权利，况且本案中其起诉的前提是H公司拒不履行执行和解协议中的义务，X公司的起诉行为更具有正当性。

其次，从实体权利上来说，执行和解协议是当事人之间的债权债务关系再安排，具有民事合同的性质，而从事民事活动应当符合公平原则和诚实信用原则。所谓公平原则是指，民事主体参与民事法律关系的机会平等，利益分配均衡，责任承担合理。同时为保护意思自治，只要当事人在进行民事法

---

③ 诉权的演变轨迹为：从（古代）少数贵族的特权演变为罗马法上的私权，人人可以通过法律规定的特定形式提起诉讼，再发展为公民对国家的主观公权利，目前已走向人权，成为任何公民的基本权利。参见巢志雄：《民事诉权合同研究》，载《法学家》2017年第1期。

律行为时意思表示真实、有效，那么基于诚信原则，非因法定原因任何一方不得以显失公平为由主张撤销或变更。执行和解协议双方虽然存在权利减让、变更和部分豁免的情形，但这种实体权利处分实质上是为了尽快实现债权、减少双方当事人成本。这种债权债务关系的重新安排，实际是具有民事合同的性质，双方互有或单方享有一定的权利，由此也构成了新的请求权基础。根据民事诉讼法的一般法理，当请求权无法通过私途径满足时，当事人有权依照法律的规定向人民法院提起诉讼，通过国家审判权的介入保护自身私权利，以保障双方当事人在合同项下的预期利益。如本案双务执行和解协议中，X公司、H公司之间互为一定义务，双方均应遵循诚实信用原则，任何一方不履行义务给对方造成损害，都应当承担相应的法律后果。X公司据此请求人民法院依法确认其依和解协议享有的权利，是在私法救济无法满足的情形下，通过诉权请求国家审判权进行救济的典型做法。

最后，从程序权利角度来看，双方当事人在民事诉讼中的各项权利都是平等的。基于诉权平等和审判权平等保护双方当事人的原理，一方享有起诉权，另一方则享有答辩权或反诉权。诉权的本质要求诉权须为实质平等的保障，使有意主张权利的人均能有机会使用诉讼制度，而为其排除主张权利的障碍。当前司法解释虽仅规定申请执行人享有起诉的权利，但这并不能否定被执行人享有的诉权。一般而言，被执行人是否选择起诉属于处分权的内容，法律不应过多进行干涉，当其选择起诉时国家应当进行保护。当前的立案登记制改革，将起诉要件和诉讼要件进行区分，其核心在于保障当事人的诉权。这种大背景下，只要当事人提起诉讼在形式上符合民事诉讼法规定的条件，法院就应当依法受理并作出裁决。法院对被执行人提起的诉讼进行裁决时，应当严格按照双方实体权利义务关系进行，至于被执行人的诉请能否得到支持，属于实体法上的内容，法院不能、也不应当在审查被执行人诉权时，否定其起诉权利。回到本案，执行过程中X公司已经与H公司达成了和解协议，双方互为一定的义务，H公司拒不履行义务给X公司造成了一定损害，X公司据此向法院提起诉讼，法院能否对该案进行立案，审查的重点应是X公司是否符合起诉条件。而在当前诉权理论和司法改革下，任何公民、法人和具有诉讼行为能力的其他组织均可向人民法院提起诉讼，至于X公司的请求能否得到支持，属于法庭审理后的裁判结果，未经依法审理前，不能以法律没有规定为由拒绝立案。

综上，上述司法解释第九条承认执行和解协议可以成为当事人行使诉权的诉讼标的，反映国家对当事人意思自治的尊重以及对债权人和债务人在执行和解协议下预期利益的保护。但该司法解释并未对被执行人的诉权进行规定，导致实践中新的问题产生。对本条司法解释的适用应当采取目的解释的方法承认被执行人在执行和解协议下应具有诉权，在申请执行人怠于履行执行和解协议约定的义务时被执行人可依协议请求法院确认双方之间的权利义务。本案中二审法院从尊重当事人在执行和解协议中的意思自治的立法目的和精神出发，确认被执行人 H 公司对于执行和解协议同样具有诉权。

四、执行和解协议的新旧法律适用与管辖法院

本案一审审理时，尚未有明确的规范性条文对执行和解协议进行较为详细的规定；二审立案后，《执行和解规定》正式实施。因此，二审法院在审理该案时，如何适用法律，属于新法、旧法如何衔接适用的问题。法理上对新法、旧法如何衔接的问题提出了"新法优于旧法"的原则：新法实施以后的案件应当采用新法，新法实施前仍采用旧法。二审法院依法受理 X 公司上诉后，表明 X 公司与 H 公司之间的合同纠纷尚未得到解决，此时新法颁布实施，本案中二审法院明确表示，应当依据"新法优于旧法"的原则处理。

执行和解协议是在执行过程中达成的，且对生效法律文书确定的权利义务关系进行了再分配。就其管辖问题，有观点认为，执行和解协议属于合同的一种，应当适用民事诉讼法关于合同案件管辖的规定，由约定管辖地或合同履行地、被告住所地法院管辖。我们认为执行和解协议区别于一般的合同纠纷，兼具公法和私法双重性质，目前不应适用合同案件管辖的规定。原因如下：其一，作出执行依据的法院对所涉纠纷的实体权利义务关系进行了裁判，对法律关系有清楚的了解和认识；其二，执行法院在执行原判决时，对义务履行情况更为熟悉。对此，就执行和解协议发生的纠纷，由执行法院管辖更为适宜。

《执行和解规定》第九条也明确指出"向执行法院提起诉讼"。本案执行法院为嘉定区法院，而非一审法院，发生了管辖错误的情形，故二审法院依法裁定撤销原判，驳回 X 公司的起诉。

（责任编辑：金殿军）

债券受托管理人原告适格性研究

吴凌翔　王　哲*

一、问题的提出

2018 年以来，债券违约事件频发，债券投资者的权益保护问题日益凸显。债券受托管理人制度是实施债券管理的核心机制，其在债券投资者利益的保护中起着重要作用。债券受托管理人的性质，可谓"公司债权人团体之执行机关"，[①] 代表债券持有人的利益，监督发行人是否遵守了债券契约所规定的义务，并履行风险排查、信息披露等义务。其中，债券违约后，受托管理人是否有权代位债券持有人提起法律程序是一个在理论及实务中亟待解决的问题。

中国资本市场上的债券可以分为三类，第一类为证监会体系下的公司债券，第二类为发改委体系下的企业债券，第三类为中国人民银行及交易商协会体系下的非金融企业债务融资工具。首先，对于证监会体系下的公司债券，证监会颁布的《公司债券发行与交易管理办法》（以下简称《管理办法》）规定，发行公司债券的，发行人应当为债券持有人聘请债券受托管理人。《管理办法》规定了受托管理人的职责，包括以下 8 项：（1）持续关注发行人和保证人的资信状况、担保物状况、增信措施及偿债保障措施的实施情况，出现可能影响债券持有人重大权益的事项时，召集债券持有人会议；（2）在债券存续期内监督发行人募集资金的使用情况；（3）对发行人的偿债能力和增信措施的有效性进行全面调查和持续关注，并至少每年向市场公告一次受

* 吴凌翔，法学博士，国海证券股份有限公司副总裁兼首席风险官。王哲，法学博士，国海证券股份有限公司风险管理二部投行业务内核岗。

① 柯芳枝：《公司法论》，中国政法大学出版社 2004 年 2 月版，第 383 页。

托管理事务报告；（4）在债券存续期内持续督导发行人履行信息披露义务；（5）预计发行人不能偿还债务时，要求发行人追加担保，并可以依法申请法定机关采取财产保全措施；（6）在债券存续期内勤勉处理债券持有人与发行人之间的谈判或者诉讼事务；（7）发行人为债券设定担保的，债券受托管理协议可以约定担保财产为信托财产，债券受托管理人应在债券发行前或债券募集说明书约定的时间内取得担保的权利证明或其他有关文件，并在担保期间妥善保管；（8）发行人不能偿还债务时，可以接受全部或部分债券持有人的委托，以自己名义代表债券持有人提起民事诉讼、参与重组或者破产的法律程序。可见，证监会以行政规章的形式赋予了公司债券的受托管理人代表债券持有人采取法律行动的权利。然而，作为上位法的《民事诉讼法》和《仲裁法》对此存在立法空白。其次，对于发改委体系下的企业债券，引入了"债权代理人"的概念，但对于债权代理人的具体职责没有规范性的制度规定。在实践中，大多以协议约定的方式进行约束。再次，对于中国人民银行及交易商协会体系下的非金融企业债务融资工具，具体包括短期融资券、超短期融资券、中期票据、资产支持票据等，只有"主承销商"的概念，并没有引入"受托管理人"的概念。由此可见，由于上位法对债券受托管理人代债券持有人提起法律程序的原告适格性规定的缺位，导致对该问题有不同的认识，在实践中产生混乱。债券受托管理人在债券纠纷中是否为适格的原告？债券持有人自身能否提起法律程序？若债券受托管理人代债券持有人提起法律程序，是否剥夺了债券持有人自身提起法律程序的权利？对债券持有人，特别是非金融机构中小投资者的委托，债券受托管理人是否有拒绝接受其委托的权利？这些问题都亟需在立法层面进行规范。

二、债券受托管理人原告适格性立法现状

（一）《民事诉讼法》相关规定

《民事诉讼法》中跟债券受托管理人原告适格性相关的是诉讼代表人制度和诉讼代理人制度。

1. 诉讼代表人制度

中国民诉法下，诉讼代表人制度包括当事人人数确定的代表人诉讼和当

事人人数不确定的代表人诉讼，《民事诉讼法》第五十三条和第五十四条分别进行了规定。《民事诉讼法》第五十三条规定："当事人一方人数众多的共同诉讼，可以由当事人推选代表人进行诉讼。代表人的诉讼行为对其所代表的当事人发生效力，但代表人变更、放弃诉讼请求或者承认对方当事人的诉讼请求，进行和解，必须经被代表的当事人同意。"《民事诉讼法》第五十四条规定："诉讼标的是同一种类、当事人一方人数众多在起诉时人数尚未确定的，人民法院可以发出公告，说明案件情况和诉讼请求，通知权利人在一定期间向人民法院登记。向人民法院登记的权利人可以推选代表人进行诉讼；推选不出代表人的，人民法院可以与参加登记的权利人商定代表人。代表人的诉讼行为对其所代表的当事人发生效力，但代表人变更、放弃诉讼请求或者承认对方当事人的诉讼请求，进行和解，必须经被代表的当事人同意。人民法院作出的判决、裁定，对参加登记的全体权利人发生效力。未参加登记的权利人在诉讼时效期间提起诉讼的，适用该判决、裁定。"

可见，诉讼代表人，是指为了便于诉讼，由人数众多的一方当事人推选出来，代表其利益实施诉讼行为的人。诉讼代表人具有双重身份，一方面他是诉讼当事人，另一方面他又是代表人。由于诉讼代表人是本案当事人，因此他与本案的诉讼结果有利害关系；诉讼代表人实施诉讼行为，不仅是为被代表的当事人的利益，也是为自己的利益。② 而在债券违约后，由受托管理人代表债券持有人的利益提起诉讼或仲裁，由于受托管理人并非债券纠纷的当事人，因此无法适用诉讼代表人制度。

2. 诉讼代理人制度

中国民诉法下，诉讼代理人制度包括法定诉讼代理人和委托诉讼代理人，《民事诉讼法》第五十七条和第五十八条分别进行了规定。《民事诉讼法》第五十七条规定："无诉讼行为能力人由他的监护人作为法定代理人代为诉讼。法定代理人之间互相推诿代理责任的，由人民法院指定其中一人代为诉讼。"《民事诉讼法》第五十八条规定："当事人、法定代理人可以委托一至二人作为诉讼代理人。下列人员可以被委托为诉讼代理人：（一）律师、基层法律服务工作者；（二）当事人的近亲属或者工作人员；（三）当事人所在社区、单

---

② 张卫平：《民事诉讼法》（第四版），法律出版社 2016 年 3 月版，第 153—154 页。

位以及有关社会团体推荐的公民。"

可见，诉讼代理人，是指根据法律规定或当事人的委托，代当事人进行民事诉讼活动的人。中国民事诉讼法所规定的诉讼代理人分为法定诉讼代理人和委托诉讼代理人。法定诉讼代理人，是指根据法律规定，代理无诉讼行为能力的当事人进行民事活动的人。法定诉讼代理人的被代理人，只限于无民事行为能力的人或限制民事行为能力的人。委托诉讼代理人，是指根据当事人、法定代表人或法定代理人的委托，代为进行诉讼活动的人。诉讼代理人自身并非当事人，但其所为的诉讼活动及行为之实体和程序上的结果却必须由当事人来承受。与当事人还包括法人等团体组织不同，诉讼代理人只能是自然人，且必须具备诉讼行为能力。③ 此外，最高人民法院也认为，"诉讼代理人应以自然人为限，非自然人不得为诉讼代理人"。④ 在实践中，债券受托管理人一般为证券公司等金融机构，并非自然人，因此债券受托管理人代债券持有人提起法律程序也无法适用诉讼代理人制度。

（二）行政规章相关规定

由证监会颁布的《公司债券发行与交易管理办法》第五十条第八款规定："公开发行公司债券的受托管理人应当履行下列职责：（八）发行人不能偿还债务时，可以接受全部或部分债券持有人的委托，以自己名义代表债券持有人提起民事诉讼、参与重组或者破产的法律程序。"此外，证券业协会颁布的《公司债券受托管理人执业行为准则》第二十一条规定："发行人不能偿还债务时，受托管理人应当督促发行人、增信机构和其他具有偿付义务的机构等落实相应的偿债措施，并可以接受全部或部分债券持有人的委托，以自己名义代表债券持有人提起民事诉讼、参与重组或者破产的法律程序。"

可见，证监会的行政规章和证券业协会的自律性规范赋予了受托管理人接受债券持有人的委托，以自己名义代表债券持有人提起法律程序的适格性。然而，根据《立法法》第八条第十项以及第九条的规定，诉讼和仲裁制度只能制定法律或者由全国人大及其常务委员会授权国务院制定行政法规，而不

---

③ 王亚新、陈杭平、刘君博：《中国民事诉讼法重点讲义》，高等教育出版社2017年3月版，第118页。

④ 姚瑞光：《民事诉讼法论》，中国政法大学出版社2011年1月版，第103页。

能以行政规章的形式作出规定。

综上，从中国债券受托管理人原告适格性立法现状来看，受托管理人代债券持有人提起法律程序缺乏上位法的支撑，属于当事人不适格，不具备诉讼要件。对于是否具备诉讼要件，法院应依职权进行主动调查，并基于诉讼要件欠缺而裁定驳回起诉，无须就起诉主张的实体法律关系进行审理；作为被告的债券发行人，也可以主张诉讼要件欠缺，请求法院直接驳回受托管理人的起诉。⑤ 即使法院受理并作出判决，且判决发生效力，对作为适格当事人的债券持有人也不发生法律效力。⑥

三、比较法视角下的债券受托管理人原告适格性

（一）普通法系国家债券受托管理人原告适格性

1. 美国债券受托管理人原告适格性

美国债券受托管理人原告适格性主要规定在美国国会参议院及众议院颁布的《1939 年信托契约法》（Trust Indenture Act，TIA）中。该法的立法背景是，美国在 1939 年之前没有专门的法律保护公众债券持有人的利益。1929 年，股票市场暴跌之后，国会开始调查如何重塑公开证券市场中投资者的信心。债券市场投资者采取集体行动存在障碍，因而对资本市场缺乏信心。债券持有人由于广泛分散在各地，采取集体行动存在困难；而且，由于债券持有人各自有较小的个人诉求，其缺乏动力去克服地区分散问题，且采取行动须发生一定费用。由于以上原因，在现实中，债券持有人无法较好地维护其自身利益。⑦ 而且，当时的契约并不是标准化的，契约中存在大量的受托管理人免责条款，这导致投资者仅能获得很少的补救，并存在一些利益冲突。⑧ 大多数的契约约定，受托管理人仅在获得一定比例的债券

---

⑤ 张卫平：《起诉条件与实体判决要件》，载《法学研究》2004 年第 6 期。

⑥ 前引 ④，第 67 页。

⑦ See Steven L.Schwarcs，Gregory M.Sergi，Bond defaults and the dilemma of the indenture trustee，Alabama Law Review，Vol.59，2008.

⑧ See Ramon E.Johnson，Calvin M.Boardman，The Bond Indenture Trustee: Functions，Industry Structure，and Monitoring Costs，Financial Practice and Education-Fall/Winter，1998.

持有人的正式要求时，才有义务履行契约中约定的救济性条款。[⑨] 在 1929 年大量公司债券违约后，很多债券持有人控告受托管理人不履行对债券持有人的职责。证券交易委员会（the Securities and Exchange Commission，SEC）进行了一项调研并得出结论，在发行人遵守契约条款方面，债券的购买者没有得到足够的保护。SEC 发布了一篇报道，要求对债券持有人利益保护进行立法，随后，美国国会参议院及众议院审议通过了《1939 年信托契约法》。该法第 302（a）条说明了立法的必要性，主要包括债券持有人采取个人行为不切实际，以及契约一般不规定受托管理人的义务及责任。总体而言，该立法试图达到三个基本目的：第一，树立关于债务人和受托管理人行为和义务的最低标准；第二，在契约中包含受托管理人在契约项下责任的最低标准，并删除之前包含的大量免责条款；第三，消除受托管理人和债务人的冲突关系，以及受托管理人和承销商的冲突关系。[⑩] 可见，《1939年信托契约法》是在 1929 年金融危机后，为保护债券持有人的利益而产生的。

根据《1939 年信托契约法》的规定，受托管理人违约前后的义务存在差异。在违约之前，受托管理人的义务是事务性的，仅限于契约中规定的义务，一般包括向投资者分配利息和本金、维持登记在册的债券持有人名单、监督协议及契约中条款的执行，以及如果债务是有担保的，采取行动维护契约的抵质押物。[⑪] 在这个阶段，受托管理人需要承担最低程度的主动性，这被称为一种被动的功能。法院一般拒绝推断在违约前，受托管理人存在额外义务。若发生了违约，受托管理人的职责就变成积极的。在这个阶段，法律没有明确规定受托管理人的具体职责，仅规定应根据"谨慎的人"（prudent person）的标准履行义务。受托管理人必须实施契约规定的权利及权力，并且如同处理自己的事务一般履行"谨慎的人"的注意义务。[⑫] 美国《1939 年信托契约法》第 310（a）(4) 条规定，在利益或参与权证的情况下，契约受托人具有法律权利，行使权证载明的利益或参与证券的持有人的所有权利、权能和特权。

---

⑨　前引 ⑦。
⑩　前引 ⑧。
⑪　前引 ⑦。
⑫　前引 ⑧。

可见，在美国法项下，受托管理人有权行使债券持有人所有的全部法律上的权利。因此，其代表债券持有人起诉的适格性自然也不存在疑问。受托管理人可以自行判断是否有利于维护债权人利益，进而决定是否采取法律措施。需要指出的是，对于一些不需债券持有人同意、受托管理人可自主采取行动的情形，受托管理人为了使其免于潜在的责任，经常会征求债券持有人的同意。信托契约法为受托管理人规定了一个安全港，受托管理人根据大多数债券持有人的指示善意行事。一个评论员认为，一个谨慎的受托管理人在采取单方面的行动并可能会产生一定风险时，会寻求债券持有人的指示。若没有指示，受托管理人将会面临各种困难的选择。比如，受托管理人不得不决定是否以及何时为没有担保的债券从发行人处取得抵质押。受托管理人也需要决定是否以及何时实施契约中约定的救济措施，比如提前到期、要求履行契约中约定的特定的措施，或者在债券违约时，起诉以对违约的本金或利息求偿。⑬ 可见，根据《1939 年信托契约法》，受托管理人在债券违约前的义务是被动的，债券违约后的义务就转变成主动的，受托管理人有权以自身名义代表债券持有人提起法律程序，无须债券持有人的授权，这属于受托管理人的自由裁量范围。但在实践中，受托管理人为了使其免于潜在的责任，经常向债券持有人寻求指示。

在美国法项下，受托管理人和债券持有人之间的法律关系是信托关系。信托的实质是受托管理人对财产有公示的权利，但真正的所有权属于受益人。所以，核心的概念是表面上享有权利的人不是真正的所有者。问题在于当名义上的所有人破产时，真正的所有权人能否取回其财产。如果该财产可以跟受托人的债权人隔离，则这是一个信托；如果该财产无法跟受托人的债权人隔离，则不是信托。信托是个古老的工具，19 世纪"公司"的出现代替了信托作为主要商业工具的地位，但是，信托在金融市场继续扮演着很关键的角色。在国际金融市场，信托最常用的领域之一是债券发行，聘任受托管理人维护债券持有人的利益并代表其采取行动。⑭ 信托关系中的受托人作为名义上

⑬　前引⑦。

⑭　See Ruiqiao Zhang，The new role trusts play in modern financial markets: the evolution of trusts from guardian to entrepreneur and the reason for the evolution，Trusts and Trustees，Vol.23，No.4，2017.

的所有权人，具有提起诉讼、执行和申请进入破产程序的适格性。⑮受托管理人以自己的名义提起诉讼，而不是作为一个行政性的代理人。信托的概念通常被普通法系国家采纳，大陆法系国家通常不接受该概念，主要基于以下两点理由。第一，虚假财产（false wealth）。不采纳信托的国家主要反对用一个人的财产去偿还另一个人的债务，并认为这是基于表面上的财富、表面上的占有以及表面上财产的虚假财产或虚假信用。债权人可能会被债务人表面上拥有的财产误导，而事实上，债务人的财产属于一个未披露的第三方，当债务人破产时，该第三方将取回其财产。普通法系国家的反驳理由是，现代公司的大多数资产都是无形的，比如，应收账款等债权，债权人无法见到实物，所以不会被虚假的表象所欺骗。公司会将信托财产排除在财务报表外。事实上，债权人不会调查债务人的资产，他们基于的是财务报表。第二，优先权（priority）。不采纳信托国家的第二个反对理由是隐藏的所有权的存在可能会破坏交易的稳定性，并导致不可预见的优先权争议。买方或抵押权人如何确保取得了完整的所有权或有效的抵押权，第三人可能跳出来主张财产所有权并撤销买卖或抵押。普通法国家的回应是适用善意第三人原则，具体条件包括买方或抵押权人支付了合理的对价、善意并不知道真实的所有者。⑯可见，美国法项下，受托管理人与债券持有人的法律关系是信托关系，是信托在金融领域的应用。

此外，在美国法项下，债券受托管理人的原告适格性并不排除债券持有人自身的原告适格性。从法理上而言，受托管理人和债券持有人之间的法律关系是信托关系，受托管理人与每一债券持有人构成单一信托。在单一信托中，受托管理人是名义上的财产所有权人，而债券持有人是实际上的债券持有人，因而，债券持有人作为实质债权人，在法律有规定时，当然享有原告的权利。从法律规定上看，《1939年信托契约法》第316（b）条规定，"合格的契约应当规定，尽管有其他规定，任何证券持有人享有在到期日及之后接受本金及利息的支付，或者对支付本金及利息的执行提起诉讼的权利，在

---

⑮ ［英］菲利普·伍德：《国际金融的法律与实务》，姜丽勇、许懿达译，法律出版社2011年4月版，第234页。

⑯ See Philip R.Wood，What happened to the trust in financial law? Capital Markets Law Journal，Vol.12，No.3，2017.

没有持有人同意的情形下，不应受到损害或被影响"。可见，美国信托契约法不允许契约中有任何条款妨碍债券持有人诉诸法院。虽然受托管理人能代表债券持有人提起诉讼，但契约不能禁止债券持有人提起诉讼。⑰ 因此，在受托管理人具有原告适格性的情形下，债券持有人作为债权人也享有原告适格性。

可见，美国国会参议院及众议院颁布的《1939 年信托契约法》出于保护债券持有人的利益，赋予了债券受托管理人以自身名义代债券持有人提起法律程序的原告适格性，无须债券持有人的授权，这属于受托管理人的自由裁量范围，受托管理人与债券持有人之间是一种信托关系，且债券持有人自身仍保有提起法律程序的权利。

2. 英国债券受托管理人原告适格性

在英国法项下，根据《1925 年信托法案》(Trustee Act 1925)，受托管理人有权以自身名义代债券持有人提起法律程序。由受托管理人提起诉讼的好处是有一个单一的诉讼程序来代表受益人的利益，避免了多方起诉和成本的重复支付。有一个案例发生于 2011 年，Kaupthing Singer and Friedlander（KSF）是其子公司发行债券的保证人，由 KSF 支付其子公司的利息。KSF 对其债权人支付了利息的 50%，包括在保证义务下对债券持有人的利息支付。KSF 向法院提出了一个申请，根据英国衡平法下的一条模糊规则，申请拒绝支付对其子公司的利息。债券持有人是发行人的唯一主要债权人，这将会减损债券持有人的利益。HSBC 作为受托管理人代表债券持有人向英国高院提起了诉讼，之后又向最高法院上诉。最终，受托管理人在最高法院胜诉，债券持有人获得全额赔偿。⑱

虽然受托管理人有权代债券持有人提起法律程序，但有时会请债券持有人自身在庭前进行论述。一般而言，当相关争议对不同的债券持有人有不同的影响，且其利益不一致时，受托管理人会请债券持有人自身进行论述以保护其利益。债券持有人经常会进行论述，因为虽然聘请了受托管理人，但当

---

⑰ See Jason Grant Allen，More than a matter of trust: the German Debt Securities Act 2009 in international perspective，Capital Markets Law Journal，Vol.7，No.1，2012.

⑱ See Denny Andrew，Krone Morgan，When bond trustees are called to action，International Financial Law Review，2016.

其金融利益受到威胁时，他们自然想要进行论述。比如，Eurosail 案例中，债券不同等级的持有人到庭作不同的陈述，提起诉讼的受托管理人退居二线，由债券持有人代表在法庭上提出相关论述。但是，当受托管理人找不到愿意进行论述的债券持有人时，由其自身进行论述。在 State Street Bank and Trust Co v.Sompo Japan Insurance Inc and others（2010）案例中，法院明确，当受托管理人提起诉讼，没有债券持有人代表到庭陈述，则受托管理人有义务在庭前进行论证。⑲

在英国法项下，受托管理人和债券持有人之间的法律关系也是信托关系。在英国信托契约下，受托管理人享有债权，并承诺把收益转交给债券持有人。因此，在英国法实践下，只有受托管理人有执行债券的法定权利。⑳与美国允许债券持有人单独提起法律程序不同，英国采纳了"不起诉条款"（No Action Clause），禁止个人债券持有人采取法律行为。㉑然而，受托管理人一般倾向于在可能的情形下，让债券持有人自身考虑相关的修改建议以及是否同意相关事项，特别是相关议案关系到商业的、复杂的或者具有潜在争议的事项。㉒

可见，在英国法项下，受托管理人有权以自身名义代债券持有人提起法律程序，其有权作出是否采取法律措施的独立决定，但有时会请债券持有人自身在庭前进行论述，受托管理人与债券持有人之间的法律关系是信托关系。此外，与美国不同，英国采纳了"不起诉条款"，仅受托管理人有权提起法律程序，债券持有人自身无权采取法律措施。

（二）大陆法系国家债券受托管理人原告适格性

1. 德国债券受托管理人原告适格性

德国《2009 年债券法案》（Debt Securities Act 2009）对《1899 年债券法

⑲ See Denny Andrew，Krone Morgan，When bond trustees are called to action，International Financial Law Review，2016.

⑳ See Lee C.Buchheit，Trustees versus fiscal agents for sovereign bonds，Capital Markets Law Journal，2018.

㉑ 前引⑰。

㉒ See Simon Hill，Tim Beech，The credit crisis: have trustees lived up to expectations？ Capital Markets Law Journal，Vol.5，No.1，2010.

案》进行了修订，规定了集体行动机制（collective action），有约束力的集体决策机制和共同代理（common representation）是促进集体行动的两个机制，即债券持有人的组织和代理。㉓

集体代理（collective representation）能确保专业人士或机构投入必要的时间和资源有效监督发行人的经营。1899 年法案第 1（2）条规定了集体代理的基础，该条款规定，"债券持有人会议可聘请共同代理人以行使其权利"。2009 年法案第 5（1）条规定了集体代理的基础，"债券条款可以规定债权人为所有债权人聘任共同代理人代表其利益"。条文中的措辞看上去是许可性的，而不是强制性的。但是，条文的下属款项进一步规定，"债券条款仅能减损该条第 5 项至第 21 项的内容以无法保障债权人的利益"。这说明债券条款不能排除对共同代理人的聘任。德国的债券持有人代理人，适用德国的代理法，代理人和债券持有人的关系是代理关系。在德国，共同代理的权利和责任完全由合同约定。由债券持有人会议（或者发行人，当代理人在发行时聘任的情况）决定代理人行使独立的自由裁量权并发挥积极的作用，还是仅根据持有人会议的决议来执行。第 8（2）条仅仅对代理人放弃债券持有人的权利进行了限制，第 7（1）条规定，这需要 75% 以上的债券持有人同意，所以，潜在的范围非常宽泛，代理人被赋予了一定权利。㉔菲利普·伍德也认为，在一些国家，例如瑞士、荷兰、德国和卢森堡，证券持有人都有受托代表人，但这些代表看起来并不是英美法意义上的信托人，因为他们并不持有受益人所有的免受信托人个人债权人追索的信托财产。这些受托代表人无权以产权持有人的身份代表债券持有人，或者代表发行人的债权人提起诉讼，但是法律或者债券持有人可以对他们进行授权。㉕可见，在德国法项下，债券持有人通过聘任共同代理人并加以授权的方式赋予受托管理人原告适格性，受托管理人与债券持有人之间的法律关系是代理关系，受托管理人代债券持有人提起法律程序。

关于限制个人行动的"不起诉条款"，澳大利亚和英国采纳了该条款。在

㉓ 前引 ⑰。
㉔ 前引 ⑰。
㉕ 前引 ⑮。

澳大利亚，债券持有人可以起诉要求受托管理人行使其权利，但是一般不能对其自身权利提起诉讼。根据澳大利亚证券和投资委员会（ASIG），信托合同应该约定，若受托管理人在指定的时间段内拒绝采取行动，债券持有人可以采取个人行动，但这并没有在立法中进行规定。美国并没有采纳"不起诉条款"，信托契约法不允许契约中有任何条款妨碍个人债券持有人诉诸法院。德国 1899 年法案下，不承认基于合同的代理关系取代债券持有人自身提起司法行为。因此，在 1899 年法案下，一个债券的相关条款不能规定，一旦债券持有人代理人提起诉讼，个人的起诉权利自动终止。然而，当共同代理人提起诉讼时，第 14（2）条允许在取得 75% 债券持有人同意后排除个人的诉讼行为。2009 年法案推翻了这个规定，根据第 7（2）条，法律授权共同代理人实施债券持有人的权利，在没有大多数债券持有人同意的情形下，债券持有人无权个人提起诉讼。此外，第 19（3）条规定，只有共同代理人有权在破产中实施债券持有人的主张。关于"无行动条款"中确定的一点是，债券持有人仅有权迫使其代理人采取法律行为，但自身无法采取法律行动。㉖ 可见，德国 2009 年法案采纳了"不起诉条款"，共同代理人有权代债券持有人提起法律程序，受托管理人与债券持有人之间是代理关系，而债券持有人自身原则上不享有提起法律程序的权利，不是适格的原告。

2. 法国债券受托管理人原告适格性

法国 1966 年法律的立法背景是，在过去，债券持有人往往都是一些小本储蓄人，因此，立法者想把他们集合起来，使他们面对发行债券的公司能够更加有效地保护自己。在不要求债券持有人一致同意的情况下，由他们组成一个群体，可以方便他们参与公司生活。正因为如此，1966 年 7 月 24 日法律第 293 条作出了这样的规定："同一期发行的债券的持有人当然组成一个享有民事资格的群体，以维护他们的共同利益"。每一个债券持有人都必须隶属于本期债权人群体，这具有强制性。㉗ 可见，法国法直接承认债权人团体具

㉖　前引 ⑰。

㉗　［法］伊夫·居荣：《法国商法》（第 1 卷），法律出版社 2004 年 12 月版，罗结珍、赵海峰译，第 822—823 页。

有民事主体资格，可以以债权人团体的名义提起法律程序。

债券持有人群体的代表是债券持有人大会所做出的决定的执行人，由发行人任命或者由债券持有人大会选举产生。在紧急情况下，也可以由法院应任何有利益关系的人的请求用紧急审理裁定任命之。㉘ 债券持有人代表享有以下权利：在法院进行涉及本期债券持有人群体利益的诉讼；但是，债券持有人代表必须得到债券持有人大会的批准才能这样做。单独进行诉讼的债券持有人只能维护他们自己的权益。㉙ 债券持有人代表获得债券持有人会议授权后可代表债券持有人提起法律程序。但是，债券持有人仍保有自行提起法律程序的权利。

可见，在法国法项下，债券持有人团体具有民事主体资格，可以团体的名义提起法律程序，债券持有人会议也可以授权受托管理人采取法律行为，尽管如此，债券持有人仍享有自行采取法律行为的权利。

四、中国债券受托管理人原告适格性路径选择

（一）债券持有人自行采取法律行动的不利因素

债券持有人是债权人，当作为债务人的发行人未按约定兑付本息构成违约时，基于其债权所具有的诉讼上请求力，㉚ 具有提起诉讼或仲裁的当然权利，这是其作为债权人所应享有的权利。

然而，在实践中，由债券持有人单独提起法律程序存在一些不利因素。弊端一，耗费成本，造成讼累，还可能导致不同的法院就同一事实作出相互不一致的裁判。由单个债券持有人单独采取法律行为容易造成不同的债券持有人在不同的法院起诉，不利于节约诉讼资源，加重法院解决纠纷的负担，还可能导致作出裁判的不一致。㉛ 若债券发行文件未约定发生纠纷时的管辖法院，则根据《民事诉讼法》第二十三条规定，因合同纠纷提起的

㉘　前引㉗，第 825 页。
㉙　前引㉗，第 826 页。
㉚　邱聪智：《新订民法债编通则》（上），中国人民大学出版社 2003 年 10 月版，第 5 页。
㉛　蔡松：《公司债券受托管理人原告资格研究——困境及解决之道》，载《证券法苑》2016 年第十七卷。

诉讼，由被告住所地或者合同履行地人民法院管辖。根据《最高人民法院关于适用〈中华人民共和国民事诉讼法〉的解释》第十八条规定，合同对履行地点没有约定或约定不明确的，争议标的为给付货币的，接收货币一方所在地为合同履行地。因此，在债券合同项下，若对合同履行地没有约定，则为债券持有人所在地。所以，若单个债券持有人提起法律程序，可能导致一部分债券持有人向被告住所地法院起诉，一部分债券持有人向自身所在地法院起诉，由不同的法院进行审理，可能产生不同的裁判结果。即使债券发行文件中约定了唯一的管辖法院，如果债券持有人向约定的管辖法院以外的其他法院起诉，法院未进行移送而通知发行人应诉，发行人也应诉的话，该法院对案件也有管辖权。[32] 而若有其他债券持有人向约定的法院起诉，则又会导致不同的法院对同一事实进行审理，并可能作出相互不一致的裁判。

弊端二，一些中小债券持有人与发行人地位不平等，违背诉讼当事人平等原则，不利于中小债券持有人利益的保护。一些中小债券持有人受制于专业知识及信息获取等能力上的不足，与规模较大的发行人相比处于弱势地位。一方面，债券持有人可能无法全面及时地获取信息，导致无法全面陈述事实，以不利于裁判主体发现案件真实，作出公正裁决；另一方面，由于双方当事人地位不平等，无法有效地进行诉讼对抗，不利于裁判机关查明争议焦点和案件事实，作出正确的裁判，违背诉讼当事人平等原则。

可见，债券持有人作为债权人，单独提起法律程序是其享有权利中的应有之义，然而，在实践中存在一些不利因素，比如，造成讼累、不同的法院作出不一致的裁判以及双方当事人地位不平等。

（二）债券受托管理人提起法律程序的实践

虽然上位法缺位，但在实践中，发生债券纠纷后，受托管理人接受债券持有人的委托，以自己的名义向法院或仲裁机构提起法律程序。

比如，"14富贵鸟"于2018年4月23日发生实质违约，国泰君安证券股份有限公司（以下简称国泰君安）为受托管理人。2018年5月24日召开

---

[32] 前引④，第37页。

了 2018 年第三次债券持有人会议，会上通过了《关于授权和委托国泰君安参与发行人破产程序的议案》，授权和委托国泰君安向有关人民法院申请发行人进入破产程序（包括破产清算、破产和解或破产重整），并代表全体债券持有人参与相应的破产程序。破产程序中如涉及财产管理方案、破产财产变价方案、破产财产分配方案、和解协议、重整计划以及其他根据《中华人民共和国企业破产法》规定需要由债权人行使权利的事项，国泰君安将届时另行提请债券持有人会议作出决议，并根据决议结果采取相应的法律行动。另外，由 11 名债券持有人在债券持有人会后授权国泰君安以国泰君安名义提起破产申请。国泰君安于 2018 年 6 月 29 日向福建省泉州市中级人民法院（以下简称泉州中院）提交了针对发行人的破产重整申请，泉州中院进行了受理。国泰君安在受托管理报告中明确，国泰君安将无法代表未提交授权文件或授权文件不符合条件的债券持有人参与后续针对发行人的法律措施，包括但不限于提起或参与诉讼、申报债权等。

再如，"15 五洋债"于 2017 年 8 月 14 日未能发放回售资金，构成违约，德邦证券股份有限公司（以下简称德邦证券）为受托管理人。2017 年第二次债券持有人会议（适用于已回售债券持有人）通过了《关于授权和委托受托管理人立即申请仲裁回收债权的议案》，授权和委托受托管理人代表全体已回售债券持有人立即采取如下行动：（1）与发行人就本期债券清偿事宜谈判；（2）按照《募集说明书》《受托管理协议》约定，向上海国际经济贸易仲裁委员会（上海国际仲裁中心）申请仲裁，请求裁决发行人向全体已回售债券持有人兑付本金，向全体已回售债券持有人支付第 2 年年末的未付利息，向全体已回售债券持有人支付逾期利息，并请求裁决发行人承担仲裁费、财产保全申请费、财产保全担保费用、律师费和差旅费等相关费用；（3）依法申请法定机关对发行人采取财产保全措施、执行措施（在取得生效仲裁裁决且裁决确定的履行期限届满后发行人仍未履行的）；（4）委托律师、会计师等中介机构协助或代表受托管理人和 / 或债券持有人处理上述事宜。德邦证券接受债券持有人的授权，以自己名义向上海国际经济贸易仲裁委员会提起了仲裁。

可见，受托管理人的原告适格性虽然没有上位法支撑，但已有受托管理人代债券持有人提起法律程序的司法实践。

（三）修改上位法赋予受托管理人原告适格性

英美法系下，受托管理人有权以自身名义代债券持有人提起法律程序，其不须债券持有人的同意，可自主采取措施，具有效率优势。但受托管理人与债券持有人之间基于的是一种信托关系。在信托关系下，受托管理人是财产的名义所有权人。而在中国的金融实践中，受托管理人接受债券持有人的委托，在债券存续期内对发行人的经营及财务状况进行持续监督，并非债券的名义所有权人，所以，受托管理人与债券持有人之间的信托关系在中国没有法律基础，也不符合金融实践。

大陆法系下，债券持有人授权受托管理人采取法律程序，即受托管理人的原告适格性需要债券持有人授权，债券持有人与受托管理人之间是代理关系。基于合同的代理关系符合中国的债券受托管理法律基础及实践。但是，法国法中的赋予债券持有人团体原告适格性在中国存在法律障碍。中国《民事诉讼法》第四十八条规定："公民、法人和其他组织可以作为民事诉讼的当事人。法人由其法定代表人进行诉讼。其他组织由其主要负责人进行诉讼。"若债券持有人团体被认定为"其他组织"，则该团体不存在主要负责人，况且，这里的"主要负责人"为自然人，受托管理人作为法人也无法作为主要负责人。

考虑到以法国为代表的债权人会议制度在效率上的缺陷，日本兼采了英美法系的受托制和大陆法系的债权人会议制。日本公司法第702条、第705条规定，"公司发行公司债，必须确定公司债管理人，为了债券持有人的利益，公司债管理人享有为债权人接受债券的清偿，实现债权的保全，以及为实现上述目的采取一切裁判上及裁判外行为的权利"。第706条则规定，"公司债管理人不经公司债权人会议的决议，不得实施……对该公司债支付的延期，因该债务的不履行所生债务的免除或和解"。日本的立法模式存在一定的合理性。然而，若受托管理人无须部分或全部债券持有人的授权，即可代表全体债券持有人提起法律程序，则如果部分债券持有人在判决确定前起诉的，则违反诉讼中的一事不再理；如果在判决确定后，部分债券持有人另行起诉的，则生效判决已形成既判力，违反判决确定后的一事不再理。而债券持有人自身提起法律程序是其作为债权人的应有权利，不应被剥夺。

关于中国债券受托管理人原告适格性路径选择，一方面，若由债券持有人自行采取法律行为，在实践中存在一些不利因素，比如，造成讼累、不同的法院作出不一致的裁判以及不利于中小债券持有人利益的保护，违背利益平衡原则及中小投资者利益保护原则；另一方面，若由债券受托管理人全权代债券持有人提起法律程序，剥夺债券持有人自身提起法律程序的权利，则不利于债券持有人自行维权，且对债券受托管理人强加过重的义务，成本过高。因此，应对上述两种路径进行平衡，赋予债券受托管理人代债券持有人提起法律程序的权利，同时，并不剥夺债券持有人自身采取法律行动的权利。如上所述，证监会颁布的《公司债券发行与交易管理办法》规定了受托管理人的原告适格性，受托管理人可以接受全部或部分债券持有人的委托，以自己名义代表债券持有人提起法律程序。该规定也兼采了英美法系和大陆法系的做法，采纳了英美法系中受托管理人"以自己名义"提起法律程序的规定，又兼采了大陆法系中债券持有人和受托管理人之间的代理关系，受托管理人采取法律程序需要全部或部分债券持有人的授权。此外，该规定没有排除债券持有人单个提起法律程序的权利。因此，该规定基本可取，但需要提高立法层级。另外，需要指出的是，由于债券受托管理人有权拒绝债券持有人对其的委托，这不利于对中小投资者利益的保护，因此，可在立法层面规定债券受托管理人对非金融机构中小投资者（投资额度在 50 万元以下）的强制接受委托制度。

综上，由于债券作为证券的一种形式，应在《证券法》中规定债券受托管理人的原告适格性，作为对《民事诉讼法》及《仲裁法》的补充，具体规定"债券受托管理人可以接受全部或部分债券持有人的委托，以自己名义代表债券持有人提起法律程序。债券持有人也可自身提起法律程序。对于投资额度在 50 万元以下的非金融机构中小投资者授权债券受托管理人代为提起法律程序的，债券受托管理人必须接受其委托"。

五、结语

在目前"严监管"的金融紧缩期，中国债券市场上出现了违约潮，如何进一步推动投资者保护机制的建立、推动有效的违约风险处置机制的建立是目前金融环境下的当务之急。在债券发生违约后，风险处置方式之一是采取法律措施，虽然债券持有人作为债权人，享有当然的原告适格性，但在实践中由债券持有人自行提起诉讼或仲裁存在一些不利因素。中国应该兼采英美法系的受托制和大陆法系的债权人会议制，在《证券法》中赋予受托管理人的原告适格性，以更好地保护债券持有人的合法权益。

（责任编辑：董庶）

上海法院《专业法官会议规定》（2018年修订版）的理解与适用

——结合最高人民法院《主审法官会议工作机制指导意见》精神

顾　全　俞小海　刘　建[*]

　　为进一步深化司法体制综合配套改革，健全完善专业法官会议工作机制，2018年11月29日，上海市高级人民法院对《关于专业法官会议的规定》进行了修订完善（以下简称上海《规定》）。12月4日，最高人民法院印发了《关于健全完善人民法院主审法官会议工作机制的指导意见（试行）》（以下简称最高法院《意见》），并于12月25日发布了《健全完善主审法官会议机制　提升司法裁判质量——最高人民法院司改办负责人答记者问》（以下简称最高法院《意见》问答），就专业法官（主审法官）会议制度相关问题作了说明。上海《规定》内容与最高法院《意见》既一脉相承，又结合上海法院特点和审判工作的需要，在参会人员范围、提请条件、讨论范围、会议效力等方面进一步细化和创新，[①] 使其更具有可操作性。为切实抓好专业法官会议制度的贯彻落实，结合最高法院《意见》，现就上海《规定》修订背景、主要内容以及具体操作中的相关问题作一解读。

---

[*]　顾全，法学博士，上海市高级人民法院研究室主任、三级高级法官。俞小海，法学硕士，上海市高级人民法院研究室副科长。刘建，法学硕士，上海市崇明区人民法院法官助理。

[①]　最高法院《意见》问答也指出，主审法官会议的设置和运行应当充分考虑不同法院的差异，除了必须统一规范的以外，各地法院应当按照《意见》提出的指导性原则，根据自身的审级职能定位、案件情况、机构设置、人员结构等实际情况，灵活采取各种有效措施，对相应工作机制作出适当细化补充规定。

一、上海《规定》的修订背景

健全完善专业法官会议制度，更好地为法官办案提供智力支持，提升办案质量和效率，促进适法统一，是司法体制综合配套改革的重要任务之一。司法责任制改革后，专业法官会议已经成为为法官提供适法统一智力支持以及规范审判权运行、确保审判监督和管理有效实施的关键环节和重要平台。

前期，上海高院司改办在司法责任制改革督察及大调研中发现，专业法官会议制度运行方面存在不规范、不统一的问题。② 比如，各院对专业法官会议的功能定位认识不一，具体操作规则五花八门；缺乏统一的信息化留痕平台；院庭长监督管理作用难以有效发挥；有些法院管理失位，一年只有几次会议，甚至连准确的数据及记录都无从统计。这些问题，既有各院抓落实方面的原因，也与原有制度规定在参会人员产生、意见处理、问责机制、信息化配套等方面存在空白、缺乏指导性和可操作性有关。上海高院根据司法体制综合配套改革精神与要求，以问题为导向，先后征求全市法院、高院各部门和法官、院庭长代表意见建议，并借鉴其他省市经验，结合中央、最高人民法院关于司法责任制、完善审判监督管理机制等文件要求，对原上海《规定》进行了较大幅度的修订，进一步明确了专业法官会议的功能定位和操作细则，同步配套信息化方案，将专业法官会议管理和工作量分别嵌入审判流程管理系统和法官业绩档案系统，力争实现三个"相适应"：一是与新型审判权力运行机制要求相适应，增强监督管理的公开性、透明性、规范性。二是与审判实践需求相适应，确保制度规定具有针对性和可操作性。三是与日常考核管理需求相适应，通过信息化方案将制度要求嵌入日常流程管理和考核系统，确保制度真正落地。

二、会议名称问题

上海《规定》采用"专业法官会议"的表述，但是最高法院《意见》采

---

② 最高法院《意见》问答也指出，各地法院在探索法官会议咨询机制过程中，也存在一些需要进一步明确和规范的问题。如参加人员范围不统一，参会人员资格设置不合理，议事范围不清晰，议事规则不规范，讨论程序不科学，会议效力不确定，成果运用不足，等等。

用的是"主审法官会议"的表述。对此，最高法院在《意见》问答中指出，多年以来，最高人民法院各审判业务部门、各巡回法庭和地方各级人民法院根据改革要求和自身特点，探索建立了不同形式的用于讨论案件法律适用或者裁量标准问题的会议咨询机制，为合议庭或者独任法官裁决案件提供咨询、参考、指导意见。虽然名称各异，有的叫"主审法官会议"，有的叫"专业法官会议""法官联席会议"，还有的叫"审判长联席会议"等，但实质是类似的会议工作机制。一些法院同志在讨论《意见》稿时认为，会议名称只是一个形式，目前还在试运行之中，没有必要强求绝对统一。这项制度的基本定位，就是由本院员额法官组成，为法官办案提供咨询参考意见，服务于审判监督管理。因此，最高法院《意见》采用"主审法官会议"这一称谓，与各地试点运行的"专业法官会议""法官联席会议"并行不悖，作为"试行"的指导性意见，将在今后的工作中不断完善，更好地发挥其服务办案的制度功能。最高人民法院在最新发布的《关于进一步全面落实司法责任制的实施意见》中，仍然沿用了"专业法官会议"的表述。

因此，根据最高法院《意见》问答精神，结合上海法院实际，上海法院在具体操作中仍采用"专业法官会议"的表述。

三、专业法官会议的功能定位

党的十九大提出要"深化司法体制综合配套改革，全面落实司法责任制，努力让人民群众在每一个司法案件中感受到公平正义"。这是新时代司法体制改革的中心任务。健全完善主审法官会议机制，是完善司法责任制改革的重要配套举措，这个工作机制是为法官审理案件准确适用法律提供指导和参考、促进裁判规则及标准统一、总结审判经验、完善审判管理的重要制度，是提升司法裁判质量的重要保障。③ 此次修改，上海高院立足全面落实司法责任制改革要求，根据中央、最高人民法院有关文件精神，进一步规范和完善专业法官会议制度，理顺工作机制，明确工作流程，实现专业法官会议与审委会有效衔接，强化专业法官会议研究重大疑难复杂和新类型案件、促进法律

---

③ 参考最高法院《意见》问答【最高人民法院制定《意见》的背景是什么？】。

适用和裁判标准统一、为审判组织提供咨询服务、④ 为审判权规范运行提供监督平台等职能作用。

一是明确了专业法官会议的前置过滤功能。⑤ 配合审判委员会制度改革，确保司法责任制改革落实到位，是专业法官会议设立的重要考量因素。在合议庭和审委会两个法定行使司法判断权的审判组织之间承上启下，通过专业法官会议限缩或过滤提交审判委员会的案件数量。即使专业法官会议无法形成一致意见，讨论情况也可供审判委员会决策时参考，切实发挥审委会对重大敏感和疑难复杂案件的把关作用。⑥

二是明确了专业法官会议是为独任法官、合议庭正确理解和准确适用法律提供咨询意见的重要平台。⑦ 取消院庭长案件审批制度后，有必要建立一种咨询研讨机制，对一些疑难案件进行会商，确保案件质量。专业法官会议正是应用于审判领域的这种机制设计（之前上海等地法院也有审判长联席会议等相关机制），目的即是为合议庭提供咨询参考意见，促进公正合理办好案件。它不同于一些法院建立的法官会议或法官委员会等法官自治性组织，专业法官会议主要讨论案件法律适用问题等审判事项，不包括学习培训、图书采购、法庭建设等司法行政事务。⑧

三是明确了专业法官会议是促进法律适用统一的重要平台。⑨ 当前，司法实践中一定程度上存在着裁判尺度不一致等情况，客观上讲，随着审判权运行机制改革不断深化，"让审理者裁判、由裁判者负责"逐步落实，在上下级法院之间、审判团队之间没有形成健全完善的裁判理念规则和统一协调机制前，这属于改革进程中的伴生现象，带有一定阶段性，但必须引起高度重

---

④ 参考周强在 2018 年 10 月 10 日全国法院审判执行工作会议暨全国法院审判管理工作座谈会上的讲话。

⑤ 具体见上海《规定》第一条【功能定位】第一款、第七条【提请条件及主体】第一款第（七）项规定。

⑥ 参考 2017 年 3 月 27 日《人民法院司法改革热点问题解答（一）》第四十五条【如何理解专业法官会议的职能？】

⑦ 具体见上海《规定》第一条【功能定位】第一款、第十二条【意见效力及处理规则】第一款规定。

⑧ 参考 2017 年 3 月 27 日《人民法院司法改革热点问题解答（一）》第四十五条【如何理解专业法官会议的职能？】。

⑨ 具体见上海《规定》第一条【功能定位】第一款、第十四条【成果转化】规定。

视。⑩通过搭建专业法官会议等集体研讨平台，促进不同业务条线的交流，解决好民行、民刑交叉等疑难问题，督促、引导、辅助办案法官全面把握裁判规则和裁判标准，有效防止"同案不同判"现象出现，促进法律统一准确适用。⑪

四是明确了专业法官会议是依法依规进行审判管理和监督⑫的重要平台。司法责任制改革后，院庭长不再审核签发未直接参加审理案件的裁判文书，也不得以口头指示、旁听合议、文书送阅、判前审核等方式变相审批案件。⑬按照新型审判权力运行机制要求，院庭长对案件的法律适用问题发表意见，必须依托专业法官会议、审判委员会等平台提出，监督管理活动全程留痕、有据可查，对来自内外部的不当干预过问形成有效威慑，⑭把"放权放到位"与"监管要跟上"同时抓好落实。

四、上海《规定》2018 版重点修订条文的解读

修订后的上海《规定》共22条，其中，新增8条，修订完善11条。同时，为了确保相关规定能够落实到位，上海高院司改办专门制作了专业法官会议流程管理表模板，将专业法官会议管理和工作量分别嵌入审判流程管理系统和法官业绩档案系统。今后，上海法院所有专业法官会议的提请、讨论、查询、考核与应用，均将实现信息化、流程化、标准化、可视化。

第一条【功能定位】(修订)

原上海《规定》仅强调专业法官会议是一种咨询性会议，但按照新型审判权力运行机制要求，专业法官会议已逐渐成为进行审判监督和管理的重要平台。因此，本次修订进一步明确专业法官会议是为独任法官、合议庭正确理解和准确适用法律提供咨询意见、促进法律适用统一、依法依规进行审判

---

⑩ 参考周强在2018年10月10日全国法院审判执行工作会议暨全国法院审判管理工作座谈会上的讲话。

⑪ 参考2017年3月27日《人民法院司法改革热点问题解答（一）》第四十五条【如何理解专业法官会议的职能？】。

⑫ 具体见上海《规定》第一条【功能定位】第一款、第七条【提请条件及主体】第二款、第十二条【意见效力及处理规则】第二款、第三款规定。

⑬ 参考2017年4月13日最高人民法院《关于落实司法责任制完善审判监督管理机制的意见（试行）》。

⑭ 参考李少平在2018年3月28日《人民法院报》上发表的文章《放权后如何监督追责》。

管理和监督的重要平台，主要负责讨论研究案件的法律适用问题及与事实高度关联的证据规则适用问题。⑮

第二条【组成人员】（修订）

一是明确了参会人员数量。最高法院《意见》没有对出席比例做硬性规定，上海《规定》根据上海法院人员情况和审判工作实际，就此作出细化规定，明确参会法官一般不少于3名：首先是考虑到基层法院召开会议频率较高，且很多派出法庭法官数量有限，故人数门槛不宜过高，以3名法官作为数量下限要求（3名法官不应包括合议庭成员）；再次是为保持会议的灵活性，明确3名仅是原则性规定，各院可结合本院实际情况，对本院专业法官会议组成人员数量进行细化和补充规定。

二是明确了专业法官库规定。⑯考虑到民商事、刑事、行政等不同审判业务条线确实存在不同专业化、个性化需求，增加了"各院可根据审判领域、法官专长等组建不同的专业法官库"的条款。

三是明确了专业法官会议参会资格。司法改革后"审判长"的外延已发生变化，因此将会议组成人员的身份由"审判长"修改为"法官"。实践中，对法官参会资格是否再进行职务或资历上的限制存在争议：一种观点认为，参加专业法官会议是员额法官的权利和义务，不应再以职务职级、法官等级、任职资历等为必要条件。另一种观点认为，法官的质量参差不齐，有部分从事司法经历较短、办案经验不足，应当对其专业、资历等设置一定条件，提高会议的质量、效率和权威性。我们考虑到专业法官会议主要讨论研究重大、疑难、复杂和新类型案件以及履行审判管理和监督等职能，同时结合三级法院实际，进一步明确参会法官应具备相应的审判资历和业务专长：参加基层法院专业法官会议的法官一般应为一级法官以上，参加高、中院专业法官会议的法官一般应为三级高级法官以上。在此基础上，明确院、庭长和审委会委员应当以法官身份参加专业法官会议。这与最高法院《意见》第三条"主审法官会议由本院员额法官组成。参加会议的法官地位、权责平等"。内容精

---

⑮　最高法院《意见》第一条亦规定："人民法院应当健全完善主审法官会议工作机制，为法官审理案件准确适用法律提供指导和参考，促进裁判规则及标准统一，总结审判经验，完善审判管理。"

⑯　最高法院《意见》没有相应规定，上海《规定》作的补充创新。

神基本一致，也与《意见》问答"不宜过分突出参会人员的经验、能力和身份，更不宜突出和强化院庭长行政职务"的精神是相符的，上海《规定》既确保了大多数员额法官可以参会，又能够保证会议议事质量和指导功能的发挥，并明确了院庭长应当以法官身份参会。

第三条【具体参会人员及主持人产生规则】（新增）⑰

原上海《规定》并未明确具体主持人选规则，在具体会议召开时（特别是跨条线会议），主持人及其他参会人选如何确定有时会发生争议。因此新增本条款：一是明确由庭长、分管院长及指定的审判委员会委员担任主持人。鉴于审判实践中他们是行使审判监督管理权的主体，而专业法官会议又是进行审判管理和监督的重要平台，由行使审判监督管理职能的主体担任会议主持人较为合理，有利于责权统一。同时明确，跨专业领域和部门联席组成专业法官会议的，需报分管院长同意，由分管院长召集并主持。二是明确参会人员由主持人指定。考虑到主持人是行使审判监督管理权的主体，由其指定参会人员操作性较强（召开跨部门专业法官会议时，可由分管院长直接指定非本部门参会人员，以简化程序、提高效率）。

第四条【列席人员】（修订）

在原上海《规定》要求合议庭成员、法官助理一般应当列席基础上，本次修订增加了"书记员"应当列席会议的规定，并明确主持人根据工作需要可指定其他列席人员，这也与最高法院《意见》第三条第二款"根据会议讨论议题，可以邀请专家学者、人大代表、政协委员等其他相关专业人员参加会议并发表意见"规定相符，同时确保了其他参会人选的灵活性。另，考虑到专业法官会议的功能定位、议事规则以及意见效力等问题，笔者认为，如各院邀请专家学者、人大代表、政协委员等院外人士参会时，其发表的意见一般仅供会议参考。

第五条【法官回避】（未修订）

该条主要明确了参加专业法官会议的法官应当自行回避的情形：一是讨论案件的当事人或者当事人的近亲属，二是本人或者近亲属和讨论的案件有利害关系，三是讨论案件的诉讼代理人近亲属的，四是与讨论案件的当事人

---

⑰ 最高法院《意见》没有相应规定，上海《规定》作的补充创新。

或者诉讼代理人有其他关系，可能影响案件公正处理的。最高法院《意见》对此没有相应规定，该条为上海法院所作的补充细化。

第六条【发表意见回避】（未修订）

该条主要明确了案件由不同审级法院审理时，参加会议的法官曾经担任过原审案件合议庭成员的，或案件经原审法院审判委员会讨论决定时担任原审法院审判委员会委员参与讨论的，在专业法官会议中不对该案件发表意见。最高法院《意见》对此没有相应规定，该条为上海法院所作的补充细化。

第七条【提请条件及主体】（修订）

一是进一步补充完善了会议适用的主要案件情形。本条采用概述法，列举七种情形及一个兜底条款：首先，上海《规定》第七条第一款第一项（涉及群体性纠纷，可能影响社会稳定的）、第二项（疑难、复杂且在社会上有重大影响的）、第四项（与本院或者上级法院的类案判决可能发生冲突的）、第五项（有关单位或者个人反映法官有违法审判行为的）是《最高人民法院关于完善人民法院司法责任制的若干意见》第二十四条明确规定的可以将案件提交专业法官会议进行讨论的"四类案件"。[18] 其次，修订增加了第三项（新类型或在法律适用方面具有普遍意义的）、第六项（合议庭处理意见分歧较大的）、第七项（拟提交审判委员会讨论的）三种情形，主要是借鉴吸收比较集中的反馈意见以及各地的做法，同时参考最高人民法院司改办的意见而新增的。[19] 最后，第八项属于根据审判管理和监督的现实需要设置的兜底条款，并分别从刑事、民商事、行政领域列明了较有代表性的三类特定案件：一是拟免于刑事处罚、拟对处于羁押状态的被告人判处缓刑、[20] 拟改变检察机关的指控罪名或量刑建议等刑事案件；[21] 二是上海高院《关于进一步加强基层人民法

---

[18] 最高法院《意见》第四条第二款亦规定："根据审判监督管理相关规定，院长、副院长、庭长可以决定将《最高人民法院关于完善人民法院司法责任制的若干意见》第二十四条规定的四类案件提交主审法官会议讨论。"

[19] 第三、第六项属于最高法院《意见》第四条规定的情形，第七项为上海《规定》作的补充创新。

[20] 近三年刑事案件中，缓刑适用率达 37%。为避免大量案件上会，故作此限制，该类缓刑案件占比约 0.73%。

[21] 其他拟判处死刑、拟宣告被告人无罪或在法定刑以下判处刑罚等刑事案件属本款第七项审判委员会讨论的案件范围，在此处不再进行罗列。

院大标的民商事案件审判管理工作的通知》规定的基层法院受理的诉讼标的额在 3000 万元以上的大标的民商事案件;② 三是拟判决区级以上人民政府、市人民政府工作部门败诉的行政案件等。② 这三类情况，是根据上海法院审判管理和监督的实践经验，在刑事、民事和行政审判领域需要确保适法裁量尺度尽可能一致的典型案件类型。同时，除列明的上述情况之外，各院可以对其他需要纳入审判监督管理的案件进一步补充细化（考虑到上海《规定》设置了兜底条款，对于最高法院《意见》第四条第一款（五)(六)㉔ 项涉及的案件情形，各院仍可将其纳入专业法官会议讨论范围，故不再另行要求）。

另，关于上海《规定》第七条第一款第七项"拟提交审判委员会讨论的"内容的理解和适用问题，结合最高法院《意见》问答精神，专业法官会议的案件过滤功能应当置于审判监督管理平台功能之下，并与不同法院的审级职能定位、院庭长监督管理职权的行使相协调。因此，上海法院在制定工作细则时需注意，一般而言，高院专业法官会议可以相对突出案件过滤功能，中、基层法院的专业法官会议应当"因地制宜"，不宜一概硬性规定其为审判委员会的前置程序。

二是在原上海《规定》"合议庭可以提请召开专业法官会议"基础上，增加了"院、庭长也可以主动依职权决定㉕ 召开专业法官会议"。另，最高法院《意见》第四条第二款㉖ 规定院长、副院长、庭长可以决定将"四类案件"提交主审法官会议讨论，上海《规定》结合上海法院实际情况，对此作了细化

㉒ 依据《通知》规定，1000 万元以上大标的民商事案件，应由民事审判庭资深骨干审判人员担任审判长进行审理;诉讼标的额 3000 万元以上的案件，应由副庭长以上担任审判长进行审理。同时，对于合议庭意见存在分歧的，或诉讼标的额在 3000 万元以上的案件，应提交审判长联席会议讨论，故将 3000 万元以上大标的民商事案件纳入监管范围。另，2017 年，该类案件占民商事案件比例约 0.7%。

㉓ 近三年来，该类案件占行政案件比例约 0.55%。

㉔ 最高法院《意见》第四条第一款规定："……（五）持少数意见的承办法官认为需要提请讨论的;（六）拟改判、发回重审或者提审、指令再审的……"

㉕ 最高法院《意见》第四条第二款亦规定："根据审判监督管理相关规定，院长、副院长、庭长可以决定将《最高人民法院关于完善人民法院司法责任制的若干意见》第二十四条规定的四类案件提交主审法官会议讨论。"

㉖ 最高法院《意见》第四条第二款规定："根据审判监督管理相关规定，院长、副院长、庭长可以决定将《最高人民法院关于完善人民法院司法责任制的若干意见》第二十四条规定的四类案件提交主审法官会议讨论。"

补充，进一步明确院庭长可以主动依职权决定召开的案件范围包含"四类案件"在内的八种情形。

三是明确了院、庭长不同意召开专业法官会议的，也应当说明理由。㉗

第八条【讨论其他事项】（未修订）

该条主要明确了专业法官会议除讨论与案件有关的事项外，还可以讨论院、庭长提交的对涉及审判领域的新情况、新问题进行研究、总结审判经验，促进法律适用统一以及其他需要提请讨论的审判事项。最高法院《意见》对此没有相应规定，该条为上海法院所作的补充创新。

第九条【会议准备程序】（修订）

原上海《规定》仅要求合议庭提供"书面材料"，但对合议庭具体提交哪些"书面材料"未予以明确。本次修订一是明确了书面材料包括案情摘要、合议庭评议情况、类案与关联案件检索报告等。二是明确把决定权赋予会议主持人，由主持人根据案件难易程度来决定合议庭是否提交类案检索报告等书面材料。㉘ 这主要是因为各院对召开专业法官会议是否必须强制提交类案检索报告存在不同意见。多数意见对拟提交审委会讨论案件应当提交类案检索报告基本认同，但认为专业法官会议不同于审委会，两者讨论范围和频次差异明显，若专业法官会议召开时一律要求提供类案检索报告，在现实中不具有必要性和可行性，应给予一定灵活性。

第十条【议事规则】（修订）㉙

主要明确了汇报的内容、发言顺序，并在主持人"归纳会议讨论情况以及主要观点或意见"基础上增加了"原则上应当形成多数意见"。

第十一条【记录签名】（修订）

原规定未明确记录主体，本次修订明确了由法官助理或书记员全程

㉗ 最高法院《意见》没有相应规定，上海《规定》作的补充细化。

㉘ 最高法院《意见》问答也指出，一般而言，案情摘要、争议焦点、提请讨论的主要问题等材料是讨论发言的必要基础；类案及关联案件检索报告等材料可以根据各地法院具体情况适当增减，材料形式也可以灵活多样。

㉙ 最高法院《意见》第六条、第七条亦规定："参加会议的法官可以按照法官等级和资历由低到高的顺序依次发表意见，也可以根据案情由熟悉案件所涉专业知识的法官先发表意见，但主持人应当最后发表意见。""会议结束时，主持人应当总结归纳讨论情况，形成讨论意见，记入会议纪要。"

记录。㉚

第十二条【关于意见效力及处理规则】(修订)

原上海《规定》仅明确了"专业法官会议讨论案件的结论属于参考性、咨询性意见,是否采纳由合议庭决定",但当专业法官会议形成多数意见㉛时,对合议庭拟不采纳等情形应当如何处理未作明确。审判实践中,这较易导致专业法官会议监督功能形同虚设,因此作如下补充修改:

一是明确了合议庭拟不采纳专业法官会议多数意见的,一般应当提请审委会讨论。实践中,对该类情形是否必须提交审委会存在争议。我们考虑到虽然专业法官会议的意见是参考意见,但对于法律适用的统一有很重要的作用。从制度设计上来讲,如果专业法官会议的意见非常一致,法官却不采纳这种意见,应当说明原因,相应的监督机制就可以跟进,这与现行审委会主要讨论重大疑难复杂案件的精神也是相符合的,也未背离"让审理者裁判、由裁判者负责"司法责任制改革要求。根据最高法院《意见》第九条的规定,当专业法官会议多数意见与合议庭拟处意见不一致时,院庭长可以要求合议庭进行复议。经复议未采纳会议多数意见的,院庭长应当按规定提请审委会讨论。而根据上海《规定》,无论院庭长是否参加会议,也无论合议庭复议与否或复议的次数,只要出现合议庭最终拟处意见与专业法官会议多数意见不一致的情况,审判长都需按规定(逐级)报请审委会讨论。这就保证了专业法官会议意见既不直接改变合议庭的决定(不改变司法权责主体),也不会成为审判监督环节上可以轻易绕过的"马其诺防线",而真正发挥出"承上启下"的作用,将真正可能产生适法不统一重大风险的案件置于审委会的有效监督之下。

二是明确了专业法官会议存在较大分歧且无法形成多数意见的,一般也应当提请审委会讨论。这主要是考虑到专业法官会议应当形成多数意见是原则,但不排除难以形成多数意见的情况。

㉚ 最高法院《意见》问答也指出,虽然主审法官会议的召开较为灵活,但为了确保会议讨论质量,由专人负责会务组织工作非常必要。但由于各地法院情况差异较大,《意见》很难作出统一规定,各地可以酌情安排。

㉛ 一般情况下,超过参会人数一半的意见即为多数意见,比如10人中至少有6人持一种意见,9人中至少有5人持一种意见。

三是明确经专业法官会议讨论的案件被提交审判委员会讨论的，合议庭汇报时应当说明专业法官会议讨论情况及会议意见。[32]

第十三条【全程留痕】（新增）[33]

一是明确了专业法官会议申请、审核、讨论及处理结果等全程留痕信息均需录入审判流程管理系统；目前，上海法院相关系统中的信息点均已开通并运行。二是明确了申请表、会议记录等较为重要的材料除录入系统外，经主持人审核确认后，还需归入副卷存档。

第十四条【成果转化】（新增）

一是明确要注重加强会议讨论成果的转化；二是明确成果转化主要是针对具有普遍适用意义的问题要通过一定形式及时向上级法院反映，及时形成类案裁判指引，促进适法统一。[34] 同时，上海高院司改办正在研究制定《关于运用法律适用疑难问题网上咨询系统加强审判业务指导推动适法统一的实施办法》，作为落实本条规定，完善适法统一体系的配套机制。

第十五条【考核监督】（新增）

一是明确参加或主持会议工作量可纳入业绩考核；二是明确各院审判管理部门是专业法官会议管理的职能部门，并列举了其具体监督和管理职责，明确应当定期对专业法官会议的召开、信息申报、意见采纳与否及理由等情况开展随机抽查和重点核查，实现全方位的监督管理和效果评估；三是明确相关承办法官、审判长、院、庭长和审委会委员因故意或重大过失违反本规定第五、六、七、十二条规定且造成严重后果时，应当分别承担司法责任或者岗位管理责任。上海《规定》与最高法院《意见》[35] 精神相符，并在具体职能部门及权责等方面作了进一步细化。

---

[32] 最高法院《意见》没有相应规定，上海《规定》作的补充创新。

[33] 最高法院《意见》第七条亦规定："会议纪要应当按照规定在案卷和办案平台上全程留痕。"

[34] 最高法院《意见》第十二条亦规定："各级人民法院应当加强主审法官会议工作机制的归口管理，及时整理、印发对于形成裁判规则、统一法律适用标准、交流审判经验和指导司法实践等具有重要意义的会议纪要，并在案件裁判生效后结合公布裁判文书、典型案例等形式实现资源共享。"

[35] 最高法院《意见》第十二条亦规定："法官参加主审法官会议的情况可以计入工作量，作为绩效考核的加分项纳入业绩档案。"第十三条明确各级人民法院应当加强主审法官会议工作机制的归口管理。

第十六条【其他规定】（新增）

上海高院制定的《规定》属于面向全市的指导性意见，实践中三级法院根据不同职能定位可能在组成人员、列席人员、提请讨论案件范围及议事规则四个方面存在不同的管理需求，各院可以结合实际进行细化和补充规定，但不能违反上海《规定》的最低要求。

第十七条【会议形式】（新增）㊱

该条明确了专业法官会议除了采取传统的现场会议形式外，也可以依托法院专网的视频会议、电话会议等形式召开。

第十八条【保密义务】（未修订）

该条明确了参加专业法官会议的人员应严格遵守保密规定，不得泄露案件讨论内容和其他涉密内容。最高法院《意见》对此亦作了相应规定。㊲

第十九条【其他案件】（新增）

原上海《规定》仅明确合议庭可以将案件提交专业法官会议讨论，实践中，对独任审理的案件能否提交会议讨论存在争议：一种认为独任审理案件属于疑难案件时，可直接转为普通程序审理，无需再行提交专业法官会议讨论。另一种认为在目前深化繁简分流改革背景下，部分独任审理案件难度系数逐渐增高甚至达到疑难复杂程度，要求将特定独任审理案件提交专业法官会议讨论呼声越来越高。笔者认为，中办《关于加强法官检察官正规化专业化职业化建设全面落实司法责任制的意见》第八条明确规定："专业法官会议可以为独任法官、合议庭适用法律提供咨询意见，采纳与否由独任法官、合议庭决定"，因此，明确独任审理㊳的及执行案件，符合第七条规定情形的，参照本规定执行。

第二十条【其他业务负责人】（新增）㊴

该条明确了审判团队和其他审判业务部门负责人参照适用本规定有关庭

㊱ 最高法院《意见》没有相应规定，上海《规定》作的补充创新。

㊲ 最高法院《意见》第十条亦规定："出席主审法官会议的人员应当严格遵守审判纪律，不得泄漏会议议题、案件信息和讨论情况。"

㊳ 最高法院《意见》第八条亦规定："审理案件的合议庭或者独任法官独立决定是否采纳主审法官会议讨论形成的意见，并对案件最终处理结果负责。"

㊴ 最高法院《意见》没有相应规定，上海《规定》作的补充创新。

长的规定。

第二十一条【解释】(未修订)

第二十二条【附则】(修订)

在原《规定》"本规定自公布之日起施行"基础上，明确了上海高院此前制定的相关制度与本规定不一致的，以本规定为准；本规定与最高人民法院今后出台的司法解释或规范性文件不一致的，以最高人民法院的规定为准。

附：《上海市高级人民法院关于专业法官会议的规定（修订版）》

上海市高级人民法院关于专业法官会议的规定

为进一步深化司法体制综合配套改革，健全完善专业法官会议工作机制，充分发挥专业法官会议总结审判经验、统一裁判标准和指导司法实践以及服务、监督、规范审判工作的职能作用，根据《关于加强法官检察官正规化专业化职业化建设全面落实司法责任制的意见》《最高人民法院关于完善人民法院司法责任制的若干意见》等有关规定，结合上海法院审判实际，制定本规定。

第一条 专业法官会议主要负责讨论研究本审判业务庭或审判专业领域内的重大、复杂、疑难和新类型案件的法律适用问题及与事实高度关联的证据规则适用问题，是为独任法官、合议庭正确理解和准确适用法律提供咨询意见、促进法律适用统一、依法依规进行审判管理和监督的重要平台。

高、中院审判业务庭的专业法官会议可根据需要讨论条线内的法律适用统一以及其他与审判业务有关的问题。

第二条 专业法官会议参会法官一般不少于3名，各院可结合实际对本院具体参会人数进行细化规定。

各院可根据审判领域、法官专长等组建不同的专业法官库。涉及跨专业领域的重大、复杂、疑难和新类型案件，跨专业领域的法律适用等问题，可邀请其他相关审判业务领域的法官参加。

参会法官应具备相应的审判资历和业务专长。参加基层法院专业法官会议的法官一般应为一级法官以上，参加高、中院专业法官会议的法官一般应为三级高级法官以上。

院、庭长和审判委员会委员应当以法官身份参加专业法官会议。

第三条 专业法官会议一般由本审判庭庭长、分管院长或指定的审判委员会委员等召集并主持。参会人员由主持人指定。

需要跨专业领域和部门联席组成专业法官会议的，需报分管院长同意，由分管院长召集并主持。

第四条 专业法官会议召开时，提交讨论案件的合议庭法官、法官助理、书记员应当列席。主持人根据工作需要可指定其他列席人员。

第五条 参加专业法官会议的法官有下列情形之一的，应当自行回避：

（一）是讨论案件的当事人或者当事人的近亲属；

（二）本人或者近亲属和讨论的案件有利害关系；

（三）是讨论案件的诉讼代理人近亲属的；

（四）与讨论案件的当事人或者诉讼代理人有其他关系，可能影响案件公正处理的。

第六条 案件由不同审级法院审理时，参加会议的法官曾经担任过原审案件合议庭成员的，或案件经原审法院审判委员会讨论决定时担任原审法院审判委员会委员参与讨论的，在专业法官会议中不对该案件发表意见。

第七条 专业法官会议主要讨论下列案件：

（一）涉及群体性纠纷，可能影响社会稳定的；

（二）疑难、复杂且在社会上有重大影响的；

（三）新类型或在法律适用方面具有普遍意义的；

（四）与本院或者上级法院的类案判决可能发生冲突的；

（五）有关单位或者个人反映法官有违法审判行为的；

（六）合议庭处理意见分歧较大的；

（七）拟提交审判委员会讨论的；

（八）需要纳入审判监督管理的其他案件。包括拟免于刑事处罚、拟对处于羁押状态的被告人判处缓刑、拟改变检察机关的指控罪名或量刑建议等刑事案件；市高院《关于进一步加强基层人民法院大标的民商事案件审判管理工作的通知》规定的基层法院受理的诉讼标的额在 3000 万元以上的大标的民商事案件；拟判决区级以上人民政府、市人民政府工作部门败诉的行政案件等。

合议庭可以提请召开专业法官会议，院、庭长也可以主动依职权决定召开专业法官会议。合议庭提请召开专业法官会议，庭长或院长认为无需召开的，应说明理由。

第八条 专业法官会议除讨论与案件有关的事项外，还可以讨论院、庭长提交的下列有关审判事项：

（一）对涉及审判领域的新情况、新问题进行研究；

（二）总结审判经验，促进法律适用统一；

（三）其他需要提请讨论的审判事项。

第九条 会议主持人可以事先要求拟提请专业法官会议讨论的合议庭提交案情摘要、合议庭评议情况、类案与关联案件检索报告等相关书面材料，或事先听取有关情况汇报，协调做好有关会议准备工作。

第十条 讨论案件时，承办法官或者合议庭审判长向专业法官会议汇报案件事实、证据、争议焦点等情况，合议庭其他成员进行补充，然后再由与会的其他人员发表意见。

会议主持人最后发表意见，并应归纳会议讨论情况以及主要观点或意见，原则上应当形成多数意见。

第十一条 专业法官会议讨论时应当由法官助理或书记员全程记录，会议参加人审阅本人意见并签名。

第十二条 专业法官会议形成的多数意见为会议建议意见，是否采纳由合议庭决定。合议庭拟不采纳的，一般应当提请审判委员会讨论。

专业法官会议意见存在较大分歧且无法形成多数意见的，一般应当提请审判委员会讨论。

经专业法官会议讨论的案件被提交审判委员会讨论的，合议庭汇报时应当说明专业法官会议讨论情况及会议意见。

第十三条 专业法官会议申请、审核、讨论及处理结果等信息应当全程留痕，由合议庭录入审判流程管理系统。

专业法官会议申请表、会议记录等相关材料，经主持人审核确认后，应归入案件副卷存档。

第十四条　注重专业法官会议的成果转化。对于其中具有普遍适用意义的问题应及时总结、归纳、整理，以一定载体形式向上级法院反映，及时形成类案裁判指引，促进适法统一。

第十五条　参加或主持专业法官会议的工作量应纳入业绩考核。

各院审判管理部门是专业法官会议管理的职能部门，应当定期对专业法官会议的召开、信息申报、意见采纳与否及理由等情况开展随机抽查和重点核查，实现全方位的监督管理和效果评估。

相关承办法官、审判长、院、庭长和审委会委员因故意或重大过失违反本规定第五、六、七、十二条规定，导致严重后果的，应当按照《最高人民法院关于完善人民法院司法责任制的若干意见》的规定承担相应司法责任或岗位管理责任。

第十六条　各级法院可以结合本院实际情况，对本规定第二条、第四条、第七条、第十条规定的组成人员、列席人员、提请讨论案件的具体范围及议事规则进行细化和补充规定。

第十七条　专业法官会议采取现场或者依托法院专网的视频会议、电话会议等形式召开。

第十八条　参加专业法官会议的人员应严格遵守保密规定，不得泄露案件讨论内容和其他涉密内容。

第十九条　独任审理的案件及执行案件，符合第七条规定情形的，参照本规定执行。

第二十条　审判团队和其他审判业务部门负责人参照适用本规定有关庭长的规定。

第二十一条　本规定由上海市高级人民法院审判委员会负责解释。

第二十二条　本规定自公布之日起施行。上海市高级人民法院此前制定的相关制度与本规定不一致的，以本规定为准；本规定与最高人民法院今后出台的司法解释或规范性文件不一致的，以最高人民法院的规定为准。

（责任编辑：陈树森）

关于办理涉众型非法集资犯罪案件的指导意见

当前，非法吸收公众存款、集资诈骗等涉众型非法集资犯罪新情况、新问题不断呈现，为提高办案质量和效率，最大限度追赃挽损，维护社会稳定，确保办案取得良好的法律效果和社会效果，根据《刑法》《刑事诉讼法》及有关司法解释规定，结合工作实际，制定本指导意见。

一、关于惩治非法集资犯罪的一般原则

办理非法集资犯罪案件，要突出打击重点，注重区别对待，强化追赃挽损，着力化解社会矛盾。

对于非法集资犯罪活动中的组织、策划、指挥者和主要实施者，应当重点打击，从严惩处。

对于虽未直接参与实施非法集资犯罪行为，但明知非法集资性质而出资入股的主要获利者，应当以共犯论处，依法追究其刑事责任。

对于侦查、审查起诉阶段积极挽回集资参与人财产损失且犯罪情节相对较轻的一般参与者，可以不予移送审查起诉或不起诉。

对于非法集资犯罪活动中的组织、策划、指挥者和主要实施者以外的人，虽然犯罪数额巨大或数额特别巨大，但到案后积极（全部）退缴违法所得，尽力弥补本人行为造成的他人财产损失的，应当依法予以从轻、减轻或者免除处罚。

二、关于非法集资行为罪与非罪的界限

认定非法吸收公众存款、集资诈骗等非法集资犯罪，必须坚持主客观相统一原则。具有下列情形之一的，应当认定非法集资犯罪：

（一）虚构经营业务或者故意夸大宣传的；

（二）明知集资参与人返利过高，或者招揽业务提成比例过高，不符合一

般市场行情的;

（三）明知单位业务亏损，仍通过高息揽存等方式归还单位债务的;

（四）曾在其他公司从事非法集资活动被查处或取缔，之后又从事相同业务的;

（五）曾在银行、证券、保险等金融机构工作，具有一定的金融专业知识，参与实施非法集资活动的;

（六）其他应当认定非法集资犯罪的情形。

对于被告单位中层级较低的管理人员或者普通职员，如果确有证据或理由表明其并不知晓非法集资性质，而是当作正常经营业务参与实施了非法集资行为的，一般不宜作为犯罪处理。

三、关于非法吸收公众存款罪与集资诈骗罪的界限

办理非法集资犯罪案件，应当根据被告人主观上是否具有非法占有目的，分别定罪处罚。对于先行非法吸收公众存款从事经营活动，后因严重亏损而采用欺骗方法吸收资金用于还债或挥霍的，因行为人的主观故意内容和客观上的犯罪对象不同（所涉及的资金应当分别计算和认定），应当分别认定非法吸收公众存款罪和集资诈骗罪，实行数罪并罚。

对于多人参与、分工实施的集资诈骗犯罪，其中的组织、策划、指挥者应当以集资诈骗罪定罪处罚;对于确有证据或理由表明并不知晓上述人员的非法占有目的，可以非法吸收公众存款罪定罪处罚。

四、关于单位犯罪的认定和处理

对于以单位名义实施非法集资行为，全部或者大部分违法所得归单位所有的，应当依法认定单位犯罪。

对于个人以单位名义实施非法集资行为，没有合法经营业务，违法所得主要由个人任意支配、处分的，应当依法以个人犯罪论处。

单位涉嫌犯罪的，应当指定单位在职员工作为诉讼代表人参与诉讼，以充分维护被告单位的诉讼权利。如果单位在职员工确无参与诉讼的能力或条件，或者均涉案不能作为诉讼代表人的，可以由其委托熟悉单位情况的离职、退休人员、法律顾问等作为诉讼代表人参与诉讼。

涉嫌犯罪的单位确无合适人员担任诉讼代表人的，不得将其列为被告单位，但对该单位中直接负责的主管人员或者其他直接责任人员，可以按照单位犯罪追究刑事责任。对于相关人员附加判处财产刑的，一般应当按照个人违法所得或者犯罪行为造成他人财产损失数额的一定比例或者倍数予以确定。

对于涉嫌犯罪但没有被起诉的单位，如果其名下确有一定数额的财产或者违法所得的，在相关单位人员被定罪处罚后，可以根据所认定的犯罪事实，依法予以追缴或者责令退赔并发还集资参与人。

五、关于共同犯罪中主从犯的认定

在多人参与、分工实施的非法集资犯罪中，原则上应当区分主从犯。除非法集资犯罪活动的组织、策划、指挥者以外，积极参与犯罪的主要实施者，以及明知非法集资性质而出资入股的主要获利者，应当认定为主犯。对于接受他人指使、管理而实施非法募集资金行为的次要实行犯，或者仅仅为非法集资提供后台支持行为的帮助犯，应当依法认定为从犯。

对于多个单位共同实施的非法集资犯罪，应当根据各自在共同犯罪中的地位和作用，依法区分主从犯。主犯单位的内部人员之间地位和作用确有差别的，可以区分主从犯。对于从犯单位内部人员，应当一律认定为从犯，但应当根据各自在共同犯罪中的地位和作用分别量刑。

对于只起诉了部分单位共犯的案件，如果确有证据证明被起诉的单位只起次要或辅助作用的，应当依法认定为从犯。主从犯作用难以确定的，可以不予区分主从犯，但应当根据各自在共同犯罪中的地位和作用分别量刑。

六、关于犯罪数额的认定

通过向社会公开宣传方式非法集资，其中含有向亲友吸收的资金的，应当计入犯罪数额。对于行为人本人或者其近亲属投入的资金，可不计入犯罪数额，但应当优先用于赔偿其他集资参与人的财产损失。

对于非法集资活动的参与者，应当按照其实际参与的非法集资活动计算犯罪数额；其离开单位后，下线人员独自实施的非法集资数额，不应计入其犯罪数额。

非法集资单位内部人员相互集资的数额，不应计入各自的犯罪数额，但应计入各自的上线以及单位的犯罪数额。

对于一次性投入资金未作提取，其间虽有利用到期本息滚动投入记录的，只需将一次性投入的本金计入非法吸收公众存款或者集资诈骗的犯罪数额。如果其间确有追加投入的，应当将追加投入金额与前次投入的本金累计计入犯罪数额。

七、关于自首的认定

对于等待、配合公安机关处置的行为能否视为"自动投案"，进而认定为自首，应当区分三种情况分别掌握：1.犯罪嫌疑人在被公安机关抓获前，明知公安机关前来处置，在特定地点等候的，可以视为"自动投案"，其后能如实供述犯罪事实的，可以认定为自首。2.公安机关在抓获犯罪嫌疑人后通常会视情分别采取以下三种管控方式，即刑事拘留、取保候审或者责令随传随到、听候处置。既然公安机关已经明确犯罪嫌疑人并采取了不同的管控方式，则不再发生犯罪嫌疑人"自动投案"的问题。对于其后配合调查、如实供述犯罪事实的，可以依法认定为坦白。3.犯罪嫌疑人被公安机关抓获并采取相应处置措施后逃跑的，因其违反公安机关确定的配合调查义务，应当酌情从重处罚。对于逃跑后又自动归案的行为，不能认定为"自动投案"，但可在量刑时酌情考虑。

犯罪嫌疑人涉嫌非法吸收公众存款罪被立案侦查，到案后如实供述自己的犯罪事实，被司法机关最终认定为集资诈骗罪的，因两罪的大部分事实重合，通常并不符合刑法第六十七条第二款关于"如实供述司法机关还未掌握的本人其他罪行"的规定，不能认定为自首；符合坦白条件的，可以认定为坦白。

犯罪嫌疑人接电话通知到案配合调查后被取保候审，在取保候审期间继续从事非法集资活动，之后又自动投案、如实供述自己的罪行的，从总体而言，其行为具有自动投案、如实供述自己的罪行的基本特征，可以依法认定为自首，但是对其从宽处罚的幅度需要从严把握；如果最终系被公安机关抓获归案的，则全案不能认定为自首。

八、关于累犯的认定

在非法集资犯罪案件中，因犯罪嫌疑人、被告人的犯罪行为往往会持续一段时间，认定其是否系在刑罚执行完毕或者赦免以后五年以内重新犯罪，应当以犯罪行为开始时为依据，而不能以非法集资行为达到犯罪起点数额标准时或者实行终了时为依据。

九、关于集资参与人的诉讼地位及权利保障

非法集资参与人，属于非法集资刑事案件的诉讼参与人，其知情权、赃款返还请求权等权利，应当依法予以保障。

对于集资诈骗犯罪被害人提出由其本人或者委托的诉讼代理人参加庭审等请求，一般应予准许；但被害人人数众多的，可要求其选派代表参与相关诉讼活动，以保证审判活动顺利进行。

十、关于遗漏集资参与人及请求追加起诉的处理

在非法集资犯罪案件中，因人数众多而遗漏集资参与人、需要追加起诉的，一般应当安排在一审开庭审理前依法进行。一审庭审后，被遗漏的集资参与人直接向法院主张权利的，法院应当将相关证据材料移交检察机关先行审核，在检法办案人员审核确认以后，可以参与涉案资产分配。

十一、关于追缴集资参与人的非法收益及被告人的退赔

向社会公众非法吸收的资金属于违法所得。以吸收的资金向集资参与人支付的利息、分红等回报，不论集资参与人是否已先期离场，均应当依法追缴。集资参与人本金尚未归还的，所支付的回报可予折抵本金。

参与非法集资犯罪的被告人（包括被追究刑事责任的业务员），应当对其犯罪行为造成的损失承担退赔责任，除应当依法追缴其获取的佣金、提成等违法所得外，还可以责令在其犯罪行为造成的损失范围内承担退赔责任。

十二、关于法律适用、刑罚裁量及涉案财物处置的标准统一

分别在不同法院审理的同一系列非法集资犯罪案件，不同法院之间要加强沟通协调，确保法律适用统一，量刑均衡。

非法集资犯罪案件的涉案财物以集中统一处置为原则，并按照非法集资参与人的实际损失比例发还。

上级单位（总公司、母公司）和分支机构（分公司、子公司）均涉案的非法集资犯罪案件，由本市不同法院审理的，原则上由审理涉案总公司、母公司的法院统一处置涉案财物。

对于涉案总公司、母公司不在本市，涉案分公司、子公司的非法集资犯罪案件由本市法院审理的，应加强与审理涉案总公司、母公司的法院沟通协调，可交由该法院统一处置涉案财物；未能移送审理涉案总公司、母公司的法院统一处置涉案财物，或者因为审理节奏不统一等不宜由审理涉案总公司、母公司的法院统一处置涉案财物的，本市法院应当及时处置涉案财物，但要与审理涉案总公司、母公司的法院做好信息沟通和相关工作衔接。

审理法院原则上应当在作出一审判决前制定处置涉案财物的初步方案，其中包括集资参与人名单、集资数额、财产查扣数额、返还本金数额、支付利息数额等。

对于易贬值、易损耗的涉案财物，侦查机关、检察机关以及审判机关应及时通过变卖、拍卖等方式予以先行处置。

（责任编辑：陈树森）

上海法院关于规范审判监督程序的实施意见

为进一步深化审判监督工作机制改革，充分发挥审判监督在维护司法公正和提升司法权威中的职能作用，进一步提高审判监督质量和效率，根据《中华人民共和国刑事诉讼法》《中华人民共和国民事诉讼法》《中华人民共和国行政诉讼法》及其司法解释，以及《关于上海市开展司法体制综合配套改革试点的框架意见》及其实施方案，结合上海法院审判监督工作实际，制定本实施意见。

第一条（指导思想） 坚持以习近平新时代中国特色社会主义思想为指导，坚持以让人民群众在每一个司法案件中感受到公平正义为宗旨目标，牢牢把握司法为民、公正司法的工作主线，进而实现上海法院审判监督体系和审判监督能力的现代化。

第二条（基本原则） 审判监督工作应坚持以下原则：

（一）依法纠错与维护生效裁判既判力相统一原则；

（二）有限再审与矛盾化解相统一原则；

（三）依法、公正、公开、高效原则。

第三条（申请再审的次数） 当事人对同一民事、行政案件原则上只能申请再审一次，再审申请被驳回后再次提出申请或对再审判决、裁定提出申请的，人民法院一般不予受理。

刑事案件申诉人经终审及上一级人民法院处理后又提出申诉的，如果没有新的充分理由，人民法院一般不再受理。

第四条（申请再审的审查） 各级法院对当事人申请再审的民事、行政案件，以及提出申诉的刑事案件应严格按照民事、行政和刑事诉讼法及其司法解释的规定，从提出申请和申诉的主体是否适格、是否处于法定期限内、受理法院是否具有管辖权、案件是否属于可以再审的范畴、是否存在应当再审的法定情形等方面予以审查。

第五条（指令再审的条件） 因当事人申请裁定再审的案件一般应当由裁定再审的人民法院审理。有下列情形之一的，高级人民法院可以指令原审人民法院再审：

（一）依据民事诉讼法第二百条第（四）项、第（五）项或者第（九）项裁定再审的；

（二）发生法律效力的判决、裁定、调解书是由第一审法院作出的；

（三）当事人一方人数众多或者当事人双方为公民的；

（四）再审申请人同意由原审人民法院再审的；

（五）指令原审人民法院再审有利于开展矛盾化解工作、防止矛盾激化的；

（六）经审判委员会讨论决定的其他情形。

人民检察院提出抗诉的案件，由接受抗诉的人民法院审理，具有民事诉讼法第二百条第（一）至第（五）项规定情形之一的，可以指令原审人民法院再审。

人民法院依据民事诉讼法第一百九十八条第二款裁定再审的，应当提审。

第六条（指令再审的限制） 虽然符合本意见第五条可以指令再审的条件，但有下列情形之一的，应当提审：

（一）原判决、裁定系经原审人民法院再审审理后作出的；

（二）原判决、裁定系经原审人民法院审判委员会讨论作出的；

（三）原审审判人员在审理该案件时有贪污受贿，徇私舞弊，枉法裁判行为的；

（四）原审人民法院对该案无再审管辖权的；

（五）需要统一法律适用或裁量权行使标准的；

（六）其他不宜指令原审人民法院再审的情形。

第七条（发回重审的条件） 人民法院按照第二审程序审理再审案件，发现原判决认定基本事实不清的，一般应当通过庭审认定事实后依法作出判决。但原审人民法院未对基本事实进行过审理的，可以裁定撤销原判决，发回重审。原判决认定事实错误的，上级人民法院不得以基本事实不清为由裁定发回重审。

人民法院按照第二审程序审理再审案件，发现第一审人民法院有下列严重违反法定程序情形之一的，可以依照民事诉讼法第一百七十条第一款第（四）项的规定，裁定撤销原判决，发回第一审人民法院重审：

（一）原判决遗漏必须参加诉讼的当事人的；

（二）无诉讼行为能力人未经法定代理人代为诉讼，或者应当参加诉讼的当事人，因不能归责于本人或者其诉讼代理人的事由，未参加诉讼的；

（三）未经合法传唤缺席判决，或者违反法律规定剥夺当事人辩论权利的；

（四）审判组织的组成不合法或者依法应当回避的审判人员没有回避的；

（五）原判决、裁定遗漏诉讼请求的。

第八条（再审的审理范围） 再审案件应当围绕申请人的再审请求进行审理和裁判。对方当事人在再审庭审辩论终结前也提出再审请求的，应一并审理和裁判。当事人的再审请求超出原审诉讼请求的不予审理，构成另案诉讼的应告知当事人可以提起新的诉讼。

再审发回重审的案件，应当围绕当事人原诉讼请求进行审理。当事人申请变更、增加诉讼请求和提出反诉的，按照《最高人民法院关于适用〈中华人民共和国民事诉讼法〉的解释》第二百五十二条的规定审查决定是否准许。当事人变更其在原审中的诉讼主张、质证及辩论意见的，应说明理由并提交相应的证据，理由不成立或证据不充分的，人民法院不予支持。

第九条（加大再审案件的调解力度） 对于进入再审的民事、刑事附带民事案件，特别是涉及关联案件众多、人数众多、历时久远的案件，应抓住矛盾症结、当事人利益诉求，加大调解力度，推动再审案件矛盾纠纷的一揽子、实质性化解。

对于符合规定情形的行政再审案件，充分发挥本市法院行政争议多元解决机制、多部门联动化解机制等工作机制的积极作用，推动对行政争议的协调化解。

第十条（发挥专业法官会议制度的积极作用） 再审案件，特别是重大、疑难、复杂、敏感及涉及当事人人数众多的再审案件，以及知识产权、海事海商、金融等专业性较强的再审案件，在裁判作出前一般要经专业法官会议讨论，以充分发挥专业法官会议制度在指导审判实践、统一裁判尺度、过滤审委会研讨案件等方面的职能作用。合议庭多数意见与专业法官会议多数意见不同的，合议庭应根据专业法官会议的讨论情况进行再一次评议。

第十一条（畅通上下级法院对改判、发回重审的信息沟通） 对可能作出改判、发回重审的案件，再审案件的主审法官应于裁判前与原审案件的主审法官沟通联系，听取原审关于认定事实、证据采信、法律适用、实体处理等方面的意见，并在合议庭评议、专业法官会议讨论或审委会讨论中报告原审相关意见，确保对案件信息的全面掌握。

再审法院根据上级法院指令再审的裁定对案件再审过程中，对指令再审的理由有不同意见、拟维持原审裁判结果的，应当及时与指令再审的法院沟通。

第十二条（优化案件改判和发回重审异议反馈制度） 切实发挥各级法院审监庭在案件改判、发回重审异议反馈制度中的积极作用，对经二审法院审委会讨论确认异议成立的案件，二审法院应依法进行处理。对其中有典型或指导意义的案件，二审法院可以适当形式总结指导；对有争议的疑难案件，二审法院审监庭可适时向相关部门提出研讨建议。

第十三条（强化再审裁判文书释法说理） 裁判文书释法说理，要阐明事理，说明裁判所认定的案件事实及其根据和理由，展示案件事实认定的客观性、公正性和准确性；要释明法理，说明裁判所依据的法律规范以及适用法律规范的理由；要讲明情理，体现法理情相协调，符合社会主流价值观；要讲究文理，语言规范，表达准确，逻辑清晰，合理运用说理技巧，增强说理效果。

再审裁判文书应当针对抗诉、申请再审的主张和理由强化释法说理。再审裁判文书认定的事实与原审不同的，或者认为原审认定事实不清、适用法律错误的，应当在查清事实、纠正法律适用错误的基础上进行有针对性的说理；针对原审已经详尽阐述理由且诉讼各方无争议或者无新证据、新理由的事项，可以简化释法说理。发回重审、指令再审裁判文书应当阐明发回重审、指令再审的具体理由。

第十四条（完善法律适用统一机制） 积极发挥审判监督工作在推进法律统一适用中的职能作用，通过再审案件审理、案件质量评查、改发案件异议反馈等渠道，及时发现法律适用中存在的问题；通过强化再审案件的专业化审判、强化条线业务交流与指导，及时统一案件审理思路和裁判标准，不断推进法律适用统一，提升司法权威和公信力。

第十五条（提升审判监督信息化水平） 充分发挥信息技术的优势作用，实现申请再审案件、刑事申诉案件审查以及再审案件审理的全程留痕，案件管理的智能化、可视化，通过审判监督工作的流程化、标准化、信息化，不断提高审判监督工作绩效，提升审判监督工作的透明度和公正性。

第十六条（解释权） 本意见由高院申诉审查庭、审判监督庭和审判管理办公室负责解释。

第十七条（施行日期） 本意见自发布之日起施行。

（责任编辑：陈树森）

《上海审判实践》征稿启事

　　《上海审判实践》是由上海市高级人民法院主办的应用法学类刊物。为进一步提升《上海审判实践》的办刊质量，更好地服务法官执法办案，更好地汇聚法律共同体的真知灼见，进一步扩大刊物的社会影响力，自2018年5月起，《上海审判实践》将改版公开发行。在改版之际，本刊编辑部正式向全市法院系统及社会公开征稿，欢迎全市法院干部、法学理论界和司法实务界同仁惠赐佳作。

一、办刊宗旨

　　《上海审判实践》将秉持求真务实的原则，秉承兼容并蓄的风格，倡导实务研究，鼓励理论创新，传递"法律人共同的声音"，努力构筑法学理论界、司法实务界探索交流的实践与学术高地。刊物以季刊形式每年四辑公开出版。

二、栏目简介

　　1. 专稿：主要展示司法实务部门业务专家、权威学者等的理论研究佳作。

　　2. 专题策划：以相关法律热点为专题开展深入探讨，形成对热点问题的系统、全面解读。

　　3. 司法实务：主要展示对司法实践突出问题的深入分析与认真思考，突出文章的现实指导意义和实践参考价值。

　　4. 学术争鸣：主要展示专家学者、实务界精英对前沿理论问题的思考。

　　5. 司法大数据分析：以司法大数据为基础，梳理实践中的突出问题，深入剖析内在原因，探索解决路径。

　　6. 改革前沿：主要展示司法改革的内容、成效以及相关思考。

　　7. 案例精解：精选最高人民法院指导性案例、公报案例、上海法院精品案例等，进行深度解读。

8.审判业务文件：对最高人民法院、上海市高级人民法院等发布的审判业务文件进行研究解读。

9.审判答疑：对审判实务中的热点、难点，尤其是法律适用不统一问题，组织经验交流和总结答疑。

三、征稿要求

1.字数：《上海审判实践》以稿件的学术水平及文稿质量作为辑录依据。普通稿件8000—10000字为宜，最多不超过15000字；案例分析6000—7000字为宜。

2.稿件要求：《上海审判实践》编辑部拥有《上海审判实践》辑录作品的相关知识产权。来稿需未在任何纸质和电子媒介上发表过；译稿请同时寄送原文稿，并附作者或出版者的翻译书面授权许可；作者应保证对其作品具有著作权并不侵犯其他个人或组织的著作权。稿件需注明作者身份、联系方式和投稿栏目信息。

3.格式要求（见附件）。

四、来稿方式

上海法院内部的稿件可通过《上海审判实践》投稿系统直接投送；其他稿件可以电子邮件方式发送至电子邮箱zgshsfzk@163.com。同时，请寄送稿件纸质版至上海市高级人民法院《上海审判实践》编辑部，地址：上海市徐汇区肇嘉浜路308号。

五、辑录说明

1.《上海审判实践》公开出版发行后，"中国上海司法智库"微信公众号将作为其唯一电子版及电子增刊发布平台。除作者在来稿时声明保留外，则视为同意将《上海审判实践》投稿作品供"中国上海司法智库"微信公众号进行编辑推送。

2."中国上海司法智库"微信公众号已发布的优秀原创作品，将择优辑录入《上海审判实践》；未辑录入《上海审判实践》的作品，也将择优以

《上海审判实践》电子增刊形式在"中国上海司法智库"微信公众号进行编辑推送。

3.《上海审判实践》及"中国上海司法智库"微信公众号上刊登的上海法院原创来稿，将录入上海法院调研工作考核系统。

《上海审判实践》辑录所有文章的转载、摘登、翻译和结集出版事宜，均须得到编辑部的书面许可。

上海市高级人民法院研究室

《上海审判实践》编辑部

2018 年 4 月 2 日

请扫右侧二维码

即时关注《上海审判实践》网络版及电子增刊

发布平台

附：注释体例

来稿一般应有摘要及关键词，应做到"三统一"，即体例统一、数字用法统一和注释规范统一。

（一）本书提倡引用正式出版物，出版时间应精确到月；根据被引资料性质，可在作者姓名后加"主编"、"编译"、"编著"、"编选"等字样。

（二）文中注释一律采用脚注，全文连续注码，注码样式为：①②③等。

（三）非直接引用原文时，注释前加"参见"；非引用原始资料时，应注明"转引自"。

（四）数个注释引自同一资料时，注释体例为：前引①，哈耶克书，第48 页。

（五）引文出自于同一资料相邻数页时，注释体例为：……，第 67 页以下。

（六）引用自己的作品时，请直接标明作者姓名，不要使用"拙文"等自谦词。

（七）具体注释体例：

1. 著作类

① 胡长清：《中国民法总论》，中国政法大学出版社1997年12月版，第20页。

2. 论文类

① 苏永钦：《私法自治中的国家强制》，载《中外法学》2001年第1期。

3. 文集类

① ［美］J.萨利斯：《想象的真理》，载［英］安东尼·弗卢等著：《西方哲学演讲录》，李超杰译，商务印书馆2000年6月版，第112页。

4. 译作类

① ［法］卢梭：《社会契约论》，何兆武译，商务印书馆1980年2月版，第55页。

5. 报纸类

① 刘均庸：《论反腐倡廉的二元机制》，载《法制日报》2004年1月3日。

6. 古籍类

①《史记·秦始皇本纪》。

7. 辞书类

①《新英汉法律词典》，法律出版社1998年1月版，第24页。

8. 外文类

依从该文种注释习惯。

《上海审判实践》（网络版）目录

图书在版编目(CIP)数据

上海审判实践.2018年.第4辑/茆荣华主编.——
上海:上海人民出版社,2019
ISBN 978-7-208-15765-1

Ⅰ.①上… Ⅱ.①茆… Ⅲ.①法院-审判-工作-研
究-上海 Ⅳ.①D926.22

中国版本图书馆 CIP 数据核字(2019)第 047756 号

责任编辑 秦 堃 夏红梅
封面设计 夏 芳

上海审判实践
(2018 年第 4 辑)
上海市高级人民法院 主办
茆荣华 主编

出 版 上海人民出版社
 (200001 上海福建中路 193 号)
发 行 上海人民出版社发行中心
印 刷 上海商务联西印刷有限公司
开 本 720×1000 1/16
印 张 19.5
插 页 3
字 数 301,000
版 次 2019 年 3 月第 1 版
印 次 2019 年 3 月第 1 次印刷
ISBN 978-7-208-15765-1/D·3390
定 价 75.00 元